D1997375

سلام!
Salam!

Arabisch
Lehrbuch mit CD

von
Nicolas Labasque

Ernst Klett Sprachen
Barcelona Belgrad Budapest Ljubljana
London Posen Prag Sofia Stuttgart Zagreb

سلام!
Salam!

Arabisch
Lehrbuch mit CD

von Nicolas Labasque

Beratende Mitarbeit:
Ghida Haida-Adis, VHS Filderstadt und Pfullingen
Mohamed Akoush, VHS Steglitz-Zehlendorf

1. Auflage 1 5 4 3 2 1 | 2012 11 10 09 08

Alle Drucke dieser Auflage können im Unterricht nebeneinander benutzt werden, sie sind untereinander unverändert. Die letzten Zahlen bezeichnen jeweils die Auflage und das Jahr des Druckes.

Das Werk und seine Teile sind urheberrechtlich geschützt. Jede Nutzung in anderen als den gesetzlich zugelassenen oder in den Lizenzbestimmungen (CD) genannten Fällen bedarf der vorherigen schriftlichen Einwilligung des Verlags. Hinweis zu § 52 a UrhG: Weder das Werk noch seine Teile dürfen ohne eine solche Einwilligung eingescannt und in ein Netzwerk eingestellt werden. Dies gilt auch für Intranets von Schulen und sonstigen Bildungseinrichtungen.

Fotomechanische oder andere Wiedergabeverfahren nur mit Genehmigung des Verlags.

© Ernst Klett Sprachen GmbH, Stuttgart 2008.
Alle Rechte vorbehalten.
Internetadresse: www.klett.de

Redaktion Katja Lasch, Haugesund
Gesamtgestaltung Andrea Schmid
Illustrationen Gregor Schöner, Linden
Satz Satzkasten, Stuttgart
Reproduktion Meyle+Müller, Medien-Management, Pforzheim
Druck Firmengruppe APPL, aprinta druck, Wemding
Printed in Germany

ISBN 978-3-12-528830-0

3 129785 288308

Liebe Arabischlernerinnen und -lerner,

Salam! und herzlich willkommen zu unserem Arabischkurs, der Ihnen den Weg in die arabischsprachige Welt eröffnet. Der Kurs richtet sich vor allem an Jugendliche und Erwachsene ohne Vorkenntnisse.

Arabisch gehört aufgrund seiner Schrift und Aussprache zu den weniger leicht zu erlernenden Sprachen. Mit diesem Kurs werden Sie jedoch Schritt für Schritt an die Sprache herangeführt und können schon nach kurzer Zeit einfache Sätze formulieren und verstehen.
Neben der Aussprache, dem Lesen und Schreiben der arabischen Sprache erwerben Sie in *Salam!* einen soliden Grundwortschatz, mit dem Sie sich in wichtigen Alltagssituationen ausdrücken und zurechtfinden können.
Außerdem lernen Sie alle grundlegenden Aspekte der arabischen Grammatik kennen, die in den einzelnen Lektionen durch blaue Kästchen hervorgehoben sind.
Entgegen konventionellen Lehrwerken, in denen die Übung stets der Grammatik folgt, finden Sie in unserem Lehrbuch Übung und Grammatik unter einer Nummer zusammengefasst.

Salam! ist eines der modernsten Lehrwerke für die arabische Sprache und bietet Ihnen in jeder Lektion ansprechende Themen, interessante Texte und vielfältige Übungen, die den Bedürfnissen verschiedener Lernertypen gerecht werden.

Das Buch umfasst
- 15 Lektionen und drei Wiederholungslektionen mit nützlichen Lerntipps, Spielen und Informationen zu den arabischen Schriftstilen und Dialekten
- einen Grammatikanhang
- ein Glossar nach Lektionen
- eine alphabetische Wörterliste.

Jede Lektion ist einem Thema gewidmet und besteht aus drei Blöcken zu verschiedenen Teilthemen. Am Ende jeder Lektion finden Sie eine kompakte Zusammenfassung des Lektionsinhaltes mit den wichtigsten Redemitteln und Grammatikphänomenen. Auf den letzten Seiten jeder Lektion werden Sie in die „Welt der Araber“ entführt. Sie erhalten spannende Einblicke in die Besonderheiten der arabischen Kultur und umfassende Informationen zu den unterschiedlichsten landeskundlichen Themen.

Zum Buch gehört eine CD. Darauf finden Sie alle mit einem Trackzeichen ◎ gekennzeichneten Texte. Ihr Ohr kann sich beim Hören authentischer Situationen an die Sprache gewöhnen. Außerdem unterstützt Sie die CD beim Festigen ihrer Lesefähigkeit.

Das zum Lehrbuch erhältliche Arbeitsbuch setzt seinen Fokus auf das Erlernen der arabischen Schrift sowie der Aussprache. Weiterhin werden in zahlreichen Übungen Wortschatz und Grammatik des Lehrbuches gefestigt und vertieft.

Und nun viel Spaß und Erfolg beim Arabischlernen!

Ihre Redaktion

Inhalt

Phonetik

Aussprache

- Es gibt nur **3 Vokale** die jeweils kurz [a, i, u] bzw. lang [ā, ī, ū] gesprochen werden.
- Die meisten Konsonanten des Arabischen sind ebenfalls im Deutschen vorhanden: ', b, t, d, r, z, s, š, ġ, f, k, l, m, n, h, y.
- Einige Konsonanten sind aus anderen Sprachen (Engl., Sp.) bekannt: ṯ (to think, *c*erveza), ǧ (*J*ohn), ḫ (Guadala*j*ara), ḏ (*th*is), w (*w*hat).
- Ein paar sind typisch für die semitischen Sprachen: ḥ, ṣ, ḍ, ṭ, ẓ, ᶜ, q.
- **Lange Vokale** sind ungefähr doppelt so lange, wie kurze, wenn sie betont sind. Wenn nicht, unterscheiden sie sich kaum von den kurzen Vokalen.
- **Doppelkonsonanten** dehnen die Silbe und der Konsonant wird lang gesprochen: šad-da.
- Konsonanten sind entweder **stimmhaft** (wenn man die Finger gegen die Stimmbänder presst, fühlt man deren Vibration: b, ǧ, d, ḏ, z, ḍ, ẓ, ᶜ , ġ), oder **stimmlos** (t, ṯ, ḥ, ḫ, s, š, ṣ, ṭ, f, q, k, h). Die restlichen, immer stimmhaften, Konsonanten werden Sonanten genannt (r, l, m, n), oder es handelt sich um Halbkonsonanten/Halbvokale (w, y).
- 4 Konsonanten werden **emphatisch** ausgesprochen: Die Muskeln im Mund werden dabei angespannt, die Mundhöhle größer und die Vokale färben sich deutlich:

	nicht emphatisch	emphatisch
stimmloses [s]	س	ص
stimmloses [t]	ت	ط
stimmhaftes [d]	د	ض
interdentales, stimmhaftes [z]	ذ	ظ

Viele deutsche Muttersprachler empfinden es als schwierig, alle „[s]-Laute" des Arabischen richtig auszusprechen:

	stimmhaft	stimmlos
alveolarer Frikativ, nicht emphatisch	ز	س
alveolarer Frikativ, emphatisch	-	ص
dentaler Frikativ, nicht emphatisch	ذ	ث
dentaler Frikativ, emphatisch	ظ	-

Tipp:
Legen Sie während der Aussprache der stimmhaften Konsonanten den Finger an den Adamsapfel und spüren Sie die Vibration!
Stecken Sie die Zunge richtig zwischen die Zähne, um die dentalen frikativen Konsonanten richtig auszusprechen!

Betonung

Arabische Wörter werden nach strengen Regeln betont. Dabei muss die Betonung nicht Wort für Wort gelernt werden, da sie allgemeingültigen Regeln folgt:

- Es können nur **die letzten 3 Silben** eines Wortes betont werden: muᶜallima [mu/**<u>ᶜal</u>/li/ma**] ([mu] kann nicht betont werden);
- Betont wird **die lange Silbe** eines Wortes. Lang ist jede Silbe, die entweder einen langen Vokal enthält ([**<u>fā</u>ḍil**]) oder eine Silbe, der zwei Konsonanten folgen ([**<u>kur</u>sī**]).
- Lange Vokale am Ende des Wortes gelten als kurz und werden daher nie betont: muᶜallimī [mu/**<u>ᶜal</u>/li/mī**];

muᶜallima	muᶜallimāt
[mu] = kurze Silbe	[mu] = kurze Silbe
[<u>ᶜal</u>] = lange Silbe (ᶜall)	[ᶜal] = lange Silbe (ᶜall)
[li] = kurze Silbe	[li] = kurze Silbe
[ma] = kurze Silbe	[<u>māt</u>] = lange Silbe

- Wenn unter den letzten drei Silben mehrere lange Silben stehen, wird die letzte betont: mīkānīkā [mī/**kā/<u>nī</u>/kā**];
- Ist keine der letzten 3 Silben lang, wird die drittletzte Silbe betont: milᶜaqatuka [mil/ᶜa/**<u>qa</u>/tu/ka**];
- Vorsilben (wa-, al-, bi-, fa-, ka-, usw.) werden nicht berücksichtig: wa-l-kutub [wal/**<u>ku</u>/tub**].

sich begrüßen und verabschieden | sich vorstellen und nach dem Namen fragen | sagen und fragen, woher man kommt

1 السَّلامُ عَلَيكُم

Hören Sie zu und kreuzen Sie an. In welchen Dialogen sprechen die Personen Arabisch. (CD 1)

Dialog 1	☐	Dialog 4	☐
Dialog 2	☐	Dialog 5	☐
Dialog 3	☐	Dialog 6	☐

Hören Sie noch einmal zu und ergänzen Sie die Begrüßungs- und Abschiedsformeln. (CD 1)

as-salāmu ʿalaykum! | marḥaba! | maʿa -s-salāma!

▸ marḥaba!

▹ ______________________

▸ ______________________

▹ wa-ʿalaykumu -s-salām!

▸ ilā -l-liqā'!

▹ ______________________

A ما اسمُكَ؟

1 **Vervollständigen Sie nun die Tabelle.**

Begrüßung

________	________
________	________
________	________

Abschied

________	________
________	________
________	________

hal anta ᶜarabiyy? 2

◗ as-salāmu ᶜalaykum.
D wa-ᶜalaykumu -s-salām.
◗ mā smuka?
D ismī sāmī. wa-anti? mā smuki?
◗ ismī māyā.
D hal anti ᶜarabiyya?
◗ naᶜam, anā ᶜarabiyya. wa-anta? hal anta ᶜarabiyy?
D naᶜam, anā ᶜarabiyy.
◗ maᶜa -s-salāma!
D maᶜa -s-salāma!

2 **Lesen Sie den Dialog zu zweit. Versuchen Sie dann den Dialog ohne Hilfe des Buches nachzuspielen.**

as-salāmu ᶜalaykum	guten Tag	anā	ich
wa-ᶜalaykumu -s-salām	guten Tag *(Antwort)*	anta	du *m.*
wa-	und	anti	du *f.*
mā smuka?	wie heißt du? *m.*	māyā	*f. Vorname*
mā smuki?	wie heißt du? *f.*	naᶜam	ja
mā?	was; was für ein?	ᶜarabiyy	arabisch *m.*; Araber
hal?	*Fragepartikel*	ᶜarabiyya	arabisch *f.*; Araberin
(i)sm	Vorname	maᶜa -s-salāma	auf Wiedersehen
(i)smī	mein Name (ist)	almānyā	Deutschland
(i)smuka	dein Name *m.*	almāniyy	deutsch *m.*; Deutscher
(i)smuki	dein Name *f.*	almāniyya	deutsch *f.*, Deutsche *f.*
sāmī	*m. Vorname*		

3 **Pressen Sie die Zunge in Ihren Rachen und üben Sie die Aussprache des Konsonanten *ᶜayn*.**

ᶜalaykum | ᶜarabiyy | naᶜam | ᶜarabiyya | as-salāmu ᶜalaykum | wa-ᶜalaykumu -s-salām | - naᶜam, anā ᶜarabiyy. | as-salāmu ᶜalaykum, anā ᶜarabiyya.

4 **Fügen Sie *hal* bzw. *mā* ein, wenn es nötig ist.**

1 ___ smuki?

2 ismī māyā. wa-___anta? ___ smuka?

3 ismī sāmī.

4 ___ anta ᶜarabiyy?

5 naᶜam, anā ᶜarabiyy. wa-___anti? ___ anti ᶜarabiyya?

6 naᶜam, anā ᶜarabiyya.

- Das Fragewort ***mā?*** bedeutet *was ist …?* (mā smuki?).
- Die Fragepartikel ***hal?*** hat kein Äquivalent im Deutschen und wird immer da gebraucht, wo in der deutschen Frage kein Fragewort steht (d.h. bei Entscheidungsfragen). Die Antwort beginnt somit stets mit ***naᶜam*** bzw. ***lā***.

5 **Vervollständigen Sie die Dialoge.**

◗ as-salāmu ᶜalaykum.

D ______________________

◗ mā smuka?

D ______________________

◗ hal anta ᶜarabiyy?

D ______________________

◗ maᶜa -s-salāma!

D ______________________

D ______________________

◗ wa-ᶜalaykumu -s-salām.

D ______________________

◗ ismī māyā.

D ______________________

◗ naᶜam, anā ᶜarabiyya.

D ______________________

◗ maᶜa -s-salāma!

6 ***anā, anta*** **oder** ***anti?*** **Vervollständigen Sie die Sätze.**

◗ mā smuka?

D ___ sāmī.

◗ wa-___? mā smuki?

D ismī māyā.

◗ hal ___ ᶜarabiyya?

D naᶜam, ___ ᶜarabiyya.

◗ wa-anta? hal ___ ᶜarabiyy?

D naᶜam, ___ ᶜarabiyy.

◗ hal ___ sāmī?

D naᶜam, ___ sāmī.

◗ hal ___ māyā?

D naᶜam, ___ māyā.

7 **Übersetzen Sie die kleinen Dialoge ins Arabische und spielen Sie zu zweit.**

Dialog 1
- ◗ Wie heißt du?
- D Mein Name ist Sami.
- ◗ Bist du Araber?
- D Ja, ich bin Araber.

Dialog 2
- ◗ Wie heißt du?
- D Mein Name ist Maya.
- ◗ Bist du Araberin?
- D Ja, ich bin Araberin.

Dialog 3
- ◗ Wie heißt du?
- D Mein Name ist…
- ◗ Bist du Araber(in)?
- D Nein, ich bin…

8 **Antworten Sie auf Arabisch.**

- ◗ as-salāmu ᶜalaykum!
- D ______________________
- ◗ mā smuka?
- D ______________________
- ◗ salām!
- D ______________________
- ◗ mā smuki?
- D ______________________

- ◗ hal anta ᶜarabiyy?
- D ______________________
- ◗ ila -l-liqā'!
- D ______________________
- ◗ marḥaba!
- D ______________________
- ◗ maᶜa -s-salāma!
- D ______________________

9 **Was sagen Sie in folgenden Situationen?**

1 Sie begrüßen eine Frau: ______________________

2 Sie antwortet: ______________________

3 Sie möchten wissen, wie sie heißt: ______________________

4 Sie antwortet, dass sie Jasmin heißt: ______________________

5 Sie fragt Sie, wie Sie heißen: ______________________

6 Sie antworten: ______________________

7 Sie fragen sie, ob sie Araberin ist: ______________________

8 Sie antwortet, dass sie Araberin ist: ______________________

9 Sie fragt Sie, ob Sie Araber(in) sind: ______________________

10 Sie antworten: ______________________

B هَل أَنتَ عَرَبِيّ؟

1 a Verbinden Sie die arabischen Nationalitäten mit den deutschen Entsprechungen.

lubnāniyy	Sudanese
tūnisiyy	Syrer
lībiyy	Kuwaiter
sūriyy	Libanese
sūdāniyy	Tunesier
kuwaytiyy	Libyer

b Ergänzen Sie ein -a und Sie erhalten die feminine Form. Markieren Sie die Betonung.

maskulin		feminin	
Beispiel: hal anta *kuwáytiyy*?	na^{c}am, anā *kuwáytiyy*.	hal anti *kuwaytíyya*?	na^{c}am, anā *kuwaytíyya*.
hal anta lībiyy? hal anta lubnāniyy? hal anta sūdāniyy? hal anta sūriyy? hal anta tūnisiyy? wa-anta? hal anta lībiyy?	na^{c}am, anā lībiyy. na^{c}am, anā lubnāniyy. na^{c}am, anā sūdāniyy. na^{c}am, anā sūriyy. na^{c}am, anā tūnisiyy. lā, anā …	hal anti __________ hal anti __________ hal anti __________ hal anti __________ hal anti __________ wa-anti? hal anti lībiyya?	na^{c}am, anā ________ na^{c}am, anā ________ na^{c}am, anā ________ na^{c}am, anā ________ na^{c}am, anā ________ lā, anā …

2 Übersetzen Sie ins Arabische.

1 Dein Name ist Yasin und du bist Libanese.
2 Mein Name ist Maya und ich bin Kuwaiterin.
3 Dein Name ist Sami und du bist Libyer.
4 Wie heißt du? Ich heiße Sinan.
5 Mein Name ist Yasmin und ich bin Sudanesin.
6 Ist dein Name Maya? Ja, ich heiße Maya.
7 Ist Sinan Tunesier? Nein, Sinan ist Kuwaiter.
8 Bist du Syrerin? Nein, ich bin Libanesin.
9 Ist Yasin Araber? Ja, Yasin ist Tunesier.

3 Finden Sie passende Fragen.

◗ ____________________
D ismī sāmī.

◗ ____________________
D na^{c}am, anā ^{c}arabiyya.

◗ ____________________
D lā, anā lubnāniyy.

◗ ____________________
D ismī yāsmīn.

◗ ____________________
D na^{c}am, anā lubnāniyya.

◗ ____________________
D lā, anā ^{c}arabiyya.

◗ ____________________
D lā, anā ^{c}arabiyy.

◗ ____________________
D na^{c}am, anā tūnisiyy.

4 **Übersetzen Sie die kleinen Dialoge ins Arabische.**

◗ Guten Tag!
D Guten Tag!
◗ Wie heißt du?
D Ich heiße Jasmin.
◗ Bist du Araberin?
D Ja, ich bin Araberin.
◗ Bist du Tunesierin?
D Ja, ich bin Tunesierin.
◗ Und du?
D Ich heiße Maya und ich bin Sudanesin.

◗ Guten Tag!
D Guten Tag!
◗ Wie heißt du?
D Ich heiße Yasin.
◗ Bist du Araber?
D Ja, ich bin Araber. Ich bin Libanese. Und du?
◗ Mein Name ist Sinan, und ich bin Araber.
D Bist du Libyer?
◗ Nein. Ich bin Kuwaiter.

5 **Finden Sie eine passende Antwort.**

◗ mā smuka? wie heißt du?
D ______________________.
◗ hal anta ʿarabiyy?
D ______________________.
◗ hal anta sāmī?
D ______________________.
◗ hal anta kuwaytiyy?
D ______________________.

◗ hal anti yāsmīn?
D ______________________.
◗ hal anti sūdāniyya?
D ______________________.
◗ hal anta yāsīn?
D ______________________.
◗ mā smuki?
D ______________________.

6 **Hören Sie zu und sagen sie, wer welche Staatsangehörigkeit hat.** ◎ 3

Sudan

Tunesien

Libanon

Libyen

	Dialog 1	Dialog 2	Dialog 3	Dialog 4
Vorname	______	______	______	______
Staatsangehörigkeit	______	______	______	______

7 **Und nun Sie. Spielen Sie kleine Dialoge. Fragen Sie Ihren Nachbarn/Ihre Nachbarin nach Namen und Nationalität und sagen Sie ihm/ihr, wie Sie heißen und woher Sie kommen.**

8 **Was sagen Sie in folgenden Situationen auf Arabisch?**

1 Sie begrüßen jemanden: ______________________

2 Er antwortet: ______________________

3 Sie fragen ihn, wie er heißt: ______________________

4 Er antwortet, dass er Yasin heißt: ______________________

5 Er fragt Sie, wie Sie heißen: ______________________

6 Sie antworten: ______________________

7 Sie fragen ihn, ob er Araber ist: ______________________

8 Er antwortet, dass es stimmt: ______________________

C مِن أَينَ أَنتَ؟

1 **Hören Sie den Dialog und beantworten Sie die Fragen.** ◎ 4

◗ as-salāmu ^{c}alaykum.
D wa-^{c}alaykumu -s-salām.
◗ mā smuki?
D ismī amal. wa-anta? mā smuka?
◗ ismī bilāl.
D lā bās?
◗ lā bās!
D hal anta ^{c}arabiyy?
◗ na^{c}am, anā ^{c}arabiyy.
D min ayna anta?
◗ anā min al-kuwayt. wa-anti? hal anti ^{c}arabiyya?
D na^{c}am, anā ^{c}arabiyya. anā min tūnis.
◗ ilā -l-liqā'!
D ma^{c}a -s-salāma!

1 hal bilāl kuwaytiyy?
2 min ayna bilāl?
3 hal amal kuwaytiyya?
4 min ayna amal?

2 **Verbinden Sie die Sätze.**

sinān kuwaytiyy.	yāsmīn min sūryā.
yāsmīn sūdāniyya.	yāsīn min lībyā.
sāmī lubnāniyy.	sinān min al-kuwayt.
māyā tūnisiyya.	māyā min tūnis.
yāsmīn sūriyya.	yāsmīn min as-sūdān.
yāsīn lībiyy.	sāmī min lubnān.

3 Sagen Sie, woher die Leute kommen.

sāmī tūnisiyy. | sinān sūriyy. | māyā lībiyya. | yāsmīn lubnāniyya. | yāsīn lībiyy. | amal sūriyya. | sāmī sūriyy. | amal kuwaytiyya. | sinān lubnāniyy. | yāsmīn tūnisiyya. | māyā sudāniyya. | yāsīn kuwaytiyy.

wa-anta/anti? min ayna anta/anti?

4 Finden Sie eine Frage bzw. eine Antwort.

◗ hal anta ᶜarabiyy?

D ______________________

◗ hal anta sāmī?

D ______________________

◗ ______________________

D naᶜam, anā min lubnān.

◗ ______________________

D lā, sinān min sūryā.

◗ hal anta min al-kuwayt?

D ______________________

◗ hal anti sūriyya?

D ______________________

◗ ______________________

D ismī amal.

◗ ______________________

D naᶜam, anā min al-kuwayt.

◗ hal anti sūdāniyya?

D ______________________

◗ ______________________

D lā, yāsmīn min tūnis.

5 Nehmen Sie nun eine Rolle ein und fragen Sie sich gegenseitig nach Ihrem Namen, Ihrer Nationalität und Ihrem Herkunftsland (Rolle B und D s. S. 187).

A

Vorname: Bilal
Nationalität: Libanese
Herkunftsland: Libanon

B

Vorname: ______________
Nationalität: ______________
Herkunftsland: ______________

C

Vorname: Amal
Nationalität: Sudanesin
Herkunftsland: Sudan

D

Vorname: ______________
Nationalität: ______________
Herkunftsland: ______________

min ayna?	woher?
min	aus, von
ayna?	wo?
amal	*f. Vorname*
bilāl	*m. Vorname*
lā bās?	wie geht's?
lā bās!	nicht schlecht!
al-kuwayt	Kuwait *(Land und Stadt)*
tūnis	Tunesien; Tunis
ilā -l-liqā'	auf Wiedersehen!

Redemittel

Sich begrüßen und verabschieden

as-salāmu ᶜalaykum. / wa-ᶜalaykumu -s-salām. ṣabāḥu -l-ḫayr! / ṣabāḥu -n-nūr! masā'u -l-ḫayr! / masā'u -n-nūr! salām! marḥaba! maᶜa -s-salāma! ilā -l-liqā'!

Sich vorstellen und nach dem Namen fragen

mā smuka? mā smuki?	ismī sinān. ismī yāsmīn.

Herkunft angeben und danach fragen

min ayna anta?	anā sūdāniyy. anā min as-sūdān.
min ayna anti?	anā sūdāniyya. anā min as-sūdān.

Grammatik

Personalpronomen

anā anta anti	anā min sūryā. anta kuwaytiyy. anti māyā.

Possessivendungen

-ī -uka -uki	ismī ismuka ismuki

Fragewörter

mā? min ayna?	mā smuki? min ayna anta?

Fragepartikel

hal?	hal anti ᶜarabiyya?

Der Nominalsatz

Ich [bin] aus Tunesien.	anā min tūnis.

Aussprache

Vokale: kurz – lang	
a – ā	**salām**
i – ī	**min** – **yāsīn**
u – ū	**ismuka** – **sūriyy**

Konsonanten	
Zungenspitzen-[r]	sū**r**yā
ᶜayn	ᶜarabiyy
qāf	ilā -l-li**q**ā'
ṣād	**ṣ**abāḥu -l-ḫayr
Betonung	súryā, súriyy, sūríyya

Schrift

Konsonanten		Vokale	
ن	nūn	ا	a
و	wāw	و	u
ي	yā	ي	i
س	sīn	ــَـ	fatḥa
م	mīm	ــُـ	ḍamma
ت	tā	ــِـ	kasra

Interpunktion
، Komma

العَرَبِيَّة وَالعَرَب

Die arabische Schrift

Das arabische Alphabet hat sich vermutlich aus dem phönizischen Alphabet entwickelt (wie auch vor ihm die hebräischen und griechischen Alphabete), allerdings erst viel später: Schon im 18 – 17 Jh. v. Chr. erfanden die Phönizier (im heutigen Libanon) ein Alphabet auf der Basis der ägyptischen Schrift. Aus dem phönizischen Alphabet entwickelte sich die aramäische und daraus im 2 Jh. v. Chr. die nabatäische Schrift, die wiederum im Jahre 328 Jh. n. Chr. die arabische Schrift hervorbrachte. Die erste arabische Inschrift wurde in der Namara-Wüste entdeckt und ist eine Grabinschrift.

Das arabische Alphabet ist ein **Abdschad**, eine Konsonantenschrift. Im 7 Jh. wurde Arabisch die Sprache des Koran *(Qur'ān)* und das arabische Alphabet trennte sich somit endgültig von den anderen Schriften. Im 7 Jh. bekamen die ursprünglich 18 Buchstaben Punkte (um z.B. die Phoneme *bā'*, *tā'*, *ṯā'*, *nūn* und *yā'* voneinander zu unterscheiden, die bis dahin identisch geschrieben wurden) und das arabische Alphabet erhielt seine heutigen **28 Buchstaben.** Der erste arabische Grammatiker *Abū al-Aswad ad-Du'alī* erfand im 7 Jh. diakritische Zeichen (vereinfachte hoch- bzw. tiefgestellte Buchstaben, die im 8 Jh. zu den heute noch verwendeten kurzen Vokalen wurden, sowie andere Diakritika).

Im Zuge der arabisch-islamischen Eroberungen wurden viele nicht semitische Sprachen mit dem arabischen Alphabet geschrieben: Türkische Sprachen des osmanischen Reiches und Zentralasiens (Osmanisch, Usbekisch, Turkmenisch usw.), Persisch, Urdu, Madagassisch und Wolof. Mit der Zeit entstanden verschiedene Schriftstile:

diwānī	بسم الله الرَّحمن الرَّحيم
nasẖī	بِسمِ اللهِ الرَّحمٰنِ الرَّحيم
ṯuluṯ	بسمِ الله الرَّحمنِ الرَّحيم
kūfī	بِسمِ اللهِ الرَّحمٰنِ الرَّحيم
ruqʿa	بسم الله الرَّحمن الرَّحيم

Interessant ist die Entwicklung der arabischen Schrift zu einer Kunstrichtung: Da der Koran die Darstellung von Lebewesen untersagt, haben sich Künstler bemüht, Suren so zu schreiben, dass sie wie Tiere oder Menschen aussehen. Neben Darstellungen von Lebewesen finden sich aber auch Gegenstände des Alltages und Symbole des religiösen Lebens in unzähligen **Kalligraphien**.

Heute noch ist die kalligraphische Kunst sehr beliebt. Die Motive und Texte haben sich jedoch der modernen Welt angepasst. Neben religiösen Zitaten werden ebenfalls juristische und poetische Zitate zu Kunstwerken.

nach dem Befinden fragen | sich entschuldigen | jemanden vorstellen | telefonieren

2 عَلى التِّلِفون

Hören Sie zu und kreuzen Sie an. Hören Sie das Wort in Dialog 1 oder 2? 5-6

	1	2		1	2
ahlan wa-sahlan	☐	☐	ayḍan	☐	☐
tilifūn	☐	☐	anti	☐	☐
āsif	☐	☐	al-urdun	☐	☐
hal	☐	☐	bayrūt	☐	☐
fāḍil	☐	☐	anta	☐	☐

Hören Sie die Dialoge noch einmal und beantworten Sie die Fragen. 5-6

1 ayna laylā?
2 ayna nādya?
3 ayna ᶜādil?
4 hal fāḍil ᶜarabiyy?

Versuchen Sie nun zu zweit auf Arabisch zu telefonieren.

1 ahlan wa-sahlan …! anā …!
2 ahlan bi… ayna …?

A أَينَ أَنتِ؟

1 **Bilden Sie so viele Sätze wie möglich über *laylā, nādya, ᶜādil* und *fāḍil*.**

____

____

____

____

2 **Lesen Sie nun die Dialoge.**

ᶜala -t-tilifūn

◗ ahlan wa-sahlan nādya! anā laylā!
D ahlan biki yā laylā. ayna anti?
◗ anā fi -l-urdun!
D ayna? mā fahimt.
◗ anā fi -l-urdun! fī ᶜammān. ayna ᶜādil?
D anā āsifa, ᶜādil fī bayrūt!
◗ ah… wa-anti? ayna anti yā nādya?
D anā fi bayrūt ayḍan.
◗ lā bās?
D lā bās! wa-anti? lā bās?
◗ lā bās!
D ilā -l-liqā'!
◗ ilā -l-liqā'!

anā āsif

◗ ahlan wa-sahlan.
D ahlan bika. man ᶜalā -t-tilifūn?
◗ anā ᶜādil. hal anta fāḍil?
D anā āsif, lastu fāḍil. anā yāsīn.
◗ ᶜuḏran!
D ᶜafwan! ilā -l-liqā'!

ᶜalā	*hier:* an	ᶜammān	Amman
tilifūn	Telefon	ᶜādil	*m. Vorname*
ahlan wa-sahlan	*hier:* Hallo!	badra	*f. Vorname*
ahlan bika *m.*	du bist willkommen	bayrūt	Beirut
ahlan biki *f.*		ayḍan	auch
nādya	*f. Vorname*	man?	wer?
laylā	*f. Vorname*	fāḍil	*m. Vorname*
yā	*Anredepartikel*	anā āsif / āsifa	es tut mir Leid *m./f.*
fī	in	last(u)	ich bin nicht / kein
al-urdun	Jordanien	ᶜuḏran	Entschuldigung!
mā fahimt(u)	ich habe nicht verstanden	ᶜafwan!	*hier:* keine Ursache

3 **Sagen Sie, ob die Leute die angegebene Staatsangehörigkeit haben.**

Beispiel:
hal laylā lībiyya? (urduniyya) → lā hiya urduniyya

1 hal māyā sūdāniyya? (lubnāniyya)
2 hal yāsīn sūriyy? (urduniyy)
3 hal laylā sūriyya? (sūriyya)
4 hal yāsmīn tūnisiyya? (lubnāniyya)
5 hal sinān lībiyy? (tūnisiyy)
6 hal ʿādil urduniyy? (sūriyy)

4 **Fragen Sie, wo die Leute sind und antworten Sie wie im Beispiel.**

Beispiel:
laylā – tūnis → ayna laylā? – laylā fī tūnis.

1 sinān – lubnān
2 yāsmīn – tūnis
3 yāsīn – sūryā
4 māyā – (a)s-sudān
5 ʿādil – lībya
6 laylā – sūryā
7 nādya – (a)l-urdun
8 fāḍil – (a)l-kuwayt

Angleichung des Artikels

al- + s- = as-s- (as-sūdān)
al- + t- = at-t- (at-tūnisiyy)
al- + n- = an-n- (an-nās)

al-urdun *das* Jordanien, aber **mina -l-urdun** aus Jordanien **fi -l-urdun** in Jordanien und **fi -s-sūdān** im Sudan.

5 **Lesen Sie die Wörter mit dem vorangestellten Artikel *al-* vor. Achten Sie dabei auf die Aussprache des Artikels.**

kuwaytiyya | lībiyya | sūdāniyya | ʿarabiyy | nāy | sūriyy | sāmiyy | nās | urduniyya | salām | sāmiyya | tīn | lubnāniyya | tūnisiyya | urduniyy | lībiyy | sūriyya | yāsmīn | kuwaytiyy | ʿarabiyya | tilifūn | liqā’

Beispiel:
al-ism
as-sūdāniyy

6 **Vervollständigen Sie die Minidialoge.**

1 ◗ ahlan wa-sahlan! anā laylā!
D ______________________

2 ◗ hal anta fi -l-urdun?
D ______________________

3 ◗ lā bās?
D ______________________

4 ◗ anā āsifa, lastu laylā. anā yāsmīn.
D ______________________

5 ◗ ahlan wa-sahlan! anā fāḍil.
D ______________________

6 ◗ man ʿalā -t-tilifūn?
D ______________________

7 ◗ ayna ʿādil?
D ______________________

8 ◗ ilā -l-liqā’!
D ______________________

7 Ergänzen Sie das passende Wort.

ʿalaykum | ahlan | biki | hal | ʿuḏran | ʿafwan | ʿammān | sahlan | anā | ayna | āsif | fī

Petra, Jordanien

1 ◗ ____________ wa-sahlan laylā! anā nādya!
D ahlan ____________ nādya! anā āsifa, lastu laylā. anā yāsmīn!
◗ ah! ____________! ayna laylā?
D laylā fī ____________.

2 ◗ ahlan wa-____________! anā yāsīn.
D ahlan bika yāsīn!
◗ ____________ anta?
D anā fi -l-urdun!

3 ◗ as-salāmu ____________!
D wa-ʿalaykumu -s-salām!
◗ ____________ anta yāsīn?
D lā, anā ____________, lastu yāsīn…
◗ ʿuḏran.
D ____________!

4 ◗ badra? ahlan wa-sahlan! ____________ laylā! lā bās?
D lā bās! wa-anti? lā bās?
◗ lā bās! anā ____________ bayrūt!
D ah! anā fī ʿammān.

8 Vervollständigen Sie die Minidialoge.

1 ◗ ahlan wa-sahlan! anā ʿādil!
D ____________________________

2 ◗ ayna anta? mā fahimt.
D ____________________________

3 ◗ ayna ʿādil?
D ____________________________

4 ◗ ah… wa-anti? ayna anti yā sinān?
D ____________________________

5 ◗ man ʿalā -t-tilifūn?
D ____________________________

6 ◗ ____________________________
D lā, lastu nādya.

7 ◗ ____________________________
D anā āsifa, yāsīn fi -s-sūdān!

8 ◗ ____________________________
D anā fi -l-urdun ayḍan.

9 ◗ ____________________________
D ahlan bika.

10 ◗ ____________________________
D lā bās!

9 **Was sagen Sie in folgenden Situationen.**

1 Das Telefon klingelt, Sie gehen ran: ______________________

2 Sie fragen, wer am Apparat ist: ______________________

3 Sie fragen, wo der Anrufer ist: ______________________

4 Sie entschuldigen sich, Sie haben nicht verstanden: ______________________

5 Sie fragen, ob alles in Ordnung ist: ______________________

6 Sie sagen, dass Sie in Jordanien sind: ______________________

7 Sie verabschieden sich: ______________________

B مَن كانَ عَلى التِّلِفون؟

1 **Hören Sie zu und beantworten Sie die Fragen.** 7–8

Amman, Jordanien

Dialog 1

1 man kāna ᶜalā -t-tilifūn?
2 man hiya?
3 ayna hiya?

Dialog 2

1 man kāna ᶜalā -t-tilifūn?
2 man huwa?

ma smuhā?

◗ marḥaba!
D masā'u -l-ḫayr! lā bās?
◗ lā bās! man kāna ᶜalā -t-tilifūn?
D ṭāliba.
◗ ma smuhā?
D ismuhā laylā.
◗ man hiya?
D hiya ṭāliba lubnāniyya.
◗ hal hiya fī lubnān?
D lā.
◗ ayna hiya?
D hiya fi -l-urdun fī ᶜammān.

lā aᶜrif

◗ yā yāsin! man kāna ᶜalā -t-tilifūn?
D rağul.
◗ wa-mā smuhu?
D ismuhu ᶜādil.
◗ aᶜid min faḍlika, mā fahimt.
D ismuhu ᶜādil.
◗ man huwa ᶜādil?
D lā aᶜrif.

2 Beantworten Sie die Fragen frei:

1 min ayna nādya?
2 hal huwa lībiyy?
3 hal hiya sūriyya?
4 ayna laylā?
5 hal hiya ṭāliba?
6 hal huwa ṭālib?
7 man huwa fāḍil?
8 min ayna māyā?
9 ayna yāsīn?
10 hal hiya sūdāniyya?

3 Finden Sie eine mögliche Frage:

1 ◗ ______________________________

◖ anā min libyā.

2 ◗ ______________________________

◖ huwa min bayrūt.

3 ◗ ______________________________

◖ ismuhu fāḍil.

4 ◗ ______________________________

◖ ismuhā nādya.

5 ◗ ______________________________

◖ hiya fi -s-sūdān.

6 ◗ ______________________________

◖ ismī ^{c}ādil.

7 ◗ ______________________________

◖ lā, anā kuwaytiyya.

8 ◗ ______________________________

◖ huwa fi -l-kuwayt.

9 ◗ ______________________________

◖ na^{c}am, ismuhā māyā.

10 ◗ ______________________________

◖ lā, ismī sinān.

4 Was sagen Sie in folgenden Situationen?

1 Sie fragen Layla, wie ein Mann heißt: ______________________________
2 Sie möchten von ihr wissen, woher er kommt: ______________________________
3 Sie bitten um Entschuldigung, Sie haben nicht verstanden: ______________________________
4 Sie bitten sie zu wiederholen: ______________________________
5 Sie fragen Layla, ob sie Studentin ist: ______________________________
6 Sie sagen ihr, dass Sie auch Student(in) sind: ______________________________
7 Sie fragen Layla, ob sie Syrerin ist: ______________________________
8 Sie sagen, dass auch Yasin aus Syrien kommt: ______________________________

kāna	(er) war	ismuhu	sein Name
ṭāliba	Schülerin, Studentin	a^{c}id	wiederhole! *m.*
ṭālib	Schüler, Student	a^{c}īdī	wiederhole! *f.*
ma smuhā?	wie heißt sie?	min faḍlika	bitte *auffordernd; m.*
ismuhā	ihr Name	min faḍliki	bitte *auffordernd; f.*
hiya	sie	huwa	er
rağul	Mann	lā	nein
mā smuhu?	wie heißt er?	lā a^{c}rif	ich weiß es nicht

C مَن هُوَ؟ مَن هِيَ؟

1 **Lesen Sie die Dialoge vor und beantworten Sie die Fragen.** 9-10

- ما اسمُكِ؟
- اِسمي مايا. وَأَنتِ؟ ما اسمُكِ؟
- اِسمي ياسمين. وَهُوَ؟ ما اسمُهُ؟
- اِسمُهُ سُلَيمان.
- هَل هُوَ مِنَ الكُوَيت؟
- لا، هُوَ مِن تونِس. وَ أَنتِ؟ مِن أَينَ أَنتِ؟
- أَنا مِن ليبيا.

- ما اسمُكَ؟
- أَنا اسمي سِنان. وَأَنتَ؟ ما اسمُكَ؟
- اِسمي سُلَيمان. وَمِن أَينَ أَنتَ يا سِنان؟
- أَنا ليبي. وَمِن أَينَ أَنتَ؟
- أَنا مِن تونِس. وَمَن هِيَ؟
- اِسمُها ياسمين.
- هَل هِيَ مِن تونِس؟
- لا، هِيَ مِن لُبنان.

1 هَل سُلَيمان مِنَ الكُوَيت؟
2 هَل مايا مِن تونِس؟
3 هَل ياسمين مِنَ الكُوَيت ؟
4 هَل سِنان مِن ليبيا؟

2 **Vervollständigen Sie den Dialog mit dem passenden Wort.**

- ما اسمُكِ؟
- ________ ياسمين. وَأَنتَ؟ ما ________؟
- اِسمي ياسين. وَهُوَ؟ ما ________؟
- اِسمُهُ سُلَيمان.
- هَل هُوَ ________ الكُوَيت؟
- ________، هُوَ مِن تونِس.
- وَ أَنتِ؟ مِن ________ أَنتِ؟
- ________ مِن ليبيا.
- وَمَن ________؟
- اِسمُها مايا.
- ________ هِيَ مِن تونِس؟
- لا، ________ مِن لُبنان.

3 **Antworten Sie frei.**

1 ما اسمُهُ؟
2 مِن أَينَ هُوَ؟
3 وَهِيَ؟ هَل هِيَ مِن لُبنان؟
4 وَهَل هُوَ مِن ليبيا؟
5 هَل اسمُهُ سُلَيمان؟
6 هَل هِيَ مِنَ الكُوَيت؟

4 **Bilden Sie Fragen und antworten Sie.**

Beispiel:

هِيَ – مايا — ما اسمُها؟ اِسمُها مايا.

هِيَ – تونِس — مِن أَينَ هِيَ؟ هِيَ مِن تونِس.

1 أَنتَ – تونِس ____________________

2 هُوَ – ياسين ____________________

3 هِيَ – الكُوَيت ____________________

4 أَنتِ – أَمَل ____________________

5 هِيَ – ليبيا ____________________

6 أَنتَ – سوريا ____________________

5 **Vervollständigen Sie die Minidialoge.**

Beispiel:

◗ مِن أَينَ أَنتَ يا سُليمان؟

◗ أَنا مِنَ الكُوَيت.

◗ مِن أَينَ سِنان؟

◗ ____________________

◗ ____________________

◗ هِيَ مِن سوريا.

◗ ____________________

◗ اِسمي أَمَل. وَأَنتَ؟

◗ هَل أَنتِ مِن سوريا؟

◗ ____________________

◗ ____________________

◗ لا، أَنا ليبي.

◗ مِن أَينَ أَنتَ؟

◗ ____________________

◗ هَل سُليمان لُبناني؟

◗ ____________________

◗ ____________________

◗ أَنا مِنَ الكُوَيت. وَأَنتِ؟

Redemittel

Nach dem Befinden fragen

lā bās?
lā bās!

Sich entschuldigen

ᶜuḏran / anā āsif(a)
ᶜafwan

Jemanden vorstellen

ismuhu…
ismuhā…
huwa…
hiya min…

Telefonieren

ahlan wa-sahlan!
ahlan bika/biki!
ālū?
man ᶜalā -t-tilifūn?

Grammatik

Fragewörter

min ayna?	min ayna hiya?
ayna?	ayna huwa?
man?	man huwa yāsīn?

Personalpronomen im Singular

anā	anā min lubnān.
anta	anta lībiyy.
anti	anti mina -l-kuwayt.
huwa	man huwa?
hiya	hal hiya min lībyā?

Possessivendungen im Singular

-ī	ismī
-(u)ka	ismuka
-(u)ki	ismuki
-(u)hu	ismuhu
-(u)hā	ismuhā

Aussprache

die Sonnenbuchstaben [t, s, n]	at-tūnisiyy, as-salām, an-nāy
ḍād	ayḍan
ḏāl	ᶜuḏran
ṭā	ṭālib
ǧīm	raǧul
hamza	’anta
stummes alif	ما اسمُكَ؟ مِنَ الكُوَيت.

Schrift

Konsonanten			
ل	lām	ب	bā
ه	hā	ر	rā
		ك	kāf

Besonderheiten			
hamza am Wortanfang ء	a	أ
	u	أُ
	i	إِ
alif als Vokalträger	al-	اَل
	ism	اِسم
lām-alif-Verbindung	lā	لا

Interpunktion
؟ Fragezeichen

العَرَبِيَّة وَالعَرَب

Die semitischen Sprachen
Arabisch und Hebräisch sind die bekanntesten semitischen Sprachen. Der Name „semitisch“ wurde von den Linguisten erfunden und kommt von Noahs erstgeborenem Sohn *Sem*. Die semitischen Sprachen sind außerdem mit den sogenannten hamitischen Sprachen (wie etwa die Berbersprachen oder das Altägyptische)

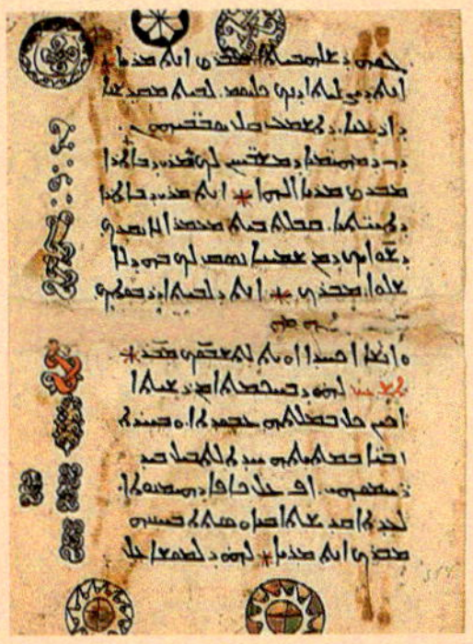

verwandt, die wiederum nach Noahs zweitgeborenem Sohn *Ham* genannt wurden. Noahs dritter Sohn *Jafet* soll der Stammesvater aller Indogermanen also aller indogermanischen Sprachen sein. Die kuschitischen Sprachen (Afar, Somali) sind ebenfalls mit den semitischen und den hamitischen Sprachen verwandt; *Kusch* war ein Sohn Hams.
Heute werden semitische Sprachen von Nordafrika (inklusive der Sahara) im Westen bis zur Türkei und dem Iran im Osten, vom Mittelmeer (auf Malta) im Norden bis zum Horn Afrikas im Süden gesprochen.

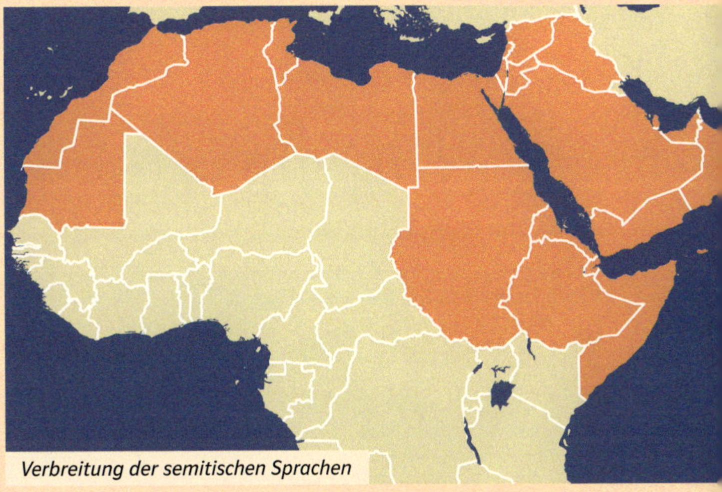
Verbreitung der semitischen Sprachen

Anhand folgender Wörter wird klar, wie nah die semitischen Sprachen einander sind, aber es ist wahrscheinlich dennoch einfacher für einen Deutschen Dänisch zu verstehen, als für einen Araber Amharisch!

	Nordwestsemitische Sprachen		Äthiosemitische Sprachen		Arabische Sprachen	
	Iwrit	**Aramäisch**	**Amharisch**	**Tigrinya**	**Arabisch**	**Maltesisch**
4	arba	arba	arat	’arba’te	arba^{c}a	erb^{c}a
40	arbaim	arbi	arba	’arbasa	arba^{c}ūn	erba^{c}in
wer?	mi?	mani?	man?	men?	man?	min?
Stunde	šaa	sa’a	seat	seat	sā^{c}a	sie^{c}a
Frieden	šalom	silha	selam	selam	salām	pači
Meer	yam	yama	bahr	bahri	baḥr	bahar
Haus	bayt	beta	bet	bet	bayt	dar
Wasser	mayim	mayya	weha	may	mā’	ilma
machen	assa	wada	serra	gebere	fa^{c}ala	ta^{c}mel
mit	im	imme	ke… gar	mes	ma^{c}a	ma

nach dem Befinden fragen | jemanden vorstellen | fragen, ob jemand eine Sprache spricht | Sprachkenntnisse angeben

3 فِي المَدرَسَة

Hören Sie den Dialog und kreuzen Sie an. Wer ist Student(in), wer ist Lehrer(in), wer ist aus Ägypten? 11

man ṭālib(a)?

aḥlām ☐
aḥmad ☐
asmā ☐

man mu^callim(a)?

aḥlām ☐
aḥmad ☐
asmā ☐

man min miṣr?

aḥlām ☐
aḥmad ☐
asmā ☐

كَيفَ الحال؟ A

▶ ṣabāḥu -l-ḫayr!
▷ ṣabāḥu -n-nūr!
▶ mā smuki?
▷ ismī asmā. wa-anti? mā smuki?
▶ ismī aḥlām. kayfa l-ḥāl yā asmā?
▷ anā bi-ḫayr, šukran. wa-anti? kayfa -l-ḥāl?
▶ anā bi-ḫayr ayḍan. hal anti -l-muᶜallima?
▷ lā, anā ṭāliba. aḥmad huwa l-muᶜallim.
▶ man huwa aḥmad?
▷ huwa muᶜallim miṣriyy.
▶ ᶜuḏran, mā fahimt. min ayna huwa?
▷ huwa min miṣr, mina -l-qāhira.
▶ wa-kayfa huwa?
▷ huwa laṭīf.

1 **Spielen Sie zu zweit folgende Situationen: 2 Student(inn)en lernen sich am Anfang des Semesters kennen und unterhalten sich (Ihr/e Nachbar/in schlägt Seite 187 auf).**

ṭālib(a) 1	ṭālib(a) 2	muᶜallim(a)
ياسين – الكُوَيت	______ *f.*	سُلَيمان – سوريا
سامي – سوريا	______ *f.*	______
مايا – تونس	______ *m.*	______
سِنان – ليبيا	______ *f.*	أمَل – تونِس

madrasa	Schule	muᶜallima	Lehrerin
asmā	*f. Vorname*	muᶜallim	Lehrer
aḥlām	*f. Vorname*	aḥmad	*m. Vorname*
kayfa -l-ḥāl	wie geht's?	miṣriyy	ägyptisch *m.*; Ägypter
kayfa?	wie?	miṣriyya	ägyptisch *f.*; Ägypterin
ḥāl	Zustand	miṣr	Ägypten
bi-ḫayr	gut	al-qāhira	Kairo
bi-	*hier:* in	laṭīf	nett *m.*
ḫayr	Wohl	laṭīfa	nett *f.*
šukran	danke!	āyy	welche, welcher, welches

modernes Kairo, Ägypten

2 Beantworten Sie die Fragen frei.

1 kayfa -l-mu^{c}allima?
2 hal aḥmad laṭīf?
3 ayna -l-mu^{c}allim?
4 hali -l-mu^{c}allima laṭīfa?
5 hal huwa mina -l-qāhira?
6 hal aḥmad huwa -l-mu^{c}allim?
7 hali -l-qāhira fī miṣr?
8 min ayna -l-mu^{c}allima?

3 Beantworten Sie die Fragen frei.

1 مِن أَينَ أَنتَ؟
2 هَل هُوَ مِن ليبيا؟
3 ما اسمُهُ؟
4 هَل أَنتِ مِن تونِس؟
5 ما اسمُها؟
6 أَينَ سُلَيمان؟
7 هَل هُوَ مِن بَيروت؟
8 هَل بِلال مِنَ الكُوَيت؟

4 Beachten Sie die Aussprache des bestimmten Artikels *al-*

al- + *Sonnenbuchstabe* = **as-**, **an-**, **at-**, **aṭ-**	as-sūdāniyy an-nāy at-tūnisiyy aṭ-ṭālib		In der Umschrift ersetzt der jeweilige Sonnenbuchstabe das -l-.
Vokal + **al-** = **-l-** *Vokal* + **as-** = **-s-** usw.	kayfa fī ayna	-l-ḥāl? -s-sūdān -l-mu^{c}allim?	In der Umschrift fällt das a- des Artikels weg.
hal + **al-** = **hali -l-**	hali hali	-l-qāhira fī miṣr? -l-mu^{c}allima laṭīfa?	In der Umschrift wird der Verbindungsvokal mitgeschrieben.
min + **al-** = **mina -l-**	mina	-l-qāhira	

5 Bilden Sie Fragen und antworten Sie.

1 hal / al- / qāhira / fī / lubnān?
2 hal / al- / mu^{c}allim / lībiyy?
3 kayfa / al- / mu^{c}allima?
4 hal / al- / ṭālib / min / al- / kuwayt?
5 hal / al- / ṭāliba / laṭīfa?
6 kayfa / al- / ḥāl?
7 min / ayna / al- / ṭāliba?
8 hal / anti / fī / al- / madrasa?

6 **Stellen Sie die Personen vor.**

Adil, Tunesien, Lehrer

Ahmad, Syrien, Student

Bilal, Sudan, Lehrer

Ahlam, Libyen, Studentin

Badra, Libanon, Lehrerin

Amal, Kuweit, Studentin

7 **Hören Sie den Dialog und kreuzen Sie an. Welche Aussagen sind richtig, welche falsch.** ◎ 12

	ṣaḥīḥ	ḫaṭā’
laylā muᶜallima.	☐	☐
laylā min miṣr.	☐	☐
ḥasan ṭālib.	☐	☐
ḥasan mina -s-sūdān.	☐	☐

8 **Bilden Sie Sätze.**

aḥmad aḥlām asmā fāḍil al-muᶜallima aṭ-ṭālib	fī min	al-madrasa al-qāhira miṣr as-sūdān al-kuwayt

B المُعَلِّم

1 **Hören Sie den Dialog und beantworten Sie die Fragen.** 13

- ◗ ṣabāḥu -l-ḫayr! ismī aḥmad wa-anā mu^callimu l-^carabiyya. wa-anti, ma smuki?
- ◖ ismī ^cazīza.
- ◗ tašarrafnā! min ayna anti yā ^cazīza?
- ◖ anā mina l-ğazā'ir.
- ◗ wa-hal tatakallamīna -l-^carabiyya?
- ◖ na^cam, atakallamu -l-lahğa ğayyidan wa-l-fuṣḥā qalīlan.
- ◗ wa-āyy luġāt tatakallamīn?
- ◖ atakallamu -l-faransiyya wa-l-inglīziyya.
- ◗ kayfa tatakallamīna -l-faransiyya?
- ◖ atakallamu -l-faransiyya ğayyidan ğiddan.
- ◗ kayfa tatakallamina -l-inglīziyya?
- ◖ lā atakallamu -l-inglīziyya ğayyidan…

1 mā smu -l-mucallim?
2 hal yatakallamu -l-mu^callimu -l-^carabiyya?
3 mā smu -ṭ-ṭāliba?
4 min ayna hiya?
5 hal tatakallam ^cazīza -l-lahğa?
6 kayfa tatakallamu -l-lahğa?
7 hal tatakallamu -l-^carabiyya -l-fuṣḥā? wa-kayfa?
8 hal tatakallamu -l-faransiyya? wa-kayfa?
9 hal tatakallamu -l-inglīziyya? wa-kayfa?

2 Das Verb *takallam(a)*.

a **Vervollständigen Sie die Sätze mit dem Verb *takallam(a)*. Sie finden die entsprechenden Formen im Dialog المُعَلِّم.**

1 ________ ^cazīza -l-inglīziyya.
2 ________ -l-mu^callimu -l-^carabiyya.
3 lā ________ -ṭ-ṭālibu -l-fuṣḥā.
4 hal ________ -l-faransiyya, yā bilāl?
5 ________ -l-mu^callima -l-inglīziyya.
6 (anā) ________ -l-lahğa ğayyidan ğiddan.
7 ________ -ṭ-ṭālibu -l-^carabiyya.
8 ________ mu^callimu -l-^carabiyya -l-fuṣḥā.
9 ________ aḥmadu -l-^carabiyya.
10 wa-anti yā amal, hal ________ -l-inglīziyya?

b **Vervollständigen Sie die Tabelle.**

takallam(a)	
(anā)	________
(anta)	tatakallam(u)
(anti)	________
(huwa)	________
(hiya)	________

Verben stehen immer am Satzanfang, dann kommt das Subjekt.
- Das Personalpronomen fehlt.
- Der Endvokal wird nur vor dem Artikel gesprochen.

3 Wie gut spricht man eine Fremdsprache? Ordnen Sie die Wörter nach ihrer Graduierung.

ǧayyidan | qalīlan | lā | qalīlan ǧiddan | ǧayyidan ǧiddan

– ______________

–– ______________

0 ______________

\+ ______________

++ ______________

4 Wie gut sprechen *badra*, *ᶜazīza* und *ḥasan* Hocharabisch und Dialekt? Bilden Sie Sätze wie im Beispiel.

Beispiel:
Badra tatakallamu -l-fuṣḥā ǧayyidan ǧiddan.

	al-fuṣḥā	al-lahǧa	al-faransiyya	al-inglīziyya
badra	++	+	0	+
ᶜazīza	––	++	+	0
ḥasan	0	++	–	++

5 Stellen Sie sich nun gegenseitig folgende Fragen und antworten Sie.

1 wa-anta? hal tatakallamu -l-faransiyya?
wa-anti? hal tatakallamīna -l-faransiyya?
2 kayfa tatakallamu -l-inglīziyya?
kayfa tatakallamīna -l-inglīziyya?
3 wa-l-almāniyya? wa-l-isbāniyya? wa-l-īṭāliyya?
4 āyy luġāt tatakallam / tatakallamīn?

Atakallamu…

muᶜallimu l-ᶜarabiyya	Arabischlehrer
al-ᶜarabiyya	das Arabische
ᶜazīza	*f. Vorname*
tašarrafnā!	sehr erfreut!
al-ǧazā'ir	Algerien
tatakallam(u)	du *m.* sprichst
tatakallamīn(a)	du *f.* sprichst
atakallam(u)	ich spreche
takallam(a)	sprechen
lahǧa	Dialekt
ǧayyidan	gut *Adv.*
al-fuṣḥā	Hocharabisch
qalīlan	(ein) wenig
luġa (*Pl.* luġāt)	Sprache
al-faransiyya	das Französische
al-inglīziyya	das Englische
ǧiddan	sehr
lā	*hier*: nicht

C طالِبَة وَطالِب

1 **Lesen Sie die Dialoge und beantworten Sie die Fragen.** 14-15

Dialog 1

أَحلام: السَّلامُ عَلَيكُم.
حَسَن: وَعَلَيكُمُ السَّلام. لا بأس؟
أَحلام: لا بأس! ما اسمُكَ؟
حَسَن: اِسمي حَسَن، وَأَنتِ؟
أَحلام: اِسمي أَحلام. هَل أَنتَ مِن مِصر؟
حَسَن: نَعَم، أَنا مِن مِصر. وَأَنتِ؟ مِن أَينَ أَنتِ يا أَحلام ؟
أَحلام: أَنا مِن ليبيا.

مَن أَحلام؟
مَن حَسَن ؟

Dialog 2

مَريَم: صَباحُ الخَير.
سِنان: صَباحُ النّور. ما اسمُكِ؟
مَريَم: اِسمي مَريَم، وَأَنتَ؟! ما اسمُكَ؟
سِنان: اِسمي سِنان. مِن أَينَ أَنتِ يا مَريَم ؟
مَريَم: أَنا مِن لُبنان. وَهَل أَنتَ مِن ليبيا؟
سِنان: لا، أَنا مِن سوريا. وَهُوَ؟ وَهُوَ؟ ما اسمُهُ؟
مَريَم: اِسمُهُ ياسين. هُوَ مِن تونِس. هُوَ المُعَلِّم.

مَن مَريَم ؟
مَن سِنان ؟
مَن ياسين ؟

2 **Hören Sie zu und beantworten Sie die Fragen.** 16

1 مَن هُوَ المُعَلِّم؟
2 مِن أَينَ هُوَ؟
3 هَل هُوَ عَرَبي؟

3 **Vervollständigen Sie den Dialog und lesen Sie zu zweit.**

- ◗ السَّلامُ عَلَيكُم!
- D ______________________
- ◗ اِسمي سِنان. وَأَنتَ؟
- D ______________________
- ◗ هَل أَنتَ مِن سوريا؟
- D ______________________
- ◗ وَهِيَ؟ مَن هِيَ؟
- D ______________________
- ◗ وَهَل هِيَ مِن سوريا؟
- D ______________________

4 **Vervollständigen Sie den Dialog mit folgenden Wörtern.**

هُوَ | لا | كُوَيتي | مِن | تَتَكَلَّمُ | مَن | ياسمين

- ◗ ____ هُوَ؟
- D ____ ياسين.
- ◗ هَل هُوَ ________؟
- D ____، هُوَ ليبي وَهِي ________.
- ◗ هَل هِيَ ____ ليبيا؟
- D نَعَم.
- ◗ وَهَل ______ العَرَبِيَّة*؟
- D نَعَم!

* [-l-ᶜarabiyya]

Kuwait, Befreiungsturm

5 **Vervollständigen Sie die Minidialoge.**

1 ◗ ما هُوَ اسمُهُ؟
D ________________

2 ◗ هَل هُوَ مِصري؟
D ________________

3 ◗ ________________
D اِسمُها أَمَل.

4 ◗ ________________
D لا، أَنا ليبي. وَهِيَ سورية.

5 ◗ هَل هِيَ مِن ليبيا؟
D ________________

6 ◗ كَيفَ الحال؟
D ________________

7 ◗ ________________
D لا، هِيَ مِنَ الكُوَيت.

6 **Was sagen Sie in folgenden Situationen?**

1 Sie sehen einen Mann und fragen den Lehrer, wer das ist: ______

2 Er antwortet Ihnen, dass er Student ist: ______

3 Sie fragen ihn, wie er heißt: ______

4 Er antwortet Ihnen, dass er Sulayman heißt: ______

5 Sie fragen ihn, ob er aus Syrien ist: ______

6 Er antwortet Ihnen, dass er aus Libyen ist: ______

Redemittel

Nach dem Befinden fragen

kayfa -l-ḥāl? anā bi-ḫayr, šukran!

Jemanden vorstellen

huwa ṭālib. hiya ṭāliba.

Fragen, ob jemand eine Sprache spricht

hal tatakallamu hal tatakallamīna	-l-lahǧa? -l-fuṣḥā? -l-inglīziyya?

Seine Sprachkenntnisse angeben

atakallamu -l-lahǧa qalīlan.
lā atakallamu -l-fuṣḥā.
atakallamu -l-inglīziyya ǧayyidan ǧiddan.

Grammatik

Fragewörter

kayfa?	kayfa -l-ḥāl?

Verben im Imperfekt Singular

takallam(a) sprechen
atakallam(u) tatakallam(u) tatakallamīn(a) atakallam(u) yatakallam(u) tatakallam(u)

Schrift

Konsonanten			
ع	ᶜayn	ح	ḥā
ف	fā	خ	ḫā
		ص	ṣād

Besonderheiten		
šadda	ّ	مُعلِّم
ṭā marbūṭa	ة	مُعَلِّمة

Aussprache

der Artikel **al-**	**al**-muᶜallim	hali **-l-**muᶜallim...?
	al-kuwayt	fi **-l**-kuwayt
	as-sūdān	mina **-s**-sūdān
der Sonnenbuchstabe [ṭ]	aṭ-ṭālib	
ġayn	luġa	
šā	šukran	

العَرَبِيَّة وَالعَرَب

Die arabische Sprache
Die ersten arabischen Inschriften stammen aus dem 9 Jh. v. Chr. Es handelt sich dabei um Eigennamen in assyrischen Keilschrifttexten. Die Inschrift von 328 n. Chr. belegt die arabische Sprache in nabatäisch-aramäischer Schrift. Die klassische Stufe der arabischen Sprache (klassisches Arabisch) entwickelte sich in der Mitte des 6 Jh. n. Chr. Der Koran als heilige Schrift verbreitete die Sprache im 7./8. Jh. bis Südeuropa im Norden (Andalusisch in der iberischen Halbinsel), bis Marokko im Westen, bis Sansibar (Tansania) im Süden und Zentralasien im Osten (westliches China).

Ab dem 20. Jh. spricht man vom modernen Arabisch: Die Sprache wird lexikalisch stark vom Englischen beeinflusst, viele grammatische Endungen nicht mehr mitgesprochen und die rigide Syntax gelockert. Dies ist die Sprache der Medien und der Schule und wird überregional verstanden.

Neben der Hochsprache wurden schon früh regional unterschiedliche Dialekte (lahğa) verwendet, die als Umgangssprache fungierten. Nach wie vor bevorzugen die Araber ihren Dialekt für alltägliche Situationen. Das Ägyptische (z.T. auch das Syrische) wird jedoch ebenfalls überall verstanden, da die ägyptische Filmindustrie der fünfziger und sechziger Jahre nicht nur ihre Werke in alle arabischen Länder brachte, sondern auch den ägyptischen Dialekt. Auch die politische Bedeutung Ägyptens im Nahostkonflikt sowie seine geographische Stellung zwischen Maghreb (westarabische Welt) und Mashreq (ostarabische Welt) geben dem ägyptischen Dialekt eine Rolle als zweite Lingua franca in der gesamten arabischen Welt.

Dieses Lehrbuch vermittelt die moderne Hochsprache, die es erlaubt, überregionale Medien (Zeitungen, Zeitschriften, Radio, Fernsehen) sowie literarische Werke zu verstehen. Nach der Grundstufe kann man leicht einen Dialekt erlernen. Dagegen wäre der umgekehrte Schritt, also aus dem Dialekt in die Hochsprache, wesentlich schwieriger. Um sich zu überzeugen, fragen Sie einfach Arabisch-Muttersprachler, wie gut ihr Hocharabisch ist (und das, obwohl sie es in der Schule hatten!), oder vergleichen Sie auch mit der Situation in der deutschsprachigen Welt! Arabisch, ob Hocharabisch oder seine Dialekte, ist in 24 Staaten Nationalsprache und die Muttersprache von ca. 246 Millionen Sprechern. Somit steht es auf dem 5. Platz der meistgesprochenen Sprachen der Welt.

nach dem Beruf fragen und ihn angeben | nach einem Wort fragen | sagen, warum man Arabisc spricht | von 1 bis 10 zählen

4 أَينَ تَعمَل؟

Hören Sie den Dialog und kreuzen Sie an. (CD 17)

	ṣaḥīḥ	ḫaṭā’	lā aᶜrif
ismu -l-muᶜallim nūrī.	☐	☐	☐
ismu -ṭ-ṭāliba zaynab.	☐	☐	☐
hiya mina -l-ǧazā’ir.	☐	☐	☐
tatakallamu -l-fuṣḥā.	☐	☐	☐
tatakallamu -l-lahǧa.	☐	☐	☐
hiya sikritīra.	☐	☐	☐
al-muᶜallim wa-ṭ-ṭāliba fi -l-qāhira.	☐	☐	☐

Sagen Sie, was die Personen von Beruf sind?

muhandis

tāǧir

kahrabā’ī

ṭabbāḫ

A ما مِهنَتُكِ؟

1 a Lesen Sie den Text und beantworten Sie die Fragen.

◗ ṣabāḥu -l-ḫayr!
D ṣabāḥu -n-nūr!
◗ mā smuki?
D ismī zaynab.
◗ tašarrafnā yā zaynab. min ayna anti?
D anā mina -l-maġrib.
◗ wa-limāḏā tataᶜallamīna -l-ᶜarabiyya?
D li'annanī atakallamu -l-lahǧa ǧayyidan wa-lākinnanī lā atakallamu -l-fuṣḥā ǧayyidan ǧiddan…
◗ mā mihnatuki?
D anā sikritīra.
◗ wa-ayna taᶜmalīn?
D aᶜmal fī maktab fī -r-ribāṭ.

1 ma smu -ṭ-ṭāliba?
2 min ayna hiya?
3 mā mihnatuhā?
4 ayna taᶜmal?
5 ayna maktabuhā?
6 wa-anta? hal taᶜmal fī maktab ayḍan? / wa-anti? hal taᶜmalīn fī maktab ayḍan?
7 hal anta sikritīr(a)?
8 ayna taᶜmal / taᶜmalīn?
9 mā mihnatuka / mihnatuki?

b Bei diesem Dialog sind die Sätze durcheinander geraten. Ordnen Sie.

◗ as- ᶜalaykum. salāmu ______
D salām. ᶜalaykumu -s- wa- ______
◗ smuka? mā ______
D aḥmad ismī. ______
◗ aḥmad tašarrafnā yā. min antā ayna? ______
D l- anā - qāhira mina. ______
◗ l-inglīziyya wa- tatakallam -? limāḏā ______
D li'annī -l-inglīziyya. muᶜallim madrasa aᶜmal fī miṣr. fī ______

zaynab	*f. Vorname*	mā mihnatuki?	was machst du beruflich?
al-maġrib	Marokko	mihna	Beruf
limāḏā?	warum?	sikritīr(a)	Sekretär(in)
tataᶜallamīn(a)	du lernst	taᶜmal(u), taᶜmalīn(a)	du arbeitest *m. / f.*
taᶜallam(a)	lernen	aᶜmal(u)	ich arbeite
li'annī / li'annanī	weil ich	ᶜamil(a)	arbeiten
li'anna	weil	maktab	*hier:* Büro
wa-lākinnī / lākinnanī	aber ich	ar-ribāṭ	Rabat *(Hauptstadt von Marokko)*
lākin	aber		

2 Üben Sie das Verb *lernen*.

1 ___________ zaynabu -l-ᶜarabiyya fī madrasa.
2 hal (anta) ___________ -l-ᶜarabiyya ayḍan?
3 man ___________ -l-ᶜarabiyya?
4 (anā) ___________ -l-faransiyya.
5 anta ___________ -l-fuṣḥā wa-lākinnī ___________ -l-lahǧa.
6 ___________ -ṭ-ṭālib luġa sāmiyya.
7 ayna ___________ -l-ᶜarabiyya -l-fuṣḥā yā zaynab?
8 anā ___________ -l-inglīziyya fī mālṭā.
9 (huwa) ___________ -l-ᶜarabiyya fi -r-ribāṭ.
10 limāḏā lā ___________ -l-inglīziyya yā laylā?

taᶜallam(a)	
(anā)	ataᶜallam(u)
(anta)	tataᶜallam(u)
(anti)	___________
(huwa)	yataᶜallam(u)
(hiya)	tataᶜallam(u)

3 Warum lernen Sie Arabisch? Fragen Sie Ihre Kursnachbarn und berichten Sie anschließend der Klasse.

ataᶜallamu -l-ᶜarabiyya	li'annī uḥibbu -l-luġa. li'atakallam maᶜa al-ᶜarab. li-r-riḥla. li-aᶜmal fī… muzāḥan …

4 Vervollständigen Sie den Dialog.

ayna | tašarrafnā | -l-ǧazā'ir | mā | ḫayr

▸ ṣabāḥu -l-_______!
▹ ṣabāḥu -n-nūr!
▸ _______ smuka?
▹ ismī nūrī.
▸ _______ ya nūrī. min _______anta?
▹ anā mina _______.

maᶜa | tataᶜallamu | ǧiddan | ǧayyidan | li'annī | miṣr

▸ wa-limāḏā _______ -l-ᶜarabiyya?
▹ ataᶜallamu -l-ᶜarabiyya _______ aᶜmal fi -l-ǧāmiᶜa _______ ᶜarab min _______ wa-l-kuwayt.
▸ hal tatakallamu -l-lahǧa _______?
▹ naᶜam, atakallamu -l-lahǧa ǧayyidan _______ wa-lākinnī lā atakallamu -l-fuṣḥā ǧayyidan…

5 **Gehen Sie umher und fragen Sie alle Kursteilnehmer/innnen, was sie beruflich machen.**

mā mihnatuka? mā mihnatuki?
anā…

sikritīr(a) | ṭālib(a) | ṭabīb(a) | muhandis(a) | muḥāmi(ya) | mu^{c}allim(a) | mutaqā^{c}id(a) | ^{c}āṭil(a) | muwaẓẓaf(a) | mumarriḍ(a) | tāǧir(a) | ṣaḥāfiyy(a) | mutarǧim(a) | rabbat bayt | …

6 **Sagen Sie nun, wo Sie arbeiten.**

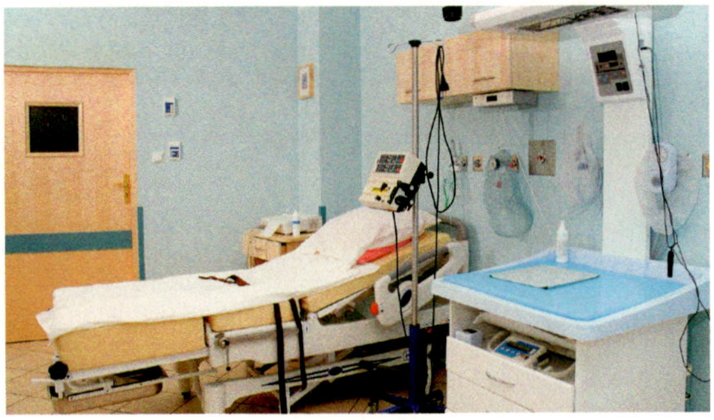

a^{c}mal fī…

bank | mustašfā | maktab | šarika | madrasa | -l-bayt | -l-ǧāmi^{c}a | …

7 **Fügen Sie die passende Form des Verbs *arbeiten* ein.**

1 (anā) __________ fī maktab.
2 limāḏa lā __________ yā ḥusnī?
3 anta __________ ǧayyidan ǧiddan!
4 hal (anta) __________?
5 __________ zaynab fī madrasa.
6 anā __________ qalīlan.
7 __________ -s-sikritīra ǧayyidan.
8 ayna __________ yā amal?
9 __________ fi -l-ǧazā'ir li'annī atakallamu -l-faransiyya wa-l-arabiyya.
10 man __________ fī bayrut?

^{c}amil(a)	
(anā)	__________
(anta)	ta^{c}mal(u)
(anti)	__________
(huwa)	ya^{c}mal(u)
(hiya)	ta^{c}mal(u)

8 **Berichten Sie über einen anderen Teilnehmer und vergleichen Sie mit sich selbst.**

ismuhu… huwa min… mihnatuhu… ya^{c}mal fī…	wa-lākinnī…

ismuhā… hiya min… mihnatuhā… ta^{c}mal fī…	wa-lākinnī…

B ما هَذا؟

1 Hören Sie den Text und beschriften Sie die Bilder. ◎ 18

◗ mā smu hāḏā bi-l-ᶜarabiyya yā farīd?
D ismu hāḏā bi-l-ᶜarabiyya “kursī”.
◗ wa-mā hāḏā?
D hāḏā qalam.
◗ wa-mā hāḏihi?
D hāḏihi ṭāwila.
◗ wa-māḏā ᶜala -ṭ-ṭawila?
D ᶜalā -ṭ-ṭāwila kitāb wa-kurrāsa.
◗ māḏā ayḍan ᶜalā -ṭ-ṭāwila?
D ᶜalā -ṭ-ṭāwila ayḍan naẓẓāra.
◗ wa-māḏā ᶜalā -l-kursī?
D ᶜalā -l-kursī šanṭa wa-miᶜṭaf.
◗ šukran!
D ᶜafwan!

2 Zeigen Sie auf einen Gegenstand und fragen Sie jemanden nach dessen Bezeichnung auf Arabisch.

3 Hören Sie zu und sagen Sie, wo die Gegenstände sind. ◎ 19

1 ayna -l-kursī?
2 ayna -l-qalam?
3 ayna -n-naẓẓāra?
4 ayna -ṭ-ṭāwila?
5 ayna -l-kitāb?
6 ayna -l-kurrāsa?
7 ayna -l-miᶜṭaf?
8 ayna -š-šanṭa?

4 Lesen Sie folgende Wörter mit dem bestimmten Artikel vor (*š* und *ṭ* sind auch Sonnenbuchstaben).

Beispiel:
al-ḥamd, aṣ-ṣabāh

bayt | kurrāsa | īṭāliyya | naẓẓāra | kursī | ṭālib | inglīziyya | ṭāliba | mihna | muᶜallim | maktab | almāniyya | miᶜṭaf | isbāniyya | kitāb | faṣl | sikritīra | šanṭa | faransiyya | qalam | maġrib | muᶜallima

5 **Beantworten Sie die Fragen mit dem Personalpronomen *huwa* bzw. *hiya*.**

Beispiel:
hali-l-qalam fī-š-šanṭa? → na'am, huwa fī-š-šanṭa.

1 hali -r-ribāṭ fi -l-maġrib?
2 hali -l-arabiyya luġa sāmiyya?
3 hali -l-qalam ᶜalā -ṭ-ṭāwila?
4 hali -l-maġrib fī afrīqiya?
5 hali -l-kursī fi -l-faṣl?
6 hali -n-naẓẓāra ᶜalā -ṭ-ṭāwila?
7 hali -l-muᶜallima fi -l-madrasa?
8 hal rabbat bayt fi -l-bayt?
9 hali -l-kitāb fi -š-šanṭa?
10 hali -š-šanṭa ᶜalā -ṭ-ṭāwila?

feminin → **hiya**	
– Substantive auf **-a**	naẓẓāra
– feminine Personenbezeichnungen	rabbat bayt
– Länder	al-maġrib
– Städte	bayrūt
maskulin → **huwa**	
– Substantive auf Konsonanten	qalam
– maskuline Personenbezeichnungen auf **-a**	ḫalīfa

6 **Was sagen Sie in folgenden Situationen?**

1 Sie begrüßen den Lehrer um 9 Uhr morgens: ______________________.
2 Sie fragen ihn, wie es ihm geht: ______________________?
3 Sie sagen ihm, dass es auch Ihnen gut geht, Gott sei Dank: ______________________.
4 Sie sagen ihm, wo Sie arbeiten: ______________________?
5 Sie sagen ihm, was Sie beruflich machen: ______________________.
6 Sie fragen ihn, wie ein Gegenstand heißt: ______________________?
7 Sie bedanken sich: ______________________.

mā smu hāḏā?	wie heißt das? *(= was ist der Name von diesem)*	ᶜalā	auf, an
hāḏā, hāḏihi	dieser, diese; das ist	kitāb	Buch
bi-l-ᶜarabiyya	auf Arabisch	kurrāsa	Heft
kursī	Stuhl	naẓẓāra	Brille
qalam	Stift	šanṭa	Tasche
ṭāwila	Tisch	miᶜṭaf	Mantel
māḏā?	was (gibt es) …?	sāmiyy	semitisch

أَنا طالِب في الجامِعَة C

1 Fatima und Husni stellen sich vor. Kreuzen Sie an, ob die Aussagen richtig oder falsch sind. 20-21

	نـَعَم	لا	لا أعرِف
حُسني مِن مِصر.	☐	☐	☐
يَتـَعَلـَّمُ الفـَرَنسِيَّة.	☐	☐	☐
في البَيتِ يَتـَكَلـَّمُ الفـُصحى.	☐	☐	☐
يَعمَل في أَمريكا.	☐	☐	☐

	نـَعَم	لا	لا أعرِف
فاطِمَة مِن لـُبنان.	☐	☐	☐
تـَعمَل في الجامِعَة.	☐	☐	☐
هِيَ سِكرِتيرَة.	☐	☐	☐
في المُستـَشفى سِكرِتيرات مِن تونِس.	☐	☐	☐

2 Lesen Sie nun die Texte und erzählen Sie nach.

السَّلامُ عَلـَيكُم. اِسمي فاطِمَة. أَنا مِن ليبيا مِن طـَرابُلـُس. أَنا سِكرِتيرَة وَأَعمَلُ في شـَرِكـَة. عَلى التـِّلِفون أَتـَكَلـَّمُ الفـُصحى وَلـَكِنـّي أَتـَكَلـَّمُ في البَيتِ اللـّيبِيَّة. في الشـَّرِكـَة سِكرِتيرات مِن تونِس وَمِصر.

صَباحُ الخـَير. اِسمي حُسني وَأَنا طالِب في الجامِعَة. في الجامِعَة أَتـَعَلـَّمُ اللـُّغـَة العَرَبِيَّة الفـُصحى. في فـَصلي أَربَعَةُ طـُلاّبٍ مِن تـُركِيا وَطالِبَة مِن إسبانيا. أنا أَتـَكَلـَّمُ المِصرِيَّة في البَيت لِأَنـّي مِن القاهِرَة. في يوليو وَأَغسُطـُس أعمَلُ في شـَرِكـَة أَمريكِيَّة.

Beispiel:

حُسني طالِب ...

فاطِمَة ...

3 Lesen Sie die indischen Zahlen von 0 bis 10 und schreiben Sie sie ab:

ṯamānya	____	٨	arbaᶜa	____	٤	ṣifr	____	٠
tisᶜa	____	٩	ḫamsa	____	٥	wāḥid	____	١
ᶜašara	____	١٠	sitta	____	٦	iṯnān	____	٢
			sabᶜa	____	٧	ṯalāṯa	____	٣

4 Schreiben Sie die indische Zahl dazu.

1 ___ 3 ___ 5 ___ 7 ___ 9 ___

0 ___ 2 ___ 4 ___ 6 ___ 8 ___

5 Nennen Sie die vorhergehende und die nachfolgende Zahl und schreiben Sie auf.

____ ٢ ____ ____ ١ ____ ____ ٧ ____ ____ ٣ ____

____ ٦ ____ ____ ٨ ____ ____ ٤ ____ ____ ٥ ____

6 Welche Zahl hören Sie? Kreuzen Sie an. 22

a	b	c	d	e	f	g	h
٠ ☐	٦ ☐	٣ ☐	٨ ☐	١٠ ☐	٤ ☐	١ ☐	٩ ☐
٦ ☐	٩ ☐	٤ ☐	٧ ☐	٢ ☐	٣ ☐	٥ ☐	٧ ☐

7 Lesen Sie die Zahl mit dem Substantiv.

طُلاّب	٣ ٩ ٧ ٨ ٥ ٦ ٤ ١٠

In Verbindung mit einem *männlichen* Substantiv wird am Ende der Zahl ein [t] mitgesprochen: [arbaᶜa], aber [arabaᶜat ṭullāb].

أَمريكا	amrīkā	Amerika
يوليو	yūlyū	Juli
أَغُسطُس	aġusṭus	August
أَمريكي ، أَمريكِيَّة	amrīkiyy(a)	amerikanisch
أَربَعَة	arbaᶜa(t)	vier
طُلاّب	ṭullāb	Studenten
فاطِمَة	fāṭima	*f. Vorname*
طَرابُلُس	ṭarābulus	Tripolis
سِكرِتيرات	sikritīrāt	Sekretärinnen

Redemittel

Nach dem Beruf fragen und ihn angeben

ما مِهنـتُك؟	أنا طـَبيب.
أينَ تـعمَل؟	أعمَل في مُستَشفى.

Sagen, warum man Arabisch lernt

لِماذا تـتـعلَّمُ العَربِيَّة؟	أتـعَلَّمُ العَربيَّة لِأتـكلَّمَ مَعَ العَرب.

Nach einem Wort fragen

ما هَذا؟
ما اسمُ هَذا بِالعَربيَّة؟
ما مَعنى „كِتاب“؟

Zahلen 0 – 10

٠ | ١ | ٢ | ٣ | ٤ | ٥ | ٦ | ٧ | ٨ | ٩ | ١٠

Grammatik

Fragewörter

لِماذا؟	لِماذا تـتـعلَّمُ العَربِيَّة؟
ماذا؟	ماذا عَلى الكُرسيّ؟

Verben im Imperfekt Singular

arbeiten	عَمِلَ	lernen	تـعَلَّمَ
أعمَلُ		أتـعَلَّمُ	
تـعمَلُ		تـتـعلَّمُ	
تـعمَلين		تـتـعلَّمين	
يَعمَلُ		يَـتـعلَّمُ	
تـعمَلُ		تـتـعلَّمُ	

Konjunktionen

لِأنَّ	أتـعَلَّمُ العَربيَّة لِأنـّي أعمَل في مِصر.
ولَكِنَّ	أعمَل في مِصر ولَكِنـّي لا أتـعَلَّمُ المِصريَّة.

Das Substantiv im Plural

Gesund *(= regelmäßig)*	سِكرِتيرَة ج سِكرِتيرات
Gebrochen *(= unregelmäßig)*	طالِب ج طُلاّب

Schrift

Konsonanten			
ج	ǧīm	ش	šīn
ذ	ḏāl	ض	ḍād
		ط	ṭā

Besonderheiten		
alif maqṣūra	ى	مُستَشفى
tanwīn	اً	أهلاً وَسـهلاً

Aussprache

ṯā	ṯalāṯa
ẓā	naẓẓāra
Zahl + [t] + m. Substantiv Pl.	arbaᶜat ṭullāb

العَرَبِيَّة وَالعَرَب

Arabische und indische Zahlen
Die Zahlen, die wir arabisch nennen, werden nur in den maghrebinischen Ländern (von Marokko bis Libyen) verwendet. In den übrigen Ländern kommen die indischen Zahlen vor. Ein geschichtlicher Rückblick erklärt es leicht.
Die ersten bekannten Zahlen waren die sumerischen, die im 5. Jt. v. u. Z. benutzt, aber erst 2000 Jahre später in Keilschrift geschrieben wurden:

Es entwickelten sich dann verschiedene Zahlensysteme (das ägyptische, chinesische, römische, usw.). Die Null wurde erst im 6. Jh. vor Chr. von den Babyloniern erfunden und sah wie zwei Schrägstriche aus. Zur selben Zeit erschienen die indischen (nāgarī) Zahlen, die in ihrer weiteren Entwicklung unsere heutigen (arabischen) Zahlen hervorbrachten.

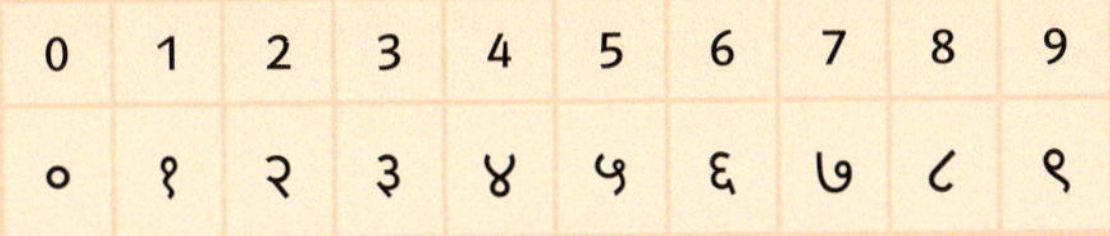

In Europa entwickelten sich diese indischen Zahlen dank berühmter arabischer Mathematiker wie al-Chwarizmi weiter. Sie sahen dann folgendermaßen aus.

Im 12. Jh. lösten die „arabischen" Mediävalzahlen, die noch üblichen römischen Zahlen ab.
Seit dem 19. Jh. werden fast ausschließlich die sogenannten Versalzahlen verwendet: 0 1 2 3 4 5 6 7 8 9.

Im Osten der arabischsprachigen Welt entwickelten sich die indischen Zahlen selbst in zwei Richtungen. Ab dem 8. Jh. wurden die ostarabischen Zahlen verwendet, die heute nur noch im Persischen und Urdu vorkommen: ۰ ۱ ۲ ۳ ۴ ۵ ۶ ۷ ۸ ۹, während sich im Mashreq die westarabischen Zahlen durchsetzten: 0 1 2 3 4 5 6 7 8 9.

Seit der Internetrevolution kehren die arabischen Zahlen zurück und die indischen Zahlen sind so gut wie nie auf Webseiten zu sehen.

Im modernen Arabisch werden die Zahlen anders als die Buchstaben von links nach rechts geschrieben! Das Jahr 1973 schreibt man also folgendermaßen: ١٩٧٣ und man sagt „tausend und neunhundert und drei und siebzig".

Neben diesen zwei Zahlensystemen war ebenfalls das Abdschad-System weit verbreitet. Der Name Abdschad ist das Akronym aus den ersten vier Buchstaben des alten arabischen Alphabets, das sich an dem phönizischen orientierte: alif, ba, ǧim, dal (أبجد abǧad bedeutet übrigens auch Alphabet). Die Buchstaben des Alphabets hatten Zahlenwerte, die z. B. in der Zahlenmystik eingesetzt wurden (so wie in der hebräischen Kabbala): ا 1, ب 2, ج 3, د 4, ه 5, و 6, ز 7, ح 8, ط 9.
Sie werden heute ebenfalls verwendet, um kleinere Mengen zu zählen, wie etwa in einer Liste. Außerdem wird man nicht um das Abschad-System herumkommen, wenn man Arabisch lernt, denn nicht wenige Übungen werden so nummeriert.

1	١	6	٦
2	٢	7	٧
3	٣	8	٨
4	٤	9	٩
5	٥	10	١٠

Gegenstände benennen | Personen und Gegenstände lokalisieren | fragen und sagen, wo man wohnt | einen kurzen Brief schreiben

5 بَيتي في سوسَة

Wie heißt das auf Arabisch? Ordnen Sie zu.

مَكتَب | كِتاب | كُمبيوتِر | شاي | كُرسيّ | سوسَة

A في مَكتَبي

1 **a Farid erzählt.** 23

ismī farīd wa-askun fī sūsa. hal ta^crif sūsa? hāḏihi madīna tūnisiyya kabīra. anā mutarǧim fī šarika ūrūbiyya. atakallamu -l-ᶜarabiyya wa-l-faransiyya wa-l-inglīziyya wa-l-isbāniyya. anā al'ān fi -l-bayt wa-aᶜmal fī maktabī. hunā maktab wa-kursī wa-kutub. ᶜalā -l-maktab kumbyūtir wa-kutub wa-qawāmīs wa-aqlām. ᶜalā -l-yamīn kitāb ᶜarabiyy wa-kitāb faransiyy. ᶜalā -l-yasār qāmūs ᶜarabiyy – faransiyy wa-qāmūs ᶜarabiyy – inglīziyy. amāma -l-qawāmīs aqlām wa-amāma -l-kutub finǧān min aš-šāy.

b Sehen Sie sich nun den Schreibtisch an und sagen Sie, welche Dinge anders sind als beschrieben.

2 **Fragen Sie einander, was alles auf Ihrem Schreibtisch zu Hause / in der Arbeit ist. Berichten Sie anschließend der Klasse.**

farīd	*m. Vorname*
askun(u)	ich wohne
sakan(a)	wohnen
sūsa	Sousse
taᶜrif(u)	du kennst / weißt
ᶜaraf(a)	kennen / wissen
madīna; mudun	Stadt
kabīr(a)	groß
ūrūbiyy(a)	europäisch
al'ān	jetzt
maktab; makātib	Schreibtisch, Arbeitszimmer, Büro
hunā	hier
kitāb; kutub	Buch
kumbyūtir; kumbyūtirāt	Computer
qāmūs; qawāmīs	Wörterbuch
qalam; aqlām	Stift
ᶜalā -l-yamīn	rechts
ᶜalā -l-yasār	links
amāma	vor *örtl.*
finǧān; fanāǧīn	Tasse
šāy	Tee
ḥalīb	Milch

3 Sagen Sie, wo die Personen wohnen.

1 ________ -ṭ-ṭālib fī sūsa.

2 (anā) ________ fī dimašq.

3 hal ________ ayḍan fī dimāšq yā nabīl?

4 ayna ________ yā fāṭima?

5 ________ -l-mutarǧima maᶜa ṭabīb īṭāliyy.

6 ________ nūrī fi -l-kuwayt wa-lākinnī ________ fi -l-urdun.

7 ________ fī sūsa li'annī aᶜmal fī šarika tūnisiyya.

8 (anā) ________ maᶜa ṭālib mina -l-urdun.

sakan(a)	
(anā)	________
(anta)	taskun(u)
(anti)	taskunīn(a)
(huwa)	yaskun(u)
(hiya)	taskun(u)

4 Beantworten Sie die Fragen.

Sousse, Tunesien

1 hal sūsa madīna kabīra?
2 hali -r-ribāṭ kabīra ayḍan?
3 hal sūsa fi -l-maġrib?
4 hal rūmā madīna ūrūbiyya?
5 ayna sūsa?
6 hal tūnis fī afriqiya?
7 hal taᶜrif / taᶜrifīn sūsa?
8 ayna taskun / taskunīn?
9 hal ᶜalā -ṭ-ṭāwila aqlām?
10 hal hunā kumbyūtir?

5 Ergänzen Sie das Verb *kennen / wissen*.

1 hal ________ -l-muᶜallim yā yāsmīn?

2 (anā) ________ sūsa ǧayyidan.

3 lā ________ -ṭ-ṭālib.

4 māḏā lā ________ yā farīd?

5 ________ -l-mumarrid qalīlan.

6 (huwa) ________ baytī.

7 ________ dimašq li'annī aᶜmal fī šarika sūriyya.

8 hal ________ -s-sikritīra aš-šarika.

ᶜaraf(a)	
(anā)	________
(anta)	________
(anti)	taᶜrifīn(a)
(huwa)	yaᶜrif(u)
(hiya)	taᶜrif(u)

6 Beschreiben Sie das Bild so genau wie möglich. Verwenden Sie dabei die Präpositionen *ᶜalā, amāma* und *fī.*

7 Ordnen Sie dem Singular den Plural zu.

madīna	kutub
maktab	fanāǧīn
kitāb	buyūt
qāmūs	karāsī
kurrāsa	aqlām
kumbyūtir	makātib
qalam	kumbyūtirāt
finǧān	mudun
kursī	qawāmīs
bayt	kurrāsāt

8 Sagen Sie, wie viele Gegenstände abgebildet sind, vergessen Sie das [t] am Ende der Zahl nicht!

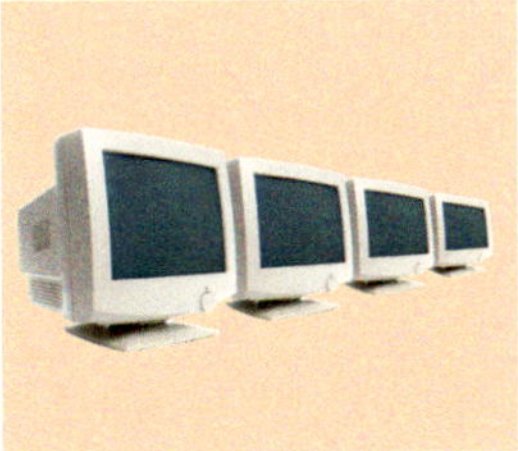

B عَلى الشُّرفَة

1 **Hören Sie den Dialog und markieren Sie neue Fragen und Antworten zum Befinden.** 24

◁ آلو؟ مَن عَلى التِّلِفون؟
◀ أهلاً وَسهلاً! أنا أحمد!
◁ أهلاً بِكَ! كَيفَ حالُكَ؟
◀ أنا طَيِّب، شُكرًا. وَأنتِ؟ كَيفَ حالُكِ يا مُنى؟
◁ الحَمدُ لله، أنا طَيِّبَة أيضًا! أعمَلُ الآن في سوسَة!
◀ هُنا؟ جَيِّد! وَأينَ تَعمَلين؟
◁ أعمَلُ في المُستَشفى كَمُمَرِّضَة.
◀ وَأينَ أنتِ الآن؟
◁ أنا في بَيتي عَلى الشُّرفَة.
◀ أينَ بَيتُكِ؟
◁ أسكُنُ في شارِعِ الإستِقلال.
◀ هَذا شارِع جَميل! هَل تَعرِفينَ المَدينَة؟
◁ أعرِفُ المَدينَة جَيِّدًا جِدًا لِأنّي مِن سوسَة!
◀ وَهَل بَيتُكِ كَبير؟
◁ نَعَم. في البَيتِ طاوِلَة وَأربَعَة كَراسيّ وَكَنَبَة وَخِزانَة كُتُب وَتِلِفزيون.

nach dem Befinden fragen:

____
____
____
____
____

darauf antworten:

____
____
____
____
____

2 **Verbinden Sie die Fragen mit den passenden Antworten.**

هَل تَعرِف أينَ مُنى؟	أنا في البَيت.
كَيفَ حالُكَ؟ →	هُنا!
أينَ بَيتُكَ؟	← أنا طَيِّب، اَلحَمدُ لله.
أينَ أنتِ الآن؟	لا، هُوَ عَلى الطّاوِلَة.
لِماذا لا تَتَعَلَّمينَ العَرَبِيَّة؟	في الخِزانَة.
أينَ الفَناجين؟	لِأنّي أسكُن في القاهِرَة وَأتَكَلَّم الفُصحى وَالمِصرِيَّة!
يا ياسين! أينَ أنتَ؟	هُوَ في سوسَة.
هَل التِّلِفزيون في الخِزانَة؟	هِيَ في لُبنان.

3 Sagen Sie, als was und wo die Leute arbeiten.

Beispiel:
Hischam:
Rechtsanwalt

يَعمَل هِشام كَمُحامٍ في مَكتَب.

Mohammed: Lehrer

Bilal: Angestellter

Dschamila: Ärztin

Mona: Krankenschwester

Ahmed: Ingenieur

Maryam: Übersetzerin

Fatima: Sekretärin

Jasmin: Hausfrau

Nabil: arbeitslos

4 Bilden Sie Sätze mit den Wörtern. Ergänzen Sie dabei etwaige Verben und Präpositionen.

هَل | أنتِ | اللَّـهجَة | البَيت؟ ← هَل أنتِ تَتَكَلَّمينَ اللَّـهجَة في البَيت؟

1 أحمَد | مُتَرجِم | شَرِكَة أمريكِيَّة.
2 مُراد | شارِع جَميل.
3 نَدية | الفُصحى | الجامِعَة.
4 أمَل | مُعَلِّمَة | مَدرَسَة.
5 أنا | بَيت كَبير | شارِع الاِستِقلال.
6 هَل | المَكتَب | كُرّاسة وَقَلَم؟
7 أنا | مَدينَة | كَبيرَة.
8 البَيت | الكَنَبَة | التِّلِفزيون.
9 لا | الطّالِبَة | بَيت كَبير.
10 الكُتُب والقَواميس | الخِزانَة.

شُرفَة šurfa Balkon
شارِع ج شَوارِع šāri^c^a; šawāri^c^ Straße
اِستِقلال (i)stiqlāl Unabhängigkeit
جَميل ǧamīl hübsch, schön
كَنَبَة ج كَنَبات kanaba; kanabāt Sofa
خِزانَة كُتُب ḫizānat kutub Bücherregal
خِزانَة ج خَزائِن ḫizāna; ḫazā'in Schrank
تِلِفزيون tilifizyūn Fernseher

أحمَد aḥmad *m. Vorname*
كَيفَ حالُكَ؟ kayfa ḥāluka? wie geht es dir?
كَيفَ حالُكِ؟ kayfa ḥāluki? *m. / f.*
طَيِّب، طَيِّبَة ṭayyib, ṭayyiba gut
مُنى munā *f. Vorname*
الحَمدُ لله al-ḥamdu lillāh Gott sei Dank!
هُنا hunā hier
جَيِّد ǧayyid gut
كَـ ka *hier:* als

رِسالَة إِلى عُمَر C

1 Lesen Sie den Brief.

عَزيز عُمَر،

أَكتُب هَذِهِ الرِّسالَة في سوسَة. أَسكُنُ الآن في بَيت جَديد في شارِعِ الاِستِقلال. بَيتي صَغير وَلَكِن جَميل جِدًّا. في سوسَة أَعمَل في شَرِكَة كَمُتَرجِم. أَعمَلُ اليَوم في البَيت. مَكتَبي صَغير أَيضًا وَلَكِن فيهِ مَكتَب كَبير وَكُمبيوتِر وَقَواميسي.

أَعمَل كَثيرًا الآن لِأَنَّ المُتَرجِمَة مَريضَة في الشَّرِكَة. لِذَلِكَ أَنا الآن تَعبان قَليلاً.

بِجانِب بَيتي تَسكُن مُمَرِّضَة لَطيفَة جِدًّا. اِسمُها مُنى. تَعمَل كَثيرًا أَيضًا وَلَكِنَّها اليَوم عَلى الشُّرفَة.

وَأَنتَ؟ كَيفَ حالُكَ؟ هَل تَعمَل كَثيرًا أَم قَليلاً؟ وَأَينَ تَعمَلُ الآن؟

مَعَ السَّلامَة وَإِلى اللِقاء

فَريد

2 Beantworten Sie die Fragen.

1 مَن يَكتُبُ الرِّسالَة؟
2 ما مِهنَتُهُ؟
3 أَينَ هُوَ الآن؟
4 أَينَ بَيتُهُ؟
5 هَل بَيتُهُ كَبير أَم صَغير؟
6 كَيفَ هُوَ؟
7 وَكَيفَ مَكتَبُهُ؟
8 ماذا عَلى المَكتَب؟
9 لِماذا يَعمَل كَثيرًا الآن؟
10 مَن يَسكُن بِجانِب فَريد؟
11 مَن هِيَ؟
12 أَينَ هِيَ الآن؟

3 Finden Sie die Gegensätze.

صَغير	عَلى اليَمين
مَريض	كَبير
كَثيرًا	طَيِّب
عَلى اليَسار	قَليلاً

4 **Vervollständigen Sie die Tabelle und setzen Sie die passende Form von *kataba* ein.**

كَتَبَ	
(أَنا)	________
(أَنتَ)	تَكتُبُ
(أَنتِ)	تَكتُبين
(هُوَ)	يَكتُبُ
(هِيَ)	تَكتُبُ

1 ماذا ________ يا عُمَر؟
2 (أَنا) ________ رِسالَة.
3 هَل ________ رِسالَة أَيضًا يا زَينَب؟
4 ________ المُتَرجِم رِسالَة بِالعَرَبِيَّة؟
5 كَيفَ ________ بِالعَرَبِيَّة يا فَريد؟
6 ________ السِّكرِتيرَة رِسالَة بِالإنكليزِيَّة.
7 (أَنا) لا ________ الآن.
8 ________ جَيِّدًا جِدًّا يا فاطِمَة!
9 ________ الطّالِبَة رِسالَة عَلى المَكتَب.
10 لا ________ الطَّبيب جَيِّدًا.

5 **Beantworten Sie den Brief an Stelle von Omar.**

عَزيز فَريد،

____

____

____

____

____

____

____

رِسالَة ج رَسائِل	risāla; rasā'il	Brief
إلى	ilā	*hier:* an
عُمَر	ᶜumar	*m. Vorname*
عَزيز(ة)	ᶜazīz(a)	liebe(r)
أَكتُبُ	aktub(u)	ich schreibe
كَتَبَ	katab(a)	schreiben
هَذا الـ م هَذِهِ الـ	hāḏā -l-, hāḏihi -l-	diese(r)
جَديد(ة)	ǧadīd(a)	neu
صَغير(ة)	ṣaġīr(a)	klein
فيهِ	fīhi	in ihm, darin
كَثيرًا	kaṯīran	viel
مَريض(ة)	marīḍ(a)	krank
لِذَلِكَ	liḏālika	deshalb
تَعبان(ة)	taᶜbān(a)	müde
بِجانِبِ	biǧānib(i)	neben
فَريد	farīd	*m. Vorname*

Redemittel

Eine Person bzw. einen Gegenstand situieren

أَينَ القَلَم؟	هُوَ عَلى المَكتَب.
أَينَ أَنتِ؟	أنا أمامَ السّينما.

Fragen und sagen, wo man wohnt

أَينَ تَسكُن؟	أَسكُن في سوسَة.

Einen kurzen Brief schreiben

عَزيز نَبيل، ...

Grammatik

Verben im Imperfekt Singular

kennen	عَرَف
	أَعرِفُ
	تَعرِفُ
	تَعرِفينَ
	يَعرِفُ
	تَعرِفُ

wohnen	سَكَن
	أَسكُنُ
	تَسكُنُ
	تَسكُنينَ
	يَسكُنُ
	تَسكُنُ

schreiben	كَتَب
	أَكتُبُ
	تَكتُبُ
	تَكتُبينَ
	يَكتُبُ
	تَكتُبُ

Schrift

Konsonanten			
ظ	ẓā	ث	ṯā
غ	ġa	د	dāl
ق	qāf	ز	zā(y)

Besonderheiten		
madda	~	آ
Lange Vokale am Wortanfang	ā	آ
	ū	أو
	ī	إي

العَرَبِيَّة وَالعَرَب

Die arabischen Dialekte

Wie die meisten Sprachen, die von vielen Personen über ein großes Gebiet gesprochen werden, hat sich das gesprochene Arabisch im Laufe der Zeit vom geschriebenen entfernt und bekam regionale Färbungen. Im Kontakt mit anderen Völkern (mit Afrikanern in der Südsahara und an der Quelle des Nil, mit Berbern und später Franzosen in Nordafrika, Engländern im Mashreq, Hebräern und anderen semitischen Völkern in der arabischen Halbinsel, usw.) haben sich die arabischen Dialekte zum Teil stark von der geschriebenen Sprache auseinander entwickelt, so dass die Kommunikation zwischen einem Nordafrikaner und einem Syrer heute sehr schwierig geworden ist. In den vierziger Jahren des 20. Jh. wurde versucht, einige Dialekte mit Hilfe des arabischen Alphabets schriftlich zu fixieren, aber abgesehen von wenigen Veröffentlichungen (vor allem im Ägyptischen und in den maghrebinischen Dialekten), musste der Versuch aus religiösen (Arabisch wird als heilige Schrift betrachtet und soll nur für die Hochsprache, also die Sprache Muhammads benutzt werden) und politischen Gründen (Widerstand der Kolonialmächte, Gründung der arabischen Liga 1945 und Streben nach einer panarabischen Nation, die als einzige Gemeinsamkeit die Hochsprache hätte) aufgegeben werden. Viele Lehrwerke benutzen deshalb die Transliteration in lateinischer Schrift, um Dialekte zu vermitteln. Hier eine Tabelle der arabischen Dialekte der Gegenwart:

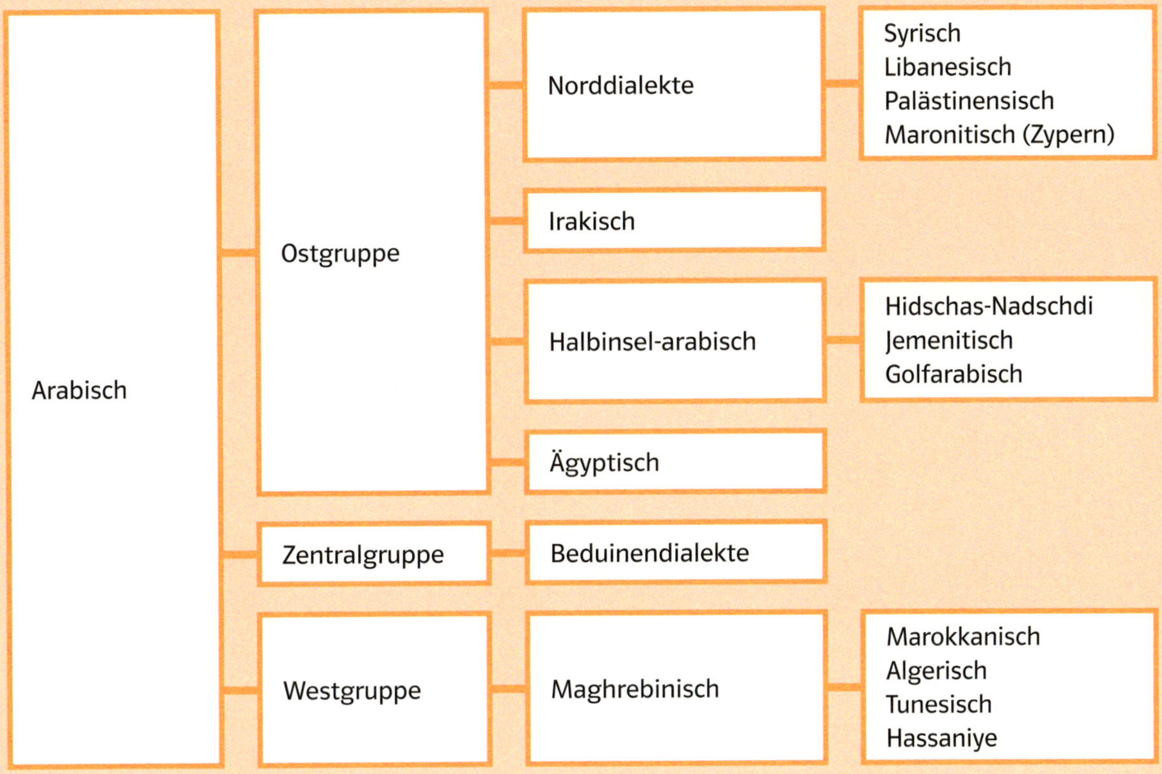

Der Unterschied zwischen den Dialekten beruht auf der Aussprache einzelner Konsonanten, der Verwendung der kurzen Vokale und vor allem auf den Vokabeln selbst. Hier ein kleines Beispiel:

Deutsch	Hochar.	Marokkanisch	Tunesisch	Ägyptisch	Golfarabisch	Libanesisch
heute	al-yawm	had en-nhar	el-yum	innaharda	il-yōm	el-youm
gestern	amsi al-bāriḥa	yams el-barh	ames el-bareḥ	embaraḥ	ams imbariḥ	embēreḥ
Brille	naẓẓāra	ndader	mrayat	naḍḍara	nazara	^{c}ewaynat
Bus	baṣ	tubis	tobis	utubēs	bas / otobes	bus (el-ahdab)
was?	mā?	aš?	šnuwwa?	ēh?	(w)eš?	šū?
zwei	iṯnān	juj	zūz	itnēn	aṯnen	itnin

Hocharabisch: hal ^{c}indakum ġurfa fāḍiya? (Haben Sie ein Zimmer frei?)
Marokkanisch: ^{c}endk ši bīt ẖāwi?
Ägyptisch: fī ōḍa fāḍi?
Libanesisch: ^{c}andkom uda fāḍiya?
Golfarabisch: ^{c}indkum ḥiğra fāḍiya?

Wiederholung 1

الكَلِماتُ الجَديدَة

Jeder Mensch lernt eine Sprache anders. Es gibt verschiedene Lernstrategien, die dabei helfen können, eine Sprache effektiver zu lernen. Am besten legen Sie sich ein Heft an, in dem Sie notieren, was Sie sich merken möchten und vielleicht probieren Sie auch die ein oder andere Methode aus, um Wörter besser zu behalten.

1 Wörternetze

Schreiben Sie einen Oberbegriff, z. B. das Thema *Wohnen* in die Mitte einer DIN A4 Seite. Notieren Sie dann alle Wörter, die Ihnen zu diesem Thema einfallen netzförmig um den Oberbegriff, z. B. Wohnzimmer, Schlafzimmer, Küche, Bad. Vom Wort Wohnzimmer leiten Sie dann die darin befindlichen Möbel ab, wie z. B. Couch, Fernseher, Vitrine, Kommode. Vom Wort Couch wiederum leiten Sie z. B. Aktivitäten wie fernsehen, sitzen, Zeitung lesen usw. ab. Vernetzen Sie Ihr Wörternetz immer weiter. Auf diese Weise werden neue Vokabeln schneller in einen Zusammenhang gestellt und Sie können das Wort besser behalten und schneller aus dem Gedächtnis abrufen.

Hier finden Sie ein Beispiel:

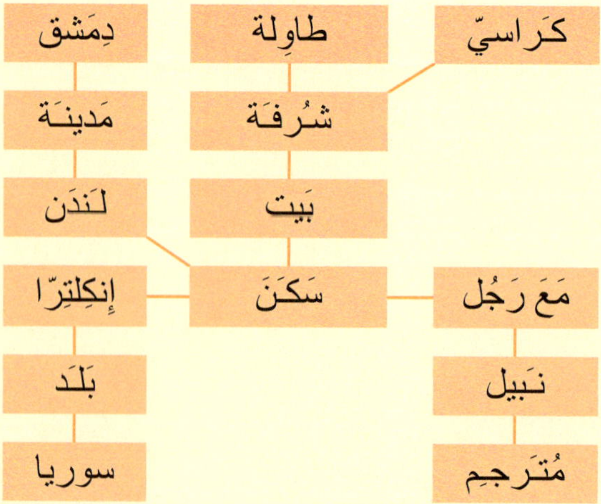

2 Neue Wörter in Tabellen ordnen

Sie können neue Wörter auch nach unterschiedlichen Gesichtspunkten in Tabellen ordnen, zum Beispiel Früchte nach Obst und Gemüse, süß, sauer oder Form und Farbe. Andere Gruppierungsmöglichkeiten sind z. B. Dinge, die man in einen Schrank legen kann, die man in einer Küche findet oder die auf einem Schreibtisch liegen.

3 Bild, Geschichte oder Lied

Die meisten Menschen haben ein visuelles Gedächtnis. Zeichnen Sie ein Bild mit allen neuen Wörter, die Sie sich einprägen möchten. Legen Sie das Bild dann zur Seite und versuchen Sie sich zu erinnern, wo die Gegenstände sind und wie sie in der Fremdsprache heißen. Sie werden merken, dass Sie die Wörter viel leichter memorieren als beim herkömmlichen Listenlernen. Ebenso kann man neue Wörter in eine kleine Fantasiegeschichte einbauen, die oft nicht nur lustig ist, sondern auch zum besseren Behalten beiträgt.
Auch Lieder oder Gedichte verstärken durch Rhythmus und Musik den Lerneffekt.

4 Individueller Wortschatz

Menschen haben individuelle Interessen und Vorlieben, so ist das auch beim Sprachenlernen. Nicht alles, was im Lehrbuch steht, ist für Sie wichtig und interessant, sondern bestimmte Wörter werden für Sie bedeutsamer sein als andere. Bauen Sie sich einen persönlichen Wortschatz auf, indem Sie sich in jeder der fünf ersten Lektionen zehn Wörter aussuchen, die Sie sich besonders gut merken wollen. Überlegen Sie auch, ob es zu den Themen *Wohnen*, *Städte und Orte* und *Sprachen* zusätzliche Wörter gibt, die Sie in Ihren persönlichen Wortschatz aufnehmen möchten. Fragen Sie Ihren Kursleiter.

5 Hören, Lesen, Schreiben, Sprechen

Versuchen Sie neuen Wortschatz mit allen Sinnen zu lernen. Lesen Sie das Wort, sprechen Sie es laut aus, singen oder summen Sie das Wort und schreiben Sie es, indem Sie das Wort in einen kurzen Satz einbetten, den Sie sich leicht merken können.

تَعرِف هَذا الآن

Sie haben schon einiges gelernt und kommen in verschiedenen Situationen zurecht. Nach fünf Lektionen können Sie jetzt eine Zwischenbilanz ziehen und selbst überprüfen, wo Ihre Stärken und Schwächen sind. Formulieren Sie zu jedem Punkt ein Beispiel und schreiben Sie es in Ihr Heft. Vergleichen Sie in der Gruppe. Denken Sie bitte daran, dass es oft mehrere Möglichkeiten gibt. Blättern Sie die fünf Lektionen durch und schauen Sie die Beispiele noch einmal an.

Ich kann eine Person

- begrüßen und mich von ihr verabschieden.
- nach ihrem Namen fragen.
- nach ihrem Wohnort fragen.
- fragen, warum sie Arabisch lernt.
- fragen, wie es ihr geht.
- anderen vorstellen.
- fragen, ob sie eine Sprache spricht oder versteht.

Ich kann

- fragen, was es in der Stadt gibt.
- sagen, wo ein Gegenstand sich befindet.
- meinen Arbeitsplatz beschreiben.
- nachfragen, wenn ich nicht verstanden habe.
- um Entschuldigung bitten.

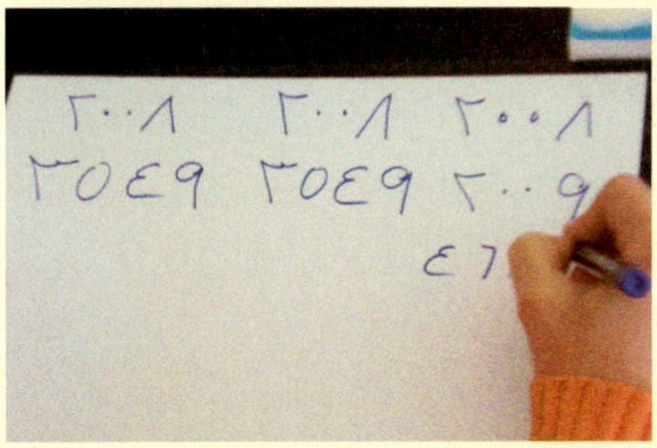

Außerdem kann ich

- arabische Wörter lesen und schreiben.
- die indischen Zahlen lesen und schreiben.
- kurze Texte über Menschen lesen.
- kurze Sätze über mich selbst schreiben.
- einen einfachen Text zum Thema *Wohnen* verstehen.
- einen einfachen Text zum Thema *Arbeiten* verstehen.

مَرحَبا في العالَمِ العَرَبِيّ!

Sie bereisen diesen Sommer alle Hauptstädte der arabischen Welt. Lösen Sie die kleine Aufgaben und beschriften Sie die Karte mit dem Namen des Landes (بَلَد) und seiner Hauptstadt (عاصِمَة).

1 Ihre Reise beginnt in dem Land mit den 4 Königsstädten, im westlichsten der arabischen Länder. Sie rufen Ihre Familie an, um ihr zu sagen, dass Sie sich im Augenblick in der Hauptstadt dieses Landes befinden.

2 In Nouakchott (نُواكشوط) fragen Sie, wo die Universität ist.

3 Sie landen in Algier (الجَزائِر) und fragen gleich, wo es einen Bus gibt. Leider verstehen Sie den algerischen Dialekt nicht. Ob die nette Dame auch Hocharabisch spricht?

4 In Tunis treffen Sie einen alten Bekannten. Sie fragen ihn, wie es ihm geht, und was er jetzt macht.

5 In Tripolis gibt es leider nur wenige Touristen und kaum Hotels. Jemand bietet Ihnen dennoch an, eine kleine Wohnung zu mieten. Bedanken Sie sich bei ihrem neuen Gastgeber.

6 Die Straßen Kairos sind wieder voller Autos, sie stecken nun im Stau. Erzählen Sie dem Taxifahrer, dass Sie Arabisch lernen und sagen Sie ihm, warum.

7 Über die libysche Wüste gelangen Sie nach Khartum (الخَرطوم). Sie verabschieden sich von Ihrem Reisebegleiter.

8 In Mogadischu (مُقَديشيو) fragen Sie, ob es ein Schiff gibt, das in den Jemen fährt.

9 Sie entscheiden sich aber doch, Dschibuti (جيبوتي) zu besichtigen und von dort das Schiff zu nehmen. Sie lernen eine Frau kennen und erkundigen sich nach ihrem Befinden.

10 In Jemens Hauptstadt صَنعاء versuchen Sie, Arabisch zu sprechen. Ihre Reisebegleiterin antwortet Ihnen im Dialekt. Sie entschuldigen sich, aber Sie haben nicht verstanden.

11 In der Hauptstadt des Sultanats von Oman (مَسقَط) haben Sie sich leicht verletzt. Zum Glück sind Maskats Krankenhäuser sehr modern! Fragen Sie auf der Straße nach einem.

12 In den Emiraten suchen Sie nach dem Erdölunternehmen (شَرِكةُ البِترول) wofür Sie gerne arbeiten würden. Tun Sie aber so, als wären sie schon Ingenieur in dem Erdölunternehmer in Abu Dhabi (أبو ظَبي). Wie sagen Sie das?

13 Sagen Sie, dass die Hauptstadt von Katar Doha (الدَّوحة) ist.

14 In Manama (المَنامة) haben Sie ihre Handtasche im Hotel liegen lassen. Sie rufen an und sagen, dass sie auf dem Sofa liegt.

15 In Riad (الرِّياض) schreiben Sie eine Postkarte. Was schreiben Sie über Ihren jetzigen Aufenthaltsort?

16 Es gibt ein Land und eine Hauptstadt, die denselben Namen trägt. Sagen Sie, welches Land das ist und finden Sie weitere Beispiele.

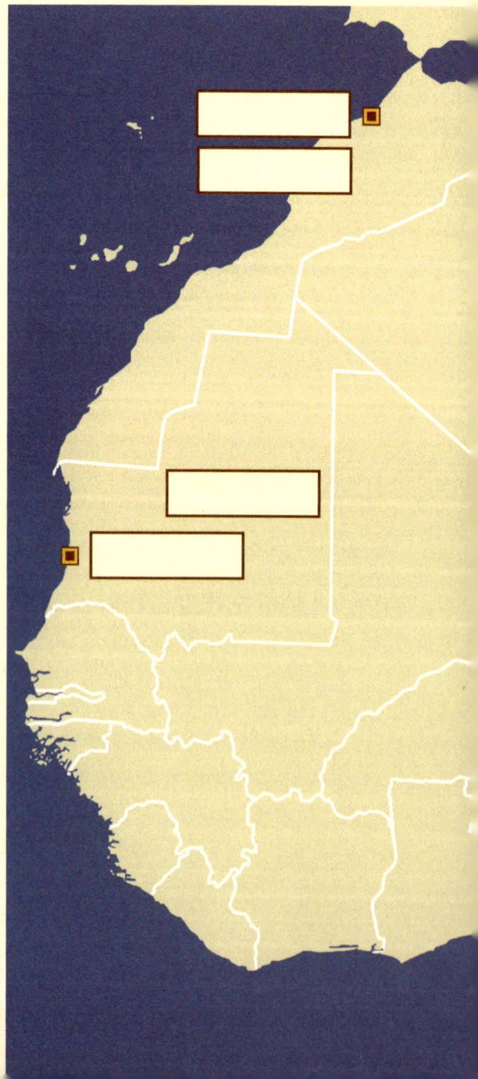

17 Im Bagdader (بَغداد) Hotel, wo sie sehr spät eingecheckt haben, wünscht man Ihnen eine gute Nacht.

18 Sie fahren mit dem Bus nach Amman und erzählen ihrer Sitznachbarin, was Sie beruflich machen und wo Sie arbeiten. Fragen Sie auch nach ihrem Beruf!

19 Jerusalem (القُدس) wird noch immer als palästinensische Hauptstadt beansprucht. Dort treffen Sie Studenten, die anbieten, Ihnen die Stadt zu zeigen. Die Führung kann in einer Sprache Ihrer Wahl sein. Sagen Sie etwas zu Ihren Sprachkenntnissen.

20 Im Beiruter Flughafen werden Sie kontrolliert. Stellen Sie sich kurz vor, und sagen Sie, dass sie im Libanon sind, um Ihre Freundin Mona ar-Raschid zu besuchen (أزور *ich besuche*).

21 Hier endet Ihre Reise. Wo sind Sie und wie heißt Ihr nächstes Ziel?

فلَسطين | ليبيا | عُمان | المَغرِب | السَّعودِيَّة | قَطَر | الأُردُن | اليَمَن | سوريا |
تونِس | مِصر | لُبنان | العِراق | الجَزائِر | الإمارات | البَحرَين | السُّودان |
الصّومال | الكُوَيت | موريتانيا

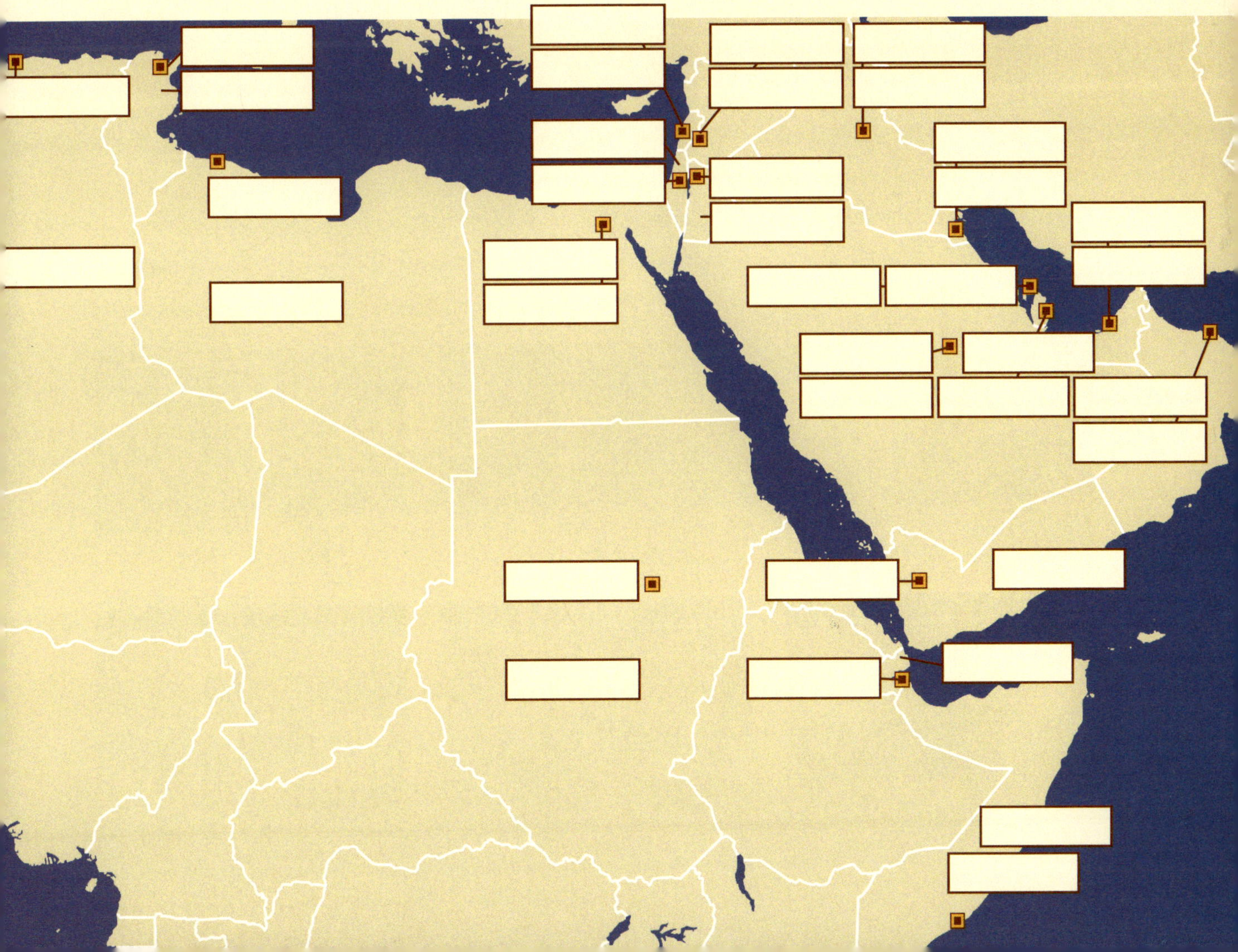

ein Stadtzentrum und seine Läde
beschreiben | nach dem Weg fragen | eine Wegbeschreibung verstehen | den Weg beschreibe

6 وَسَطُ المَدينَة

Sagen Sie, was es in Ihrer Stadt gibt und was nicht.

Beispiel:

في وَسَط مَدينَتي سينِما. في وَسَط مَدينَتي لا يوجَد سوق.

بَيت ج بُيوت

سوق (*f.*) ج أَسواق

سينِما

جامِع ج جَوامِع

بَقّال ج بَقّالون

مَقهى ج مَقاهي

A شارِعي

1 **a Hören Sie den Text. Was beschreibt der Mann?** 25

أَسكُن في وَسَطِ المَدينَة. حَيِّ قَديم وَجَميل جِدًا. شارِعي طَويل وَفيهِ بُيوت وَدَكاكين كَثيرَة. بَيتي كَبير وَقَديم. بِجانِب بَيتي مَكتَبَة وَأَمامَ المَكتَبَة مَخبَز. في شارِعي أَيضًا سينِما وَبَقّال. بَيتي وَالمَكتَبَة وَالسّينِما عَلى اليَمين وَالبَقّال وَالمَخبَز عَلى اليَسار. بَينَ البَقّال وَالمَخبَز شَرِكَة وَبَينَ المَكتَبَة وَالسّينِما مَدرَسَة. أَذهَبُ اليَوم إِلى المَكتَبَة وَأَشتَري مِنَ المَكتَبَة كُرّاسَة وَثَلاثَة أَقلام وَأَربَع كُرّاسات. ثُمَّ أَذهَب إِلى البَقّال وَأَشتَري مِنَ البَقّال خُضراوات وَفَواكِه.

b Beschriften Sie nun die Gebäude mit Hilfe des Textes.

شَرِكَة | سينِما |
مَخبَز | بَقّال | مَكتَبَة

وَسَطُ المَدينَة	wasaṭ(u) -l-madina	Stadtzentrum	مَخبَز ج مَخابِز	maḫbaz; maḫābiz	Bäckerei
حَيِّ	ḥayyi	mein Viertel	بَينَ	bayna	zwischen
حَيّ ج أَحياء	ḥayy; aḥyā'	Viertel	أَذهَبُ	aḏhab(u)	ich gehe, fahre
قَديم	qadīm	alt *(Gegenst.)*	ذَهَبَ إِلى	ḏahab(a)	gehen, fahren
وَلَكِنَّهُ	wa-lākinnahu	aber er	اليَوم	al-yawm	heute
جَميل ج ون	ǧamīl; ǧamīlūn	schön	أَشتَري	aštarī	ich kaufe
طَويل ج طِوال	ṭawīl; ṭiwāl	lang, groß	اِشتَرى مِن	(i)štarā min	kaufen (in)
دُكّان ج دَكاكين	dukkān; dakākīn	Geschäft	ثُمَّ	ṯumma	danach
كَثير ج ون	kaṯīr; kaṯīrūn	viele	ج خُضراوات	ḫuḍrāwāt	Gemüse *Pl.*
مَكتَبَة ج مَكاتِب	maktaba; makātib	*hier:* Buchhandlung	فَواكِه	fawākih	Obst *Pl.*

2 **Vervollständigen Sie die Tabelle und die Sätze mit dem Verb *ḏahab(a)*.**

ذَهَب
____
تَذهَبُ
تَذهَبين
يَذهَبُ
تَذهَبُ

1 ________ الطّالِب إلى الجامِعَة.
2 (أنا) ________ اليَوم إلى الطَّبيب لِأنّي مَريض.
3 هَل ________ الآن إلى المدرَسَة يا فاطِمَة؟
4 ________ رَشيد إلى السّينما مَعَ سِنان.
5 (أنا) ________ الآن إلى وَسَطِ المَدينَة.
6 مَن ________ مَعَ زَينَب إلى دِمَشق؟
7 يا مُحَمَّد، هَل ________ إلى المَخبَز؟

3 **Sagen Sie, wohin diese Personen gehen.**

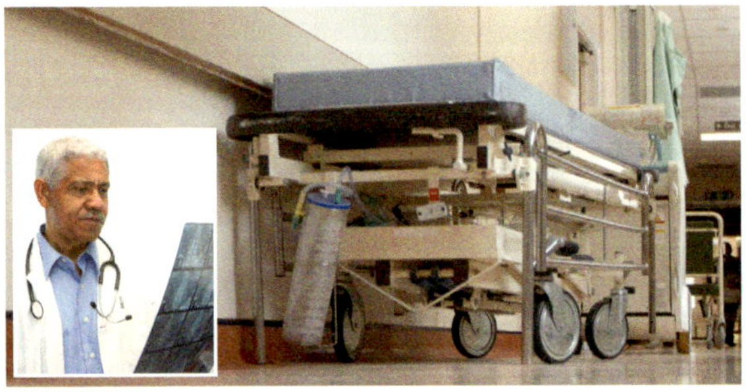

Beispiel:

يَذهَبُ الطَّبيب إلى المُستَشفى.

____

____

____

____

____
____
____

4 **Sagen Sie, wie viele Gegenstände abgebildet sind.**

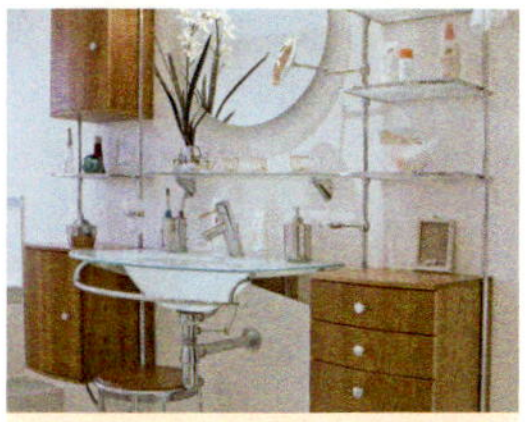

Zahl + m. Substantiv	
[ṯalāṯat] ثَـلاثَـة	أَقلام
[arbaᶜat] أَربَعَة	
[ḫamsat] خَـمسَة	
[sittat] سِتَّـة	
[sabᶜat] سَبعَة	
[ṯamānyat] ثَـمانيَة	
[tisᶜat] تِسعَة	
[ᶜašarat] عَشَرَة	

Zahl + f. Substantiv	
[ṯalāṯ] ثَـلاث	كُرّاسات
[arbaᶜ] أَربَع	
[ḫams] خَـمس	
[sitt] سِتّ	
[sabᶜ] سَبع	
[ṯamāni] ثَـمانِ	
[tisᶜ] تِسع	
[ᶜašr] عَشر	

5 **Bilden Sie Sätze.**

	الأَقلام		
	الكُتُب		
	القَواميس		المَخبَز.
أَشتَري	الخُضراوات	مِنَ	المَكتَبَة.
	الفَواكِه		البَقّال.
	الخُبز		
	الكُرّاسات		

6 **Vervollständigen Sie die Tabelle und die Sätze mit dem Verb *(i)štarā*.**

اِشتَرى
____
تَشتَري
تَشتَرين
يَشتَري
تَشتَري

1 (أنا) ________ الآن الفَواكِه مِنَ البَقّال.
2 يا مُحَمَّد، ماذا ________ مِنَ السّوق؟
3 ________ الطّالِب كُرّاسَة مِنَ المَكتَبَة.
4 (أنا) ________ الخُضراواتِ اليَوم مِنَ السّوق.
5 ________ الرَّجُل شَنطَة جَميلَة مِنَ السّوق.
6 هَل ________ الآن الخُبز يا أَمَل؟
7 مَن ________ الكِتاب لِمُراد؟

7 **Ergänzen Sie die richtige Präposition في، مِن oder، إلى .**

1 أَشتَري الكُتُب ___ المَكتَبَة.
2 أَنا الآن ___ القاهِرَة.
3 يَذهَبُ الطَّبيب ___ البَيت.
4 أذهَب ___ البَيت ___ البَقّال.
5 ___ أينَ تَشتَري الخُضراوات؟ ___ البَقّال؟
6 هَل نَذير ___ مِصر؟ نَعَم، هُوَ قاهِري.

B أَينَ السّوق؟

1 **Hören und lesen Sie den Dialog. Unterstreichen Sie dabei alle Ortspräpositionen.** ◎ 26

- عُذرًا يا سَيِّدَتي! هَل تَعرِفينَ أَينَ السّوق؟
- D طَبعًا! السّوق في وَسَطِ المَدينَة: مِن هُنا إلى الأمام حَتّى السّينِما وَمِنَ السّينما إلى اليَسار حَتّى شارِع تونِس وَمِن هُناكَ إلى اليَمين. السّوق بِجانِبِ الجامِع. هَل فَهِمت؟
- فَهِمت. أَذهَب إلى الأمام حَتّى السّينما وَبَعدَ ذَلِكَ أذهَب إلى اليَسار حَتّى شارِع تونِس ثُمّ إلى اليَمين. هَل هَذا صَحيح؟
- D نَعَم، هَذا صَحيح!
- شُكرًا جَزيلاً!
- D عَفوًا. مَعَ السَّلامَة.

2 **Verbinden Sie nun die Substantive mit den richtigen Ortspräpositionen.**

إلى أينَ؟	أينَ؟	مِن أينَ؟	Substantiv
______	______	مِن بَغداد	مَدينَة
______	في العِراق	______	بَلَد
إلى السّوق	______	______	مَكان
______	عِندَ الطَّبيب	______	شَخص

3 **Setzen Sie die passenden Präpositionen ein.**

1 أذهَب ___ البَيت.
2 السّوق ___ وَسَطِ المَدينَة.
3 الطّالِبَة مَريضَة: هِيَ الآن ___ الطَّبيب.
4 تَشتَري السَّيِّدَة فَواكِه ___ البَقّال.
5 ما فَهِمت ___ أينَ تَذهَبين.
6 الرَّجُل ___ العَرَبِيَّة السَّعودِيَّة.

4 **a Sehen Sie sich den Stadtplan auf Seite 70 an und helfen Sie diesen Personen.**

1 عُذرًا يا سَيِّدَتي! هَل تَعرِفين أينَ السّوق؟
2 عُذرًا يا سَيِّدي! هَل تَعرِف أينَ المَكتَبَة؟
3 عُذرًا يا سَيِّدي! هَل تَعرِف أينَ المَخبَز؟
4 عُذرًا يا سَيِّدَتي! هَل تَعرِفين أينَ المَقهى؟
5 عَفوًا؟ هَل تَعرِفين أينَ المَدرَسَة؟
6 عُذرًا يا سَيِّدي! هَل تَعرِف أينَ الجامِعَة؟
7 عَفوًا؟ هَل تَعرِف أينَ مَدرَسَةُ اللُّغات؟
8 عَفوًا؟ هَل تَعرِف أينَ السّوبِر ماركِت؟

فَهِمتُ	fahimt(u)	ich habe verstanden
فَهِمتَ	fahimt(a)	
فَهِمتِ	fahimt(i)	du hast verstanden *m./f.*
بَعدَ ذَلِكَ	baᶜda ḏālika	danach
شُكرًا جَزيلاً	šukran ǧazīlan	vielen Dank
مَكان ج أمكِنَة	makān; amkina	Ort
شَخص ج أشخاص	šaḫṣ; ašḫāṣ	Person
عِندَ	ᶜinda	bei
سَيِّد ج سادَة	sayyid; sāda	Herr
سَيِّدَة ج ات	sayyida; sayyidāt	Dame
طَبعًا	ṭabᶜan	natürlich, klar
إلى الأمام	ilā -l-amām	gerade aus
حَتّى	ḥattā	bis
إلى اليَسار	ilā -l-yasār	nach links
هُناكَ	hunāka	dort
إلى اليَمين	ilā -l-yamīn	nach rechts

4 **b Hören Sie die Wegbeschreibung. Wohin geht der Mann?** 27

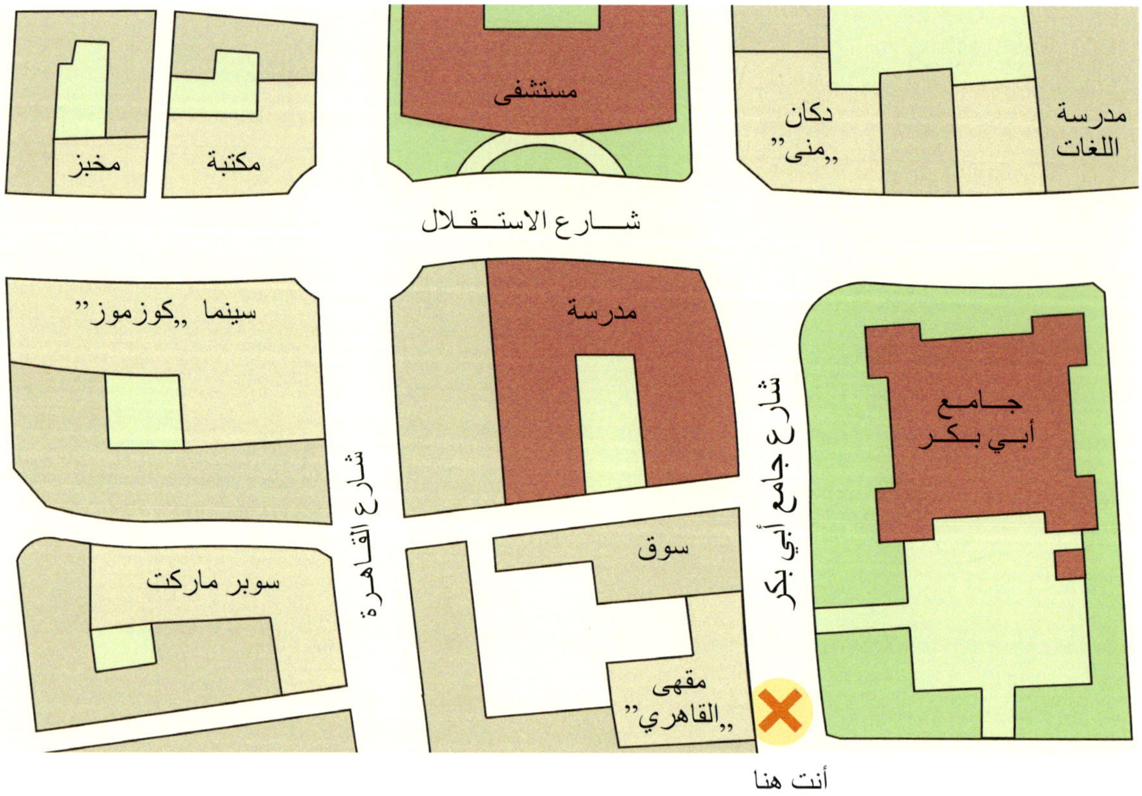

5 **Machen Sie eine Wegbeschreibung anhand des Plans in Nr. 4 und Ihr/e Partner/in verfolgt, wo Sie entlang gegangen sind.**

C حَولَ السّوق

1 **a Hören Sie den Text und sagen Sie, ob die Aussagen richtig oder falsch sind.** 28

	صَحيح	خَطاء
1 في وَسَطِ المَدينَة دَكاكين كَثيرَة.	☐	☐
2 في وَسَطِ المَدينَة سوقًا صَغيرًا.	☐	☐
3 المَخبَز في السّوق.	☐	☐
4 الخُبز في المَخبَز رَخيص.	☐	☐
5 في السّوق بَقّالون.	☐	☐
6 دُكّان لِلمَلابِس وَراءَ المَكتَبَة.	☐	☐

b Finden Sie die gegensätzlichen Präpositionen.

يَمينَ	عَلى
أَمامَ	يَسارَ
تَحت	وَراءَ

c Hören Sie den Text und beantworten Sie die Fragen mit Hilfe der Skizze.

1 أَينَ المَقهى؟
2 أَينَ الجَزّار؟
3 أَينَ البَنك؟
4 ماذا حَولَ السّوق؟
5 ماذا عَلى يَمينَ دُكّان لِلمَلابِس؟
6 ما هِيَ الدَّكاكين في السّوق؟

2 Ergänzen Sie ein [-a] (ـَة) und Sie erhalten die feminine Form der Adjektive; mit [-āt] (ـات) bilden Sie den femininen Plural. Vervollständigen Sie die Tabelle und die Sätze.

كَبير	كَبيرَة	كَبيرات
كَثير	________	________
طَويل	________	________
جَميل	________	________
جَزائِري	________	________
مَريض	________	________
صَغير	________	________
أَلماني	________	________
عَرَبي	________	________
جَيِّد	________	________
قَليل	________	________

Beispiel:

الجامِعَة **كَبيرَة** جِدًّا.

1 في الجامِعَة طالِبات ________.
2 الطّاوِلَة ________ جِدًّا.
3 النِّساء في لُبنان ________.
4 المُعَلِّمَة ________.
5 السّائِحَة ________.
6 الصَّيدَلِيَّة في وَسَطِ المَدينَة ________.
7 في شارِعي سَيّارة ________ كَبيرَة.
8 أَنا أَتَكَلَّمُ اللُّغَة الـ________ في الجامِعَة.
9 كَريمَة تاجِرَة ________.
10 في جامِعَتي نِساء ________.

لَحم ج لُحوم — laḥm; luḥūm Fleisch
لَذيذ — laḏīḏ lecker
صَيدَلِيَّة ج صَيدَلِيّات — ṣaydaliyya; ṣaydaliyyāt Apotheke
مُهِمّ — muhimm interessant
وَلَكِن — wa-lākin *Adj.* + aber + *Adj.*
غالٍ (الغالي) م غالِيَة — ġāli (al-ġālī), ġālya teuer
رَخيص — raḫīṣ billig
بَينَ — bayna zwischen
وَراءَ — warā'a hinter
تَحتَ — taḥta unter
يَبيعُ — yabī[c] (u) er verkauft
باعَ — bā[c] (a) verkaufen
اِمرَأَة (المَرأَة) ج نِساء — imra'a (al-mar'a); nisā' Frau
رَجُل ج رِجال — rağul; riğāl Mann
ج مَلابِس — malābis Kleider
هَدِيَّة ج هَدايا — hadiyya; hadāyā Geschenk
سائِح ج سُيّاح — sā'iḥ; suyyāḥ Tourist
حَولَ — ḥawla um … herum
جَزّار ج ون — ğayyār; ğazzāzrūn Metzger
خُبز — ḫubz Brot

3 a **Verbinden Sie Singular und Plural (gesund) der maskulinen Adjektive.**

كَثير	سامِيّون
جَيِّد	سورِيّون
جَميل	طَيِّبون
سورِيّ	جَيِّدون
سامِيّ	جَميلون
طَيِّب	كَثيرون

b **Verbinden Sie Singular und Plural (gebrochen) der maskulinen Adjektive.**

طَويل	صِغار
عَزيز	عَرَب
عَرَبِيّ	أَعِزّاء
جَديد	مَرضى
مَريض	طِوال
صَغير	جُدُد

		Personen		Nichtpersonen	
		Singular	Plural	Singular	Plural
Adjektiv	m.	كَبير	كِبار	كَبير	كَبيرَة
	f.	كَبيرَة	كَبيرات	كَبيرَة	كَبيرَة

Adjektive stehen nur dann im Plural, wenn ihr Bezugswort eine Personenbezeichnung ist. Bei Nichtpersonen ist der Sachplural wie f. Sing.

4 **Setzen Sie die Adjektive in die richtige Form.**

Beispiel:

الصَّحافِيّ مُهِمّ.

1 الطّالِب ______ (لَطيف).

2 في المَدينَة دَكاكين ______ (كَثير).

3 السّوق في وَسَطِ المَدينَة ______ (قَديم).

4 الطُّلّاب مِن أَمريكا ______ (جَيِّد).

5 المَلابِس ______ (غالٍ) جِدًّا.

6 الرِّجال في بَلَدي ______ (طَويل).

7 الخُبز في مَخبَز وَسَطِ المَدينَة ______ (لَذيذ).

8 الخُضراوات في السّوق ______ (رَخيص).

9 السَّيِّدَة ______ (لَطيف) جِدًّا.

10 الفَواكِه عِندَ البَقّال ______ (غالٍ) قَليلاً.

Redemittel

Das Stadtzentrum und seine Läden beschreiben

حَيٌّ قَديم وَجَميل جِدًا.
فيهِ دَكاكين كَثيرَة. هُناكَ صيدلِيَّة صَغيرَة وَمَخبَز.
في الحَي لا يوجَد جَزّار.

Nach dem Weg fragen und ihn angeben

هَل تَعرِف / تَعرِفين أَينَ السّوق؟
السّوق في وَسَطِ المَدينَة. مِن هُنا إِلى الأَمام حَتّى السّينِما وَثُمَّ إِلى اليَسار حَتّى شارِع تونِس وَمِن هُناكَ إِلى اليَمين. السّوق بِجانِبِ الجامِع.

Grammatik

Ortspräpositionen

تَحتَ	القَلَم تَحتَ الكِتاب.
عَلى	الكِتاب عَلى الطّاوِلَة.
يَسارَ	الطّاوِلَة يَسارَ الكَنَبَة.
يَمينَ	الكَنَبَة يَمينَ الكُرسيّ.
وَراءَ	الصَّيدَلِيَّة وَراءَ المَخبَز.
أَمامَ	المَخبَز أَمامَ السّوق.
مِن	أَشتَري الخُبز مِنَ المَخبَز.
في	في السّوق دَكاكين كَثيرَة.
عِندَ	الطّالِب عِندَ الطَّبيب.
	البَنك عِندَ المُستَشفى.
إِلى	أَذهَب إِلى الطَّبيب.
حَتّى	مِن هُنا إِلى الأَمام حَتّى البَنك.
حَولَ	حَولَ السّوق بُيوتًا جَميلَة.

Ortsadverbien

مِنَ / عَلى / إِلى اليَمين	إِلى الأَمام
مِن هُنا / هُنا / إِلى هُنا	فيهِ / فيها
مِن هُناكَ / هُناكَ /	مِنَ / عَلى /
إِلى هُناكَ	إِلى اليَسار

Zahlen 3 - 10 vor Substantiven im Plural

feminin	maskulin
خَمس كُرّاسات	سِتَّة أَقلام

Adjektive

الطَّبيب جَيِّد.	الأَطِبّاء جَيِّدون.
الطَّبيبَة جَيِّدَة.	الطَّبيبات جَيِّدات.
المُستَشفى جَيِّد.	المُستَشفَيات جَيِّدَة.
الصَّيدَلِيَّة جَديدَة.	الصَّيدَلِيّات جَديدَة.

Sachplural = f. Singular

الدَّكاكين غالِيَة.

es gibt gar kein …/es gibt kein	
لا مَكتَبَة في المَدينَة.	es gibt gar keine
لا توجَد مَكتَبَة في المَدينَة.	es gibt keine…
لا سوق في حَيٍّ.	es gibt gar kein(en)
لا يوجَد سوق في حَيٍّ.	es gibt kein(en)

Verben

kaufen اِشتَرى	gehen, fahren ذَهَبَ
أَشتَري	أَذهَبُ
تَشتَري	تَذهَبُ
تَشتَرينَ	تَذهَبينَ
يَشتَري	يَذهَبُ
تَشتَري	تَذهَبُ

Altstadt von Jerusalem

Sultan Hassan Moschee, Kairo

Karawanserei el-Umdan in Akko

العَرَبِيَّة وَالعَرَب

Arabische Städteplanung

Die arabische Zivilisation ist vor allem städtisch. Als die Araber die arabische Halbinsel verließen, gründeten sie Städte überall, wo sie sich im Laufe ihrer Eroberungen niederließen. Eine der ersten von ihnen gegründeten Städte war Kufa (638: الكوفَة) in der irakischen Provinz Nadschaf. Sie galt als erste eigentliche „Hauptstadt" des islamischen Reiches. Später gründeten sie bedeutende Städte wie Bagdad (762: بَغداد), Kairouan (670: القيروان), Fès (789: فاس) und Marrakesch (1062: مَرّاكش).

Die Struktur einer arabischen Stadt ist mit der einer europäischen Stadt vergleichbar: Im Zentrum befindet sich die Hauptmoschee (جامِع) als Zentrum der religiösen und politischen Macht. Unweit davon findet man eine Schule (مَدرَسَة). Jeder Stamm bzw. jede Familie bewohnt ein Stadtviertel (حَومَة im Maghreb; حَيّ im Mashreq), das meistens eine eigene Moschee (مَسجِد) besitzt. Handwerk und Handel vereinen sich auf dem Markt (سوق), wo jede Zunft der Stadt vertreten ist. Einige Großstädte besaßen ebenfalls eine Karawanserei (فُندُق bzw. خان), eine Art ummauerte Herberge an den Karawanenstraßen. Dort konnten sich die Händler und ihre Kamele ausruhen. Einige Karawansereien wurden sogar zu Lagerhäusern bzw. Handelsplätzen ausgebaut.

Öffentliche Bäder (حَمّام) dienten sowohl der körperlichen Hygiene als auch der Erholung und dem geselligen Zusammenleben, sodass sie häufig als „Frauencafés" bezeichnet wurden. Urarabisch ist der Hammam jedoch nicht, sondern eine Weiterentwicklung des griechisch-römischen Bades, das die Byzantiner benutzten. Heute wird er von den privaten Badezimmern fast gänzlich verdrängt, es bleibt aber ein wichtiger Teil der Freizeitgestaltung für die Unterschicht.
Cafés (مَقهى) sind in den meisten arabischen Ländern Männern vorbehalten. Mit ihrem grellen Neonlicht und der verrauchten Luft sind sie nicht jedermanns Sache. Dennoch gibt es keinen besseren Ort, um wichtige Informationen über Politik und Gemeindeleben zu erfahren und beim Wasserpfeiferauchen (شيشة / نَرجيلة) seine Backgammon-Strategie (طاولة) zu verfeinern! Manchmal findet sich hier auch noch ein Geschichtenerzähler aus längst vergangenen Tagen, z. B. in dem Altstadtcafé „Nofara" in Damaskus.

In den bereits existierenden Städten wie Damaskus oder Jerusalem überlagerten diese Strukturen die bereits bestehenden. So wundert es nicht, in ein und derselben Großstadt neben dem heidnischen Tempel (هَيكَل) bzw. an seiner Stelle eine Synagoge (كَنيس) oder eine Kirche (كَنيسَة) zu finden. Einige dieser Gotteshäuser wurden gar als Moscheen umfunktioniert.
Darüber hinaus sind die Städte stetig gewachsen, neue, modernere Viertel sind entstanden. Oft ist die Altstadt (مَدينَة قَديمَة oder einfach nur مَدينَة) durch eine Stadtmauer (سور) von den neuen Vierteln getrennt. Die engen, dunklen und deshalb kühlen Gassen (زَنقَة im Maghreb und زُقاق im Mashreq) der Altstadt sind den modernen, breiten, hellen Straßen (نَهج im Maghreb und شارِع im Mashreq) der neustädtischen Viertel gewichen.

engen Gasse in Akko

Hamam

Gerberviertel in Fès

Lebensmittel benennen | einkaufen | Maße angeben | Kochrezepte beschreiben

7 نَأكُل!

Kennen Sie diese typischen Gerichte? Ordnen Sie zu.

بَبا غَنّوج | كُبَّة مَقلِيَّة | تَبّولَة | حُمُّص بِالطَّحينَة | طاجِن | كُسكُس | فَلافِل | شاوَرما

______

______

______

______

______

______

______

______

عائِشَة تَذهَب إلى السّوق A

1 **Lesen Sie den Text und vervollständigen Sie die Einkaufliste.** 29

تَذهَب عائِشَة اليَوم إلى السّوق لِأَنَّها تَحتاج إلى أَشياء لِلكُسكُس. في السّوق بَقّالون كَثيرون وَلَكِنَّها تَعرِف بَقّالاً يَبيع فَواكِه وَخُضراوات لَذيذَة وَرَخيصَة. تَذهَب أَوَّلاً إِلَيهِ.

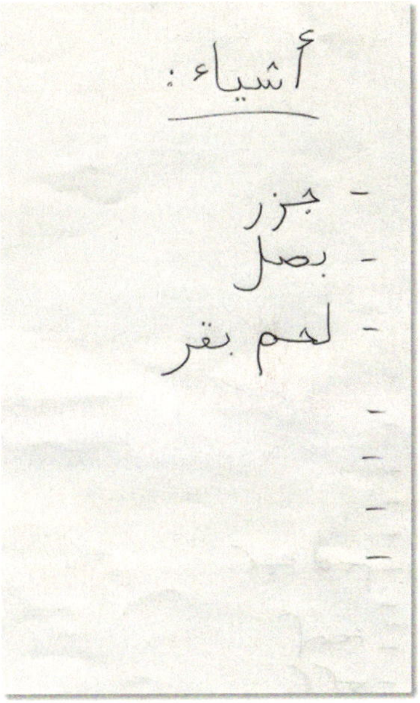

▶ صَباحُ الخَير!

▷ صَباحُ النّور! هاتِ لي مِن فَضلِكَ كيلو حُمُّص وَنِصف كيلو مِنَ الجَزَر وَكيلو مِنَ البَصَل.

▶ هُنا الحُمُّص وَالجَزَر.

▷ وَهاتِ لي مِن فَضلِكَ كيلو مِنَ الطَّماطِم وَكيلو مِنَ البَطاطا.

▶ هُنا الطَّماطِم وَالبَطاطا.

▷ شُكرًا جَزيلاً.

▶ عَفوًا. الحِساب عَشَرَة دَنانير مِن فَضلِكِ.

▷ تَفَضَّل هَذِهِ عَشَرَة دَنانير.

▶ شُكرًا جَزيلاً وَإِلى اللِّقاء!

على يَمينِ البَقّال جَزّار وَتَشتَري مِنَ الجَزّار لَحمًا. تَشتَري لَحم بَقَر وَلَحم خَروف. ثُمَّ تَذهَب إلى السَّمّاك وتَشتَري مِنَ السَّمّاك سَمَكًا وَأَخيرًا تَرجِع إلى البَيت.

تَحتاجُ	taḥtāǧ(u)	sie braucht
اِحتاجَ إلى	iḥtāǧ(a) ilā	brauchen
شَيء ج أَشياء	šay'; ašyā'	Sache, Ding
أَوَّلاً	awwalan	zuerst
إِلَيهِ	ilayhi	zu ihm
هاتِ لي	hāti lī	gib mir *m.*
هاتي لي	hātī lī	gib mir *f.*
مِن فَضلِكَ	min faḍlika	bitte *m./f.*
مِن فَضلِكِ	min faḍliki	*(Aufforderung)*
كيلو	kīlō	Kilo
نِصف ج أَنصاف	niṣf; anṣāf	Hälfte
جَزَر	ǧazar	Möhren

بَصَل	baṣal	Zwiebeln
طَماطِم	ṭamāṭim	Tomaten
بَطاطا	baṭāṭā	Kartoffeln
دينار ج دَنانير	dīnār; danānīr	Dinar
لَحم بَقَر	laḥm baqar	Rindfleisch
لَحم خَروف	laḥm ḫarūf	Lammfleisch
سَمّاك	sammāk	Fischhändler
سَمَك ج أَسماك	samak; asmāk	Fisch
أَخيرًا	aḫīran	zuletzt
تَرجِعُ	tarǧi^c(u)	sie kehrt zurück
رَجَعَ	raǧa^c(a)	zurückkehren

2 **Lesen Sie folgende Sätze und achten Sie auf die Aussprache.**

1 البَطاطا وَالطَّماطِمُ الإيطالِيَّة لَـذيذَة.
2 يَبيعُ السَّـمّاكُ السّورِيّ أسماك رَخيصَة.
3 السّينِما السّورِيَّة مُهِمَّة جِدًّا.
4 التَـبّولَـة اللُّبنانِيَّة وَالكُسكُسُ المَغرِبِـيّ لَـذيذان جِدًّا.
5 الهَدايا المِصرِيَّة جَميلَـة وَرَخيصَة.

Nominativ (Subjekt)

- Endung [u] nur vor Artikel, sonst stumm:

  المُعَلِّمُ العَرَبِـيّ.

- immer stumm bei langem Vokal und ة:

  السّينما المِصرِيَّة.

  المُعَلِّمَة العَرَبِـيَّة.

3 **Setzen Sie die Wörter in den Akkusativ.**

1 يَشتَـري الرَّجُل ________________ (لَـحم وَسَمَك) مِنَ السّوق.
2 تَشتَـري السَّـيِّدَة ____________ (بَصَل وَجَزَر) مِنَ البَقّال.
3 تَـبيعُ امرأة لَـطيفَـة ________ (هَدِيَّة) في وَسَطِ المَدينَـة.
4 هاتي لي ________ (كيلو) مِن لَـحم بَقَر مِن فَضلِكِ .
5 أشتَـري ________ (بَطاطا) لِلطّاجِن.
6 هاتِ لي ________ (خُبز) مِن فَضلِكَ.
7 لا أعرِف ________ (المَرأة) أمامَ الدُّكّان.

Akkusativ (dir. Objekt)

- unbestimmt: Endung [an]:

  أشتَـري سَمَكًا وَلَـحمًا.

- bestimmt: Endung [a] nur vor Artikel:

  أشتَـري لَـحمَ البَقَـر وَالسَّمَك.

- immer stumm bei langem Vokal und stummem ة:

  أُحِبُّ السّينَما المِصرِيَّة.

  أُحِبُّ المُعَلِّمَة العَرَبِيَّة.

4 **Setzen Sie die Wörter in den richtigen Fall und kontrollieren Sie mit der CD.** 30

هَل تَـعرِفون ________ (الطّاجِن)؟ ________ (الطّاجِن) ________ (طَبَق)
________ (طَعام) مِنَ المَغرِب. ________ (الطَّبَق) ________ (جَميل)
جِدًّا. يَشتَـري ________ (السُّـيّاح) ________ (الطاجِن) كَـهَدِيَّة. ________
(الطَّعام) فيهِ ________ (لَـذيذ) جِدًّا. لِلطّاجِن تَـشتَـري رَبَّة بَيت
________ (بَطاطا) ________ وَطَماطِم ________ (وَبَصَل)
________ (وَلَـحم) أو ________ (سَمَك).
هَل تُـحِبّون ________ (الطّاجِن)؟
يُـحِبُّ ________ (المَغارِبَة)
________ (وَالسُّيّاح) هَذا
________ (الطَّعام)!

5 Setzen Sie die Substantive und Adjektive in den Plural.

1 هَل تَـعرِفُ الطّـالِب؟
2 أعرِف طَـبيبًا وَمُمَرِّضًا.
3 أشتَـري كِتابًا وَقاموسًا.
4 تَـبيعُ امرَأة بَيتًـا في فِلَـسطين.
5 مَن يَشتَـري اللَّـحمَ اليَوم؟
6 لا أعرِفُ السِّكرِتيرَةَ الجَديدَة.
7 أُحِبُّ المُعَلِّمَةَ العَرَبِـيَّة.
8 يَبيعُ السّائِح هَدِيَّة.

Nominativ Plural	Akkusativ Plural
▪ gebrochener Pl.: Endung [u] nur vor Artikel sonst stumm الطُّلّابُ العَرَب.	▪ gebrochener Pl. unbestimmt: ـًا [an] أعرِف طُلّابًا عَرَب. ▪ gebrochener Pl. bestimmt: [a] nur vor Artikel: أشتَـري الأَقلامَ الرَّخيصَة. ▪ gebrochener Pl. mit Vokalfolge a-a-i unbestimmt und bestimmt: [a] nur vor Artikel: أشتَـري طَـماطِم وَفَـناجين.
▪ gesunder m. Pl. auf ـونَ: المُعَلِّمونَ المِصرِيّون.	▪ gesunder m. Pl. auf ـينَ: أُحِبُّ المُعَلِّمينَ المِصرِيّين.
▪ gesunder fem. Pl. auf ـاتُ: المُعَلِّماتُ المِصرِيّات.	▪ gesunder fem. Pl. auf ـاتِ: أُحِبُّ المُعَلِّماتِ المِصرِيّات.

6 Bilden Sie Sätze. Achten Sie auf den Akkusativ.

تَـشتَـري		لَـحم وَخُضراوات	
يَبيع	مِن فَـضلِك	بَصَل وَلَـحم	مِنَ السّوق.
هات لي	رَبَّةُ البَيت	طَـماطِم وَبَطاطا	لِلسُّيّاح.
يَـشتَـري	تاجِر(ة)	كُرّاسَة وَقاموس	مِن دُكّان تونِسِيّ.
أَبيعُ	الطّالِب(ة)	أسماك وَلُحوم	مِنَ المَكتَـبَة.
تَـشتَـرين	اِمرأة	فَـواكِه وَزَهر	مِنَ البَقّال.
تَـبيع	رَجُل	كُتُب وَأقلام	لِلكُسكُس.
هاتي لي	مِن فَـضلِك	طَـبَق جَميل	مِنَ السَّمّاك.
أَشتَـري		سَمَك كَـبير	
تَـبيعين			

7 Sie wollen ein typisches Gericht für Ihre Freunde zubereiten. Spielen Sie Einkaufsdialoge.

١ كيلو كُسكُس
كيلو لَحم خَروف
نِصف كيلو بَطاطا
نِصف كيلو حُمُّص
٤ حَبّات طَماطِم

٢ كيلو سَمَك
نِصف كيلو بَطاطا
نِصف كيلو طَماطِم
بَصَل
زَعفَران

B لِتَحضيرِ المَزَّة

1 Hören Sie den Text und lesen Sie mit. Bringen Sie dann die Etappen der Taboulé-Zubereitung in die richtige Reihenfolge.
31

مساءَ اليَوم يَأتي أَصدِقائي مِن أوروبا.
يُحِبّونَ الأَكَلاتِ اللُّبنانِيَّة كَالمَزَّة. أُحَضِّرُ
الآن تَبّولَة.
لِتَحضيرِ التَبّولَة أَفرِم كأسًا مِن النَعناع
وَ ٤ كُؤوس بَقدونِس وَ ٦ حَبّات بَصَل.
ثُمَّ أُضيف ٦ حَبّات طَماطِم وَكأسًا مِن
البُرغُل وَكأسًا مِن عَصير اللَّيمون
وَنِصف كأس مِن زَيتِ الزَّيتون وَقَليلاً مِن
الفُلفُل وَالمِلح.

1
أَفرِم كأسًا مِن النَعناع.

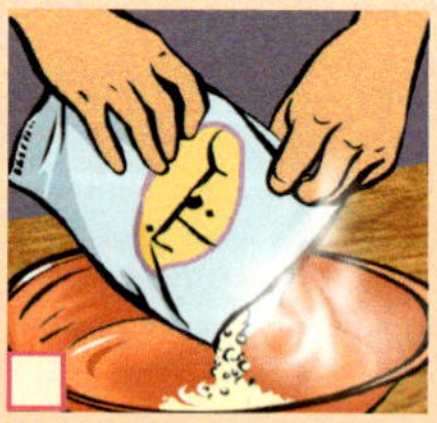

هَنيئًا!

2 **Vervollständigen Sie die Rezepte.**

أفرِم | حُمُّص | أُضيف | لـيمون

نِصف | ماء | البُرغُل | لَـحم

الحُمُّص بالطَّحينَـة

لِتَحضيرِ الحُمُّص بالطَّحينَـة ______ ٣ كـُؤوس ______ وَ٣ رُؤوس ثوم. ثُـمَّ ______ كأسًا مِن عَصير ______ وَقَليلاً مِن زَيتِ الزَّيتون.

هَنيئًا!

الكِبـَّة النـيَّة

لِتَحضيرِ الكِبَّة النَّيَّة أَنقَع ______ كيلو مِنَ البُرغُل في ______. أفرِم نَـعناع (كأسًا) وَكيلو مِن ______ بَقَر وَبَصَلاً وَمِلحًا وَفُلفُلاً. ثُمَّ أُضيفُ ______ (بِدون الماء)

هَنيئًا!

حَبَّة ج ات	ḥabba; ḥabbāt	*hier:* Stück
أُضيفُ	uḍīf(u)	ich füge hinzu
أَضاف	aḍāf(a)	hinzufügen
بُرغُل	burġul	Weizenschrot
عَصير	ᶜaṣīr	Saft
لَـيمون	laymūn	Zitronen
زَيت	zayt	Speiseöl
زَيتون	zaytūn	Oliven
فُلفُل	fulful	*hier:* Pfeffer
مِلح	milḥ	Salz
هَنيئًا	hanī'an	Guten Appetit
أَنقَعُ	anqaᶜ(u)	ich weiche ein
نَـقَعَ	naqaᶜ(a)	einweichen
ثوم	ṯūm	Knoblauch
مساءَ اليَوم	masā' al-yawm	heute Abend
يَأتي	ya'tī	er kommt (an)
أَتى	atā	(an)kommen
صَديق ج أَصدِقاء	ṣadīq; aṣdiqā'	Freund
يُحِبّونَ	yuḥibbūn(a)	sie lieben
أَحَبَّ	aḥabba	mögen, lieben
أَكلَـة ج أَكَـلات	akla; akalāt	Spezialität
أُحَضِّرُ	uḥaḍḍir(u)	ich bereite zu
حَضَّرَ	ḥaḍḍar(a)	zubereiten
تَـحضير	taḥḍīr	Zubereitung
أَفرِمُ	afrim(u)	ich hacke
فَـرَمَ	faram(a)	hacken
كأس ج كـُؤوس	kā's; ku'ūs	Glas
نَـعناع	naᶜnāᶜ	Minze
بَقدونِس	baqdūnis	Petersilie

3 **Machen Sie Komplimente.**

Beispiel:

يا مَحمود، (كُسكُس) لَذيذ! يا مَحمود، كُسكُسُكَ لَذيذ جِدًّا!

1 يا سَيِّدي، (بَيت) جَميل جِدًّا.

2 يا زَينَب، (طَعام) لَذيذ جِدًّا.

3 يا عائِشَة، (طاجِن) بِالبَطاطا لَذيذ.

4 يا بِلال، (نَظّارة) جَميلة.

5 يا أَمَل، (شارِع) جَميل.

6 يا مَريَم، (أَصدِقاء) لِطاف.

7 يا ياسمين، (صَديقَة) عَزيزة جِدًّا.

8 يا أَبو مازِن، (فَواكِه) رَخيصَة وَلَكِن لَذيذَة !

9 يا نَبيلَة، (مَدينَة) قَديمَة وَمُهِمَّة جِدًّا.

10 يا هِشام، (طَبَق) جَميل.

Possessivendungen					
Hilfsvokal [u] im Nom. nach			kein Hilfsvokal nach		
Konsonanten	ة ← ت	ء ← ئ/ؤ	ى ← ا	ون ← و	ي
قَلَم	كُرّاسَة	أَصدِقاء	مُستَشفى	مُعَلِّمون	كُرسيّ
قَلَمي	كُرّاسَتي	أَصدِقائي	مُستَشفايَ	مُعَلِّمِي	كُرسيَّ
قَلَمُكَ	كُراسَتُكَ	أَصدِقاؤُكَ	مُستَشفاكَ	مُعَلِّموكَ	كُرسيّكَ
قَلَمُكِ	كُرّاسَتُكِ	أَصدِقاؤُكِ	مُستَشفاكِ	مُعَلِّموكِ	كُرسيّكِ
قَلَمُهُ	كُرّاسَتُهُ	أَصدِقاؤُهُ	مُستَشفاهُ	مُعَلِّموهُ	كُرسيّهِ
قَلَمُها	كُرّاسَتُها	أَصدِقاؤُها	مُستَشفاها	مُعَلِّموها	كُرسيّها

C الفولُ المُدَمَّس

1 **Hören Sie das Rezept und vervollständigen Sie die Zutatenliste.** 32

الفولُ المُدَمَّس

لِتَحضيرِ الفول أَفتَح عُلبَة فول.
ثُمَّ أَطهو الفول في الماء.
بَعدَ ذَلِكَ أَفرِمُ الفول مَعَ الماء وَالطَّحينَة وَرُؤوسِ الثّوم وَالبَقدونِس.
أُضيفُ المِلح وَالفُلفُل وَالكَمّون.
أَخيرًا أَخلِطُ وَأَسكُب زَيتَ الزَّيتون وَعَصيرَ اللَّيمون عَلَيه.
في مِصر نَأكُلُ الفول المُدَمَّس في الفُطور مَعَ خُبز أو بَصَل.

عُلبَة	مِلعَقَـة
كأس	٤
مِلعَقَـة	نِصف كأس
عَصير لَـيمون	مِلح
مِلعَقَـة	فُلفُل

2 **a Vokalisieren Sie die Wörter mit Hilfe des Rezeptes in Nr. 1. Welcher Hilfsvokal wird nach einer Präposition verwendet?**

Hilfsvokal (Genitiv): …	مع رؤوس الثـوم لتحضير الفول

b Vokalisieren Sie nun die Wörter mit Hilfe des Rezeptes in Nr. 1 und ergänzen Sie die Regel.

ة = [...]
Den Artikel darf nur das ________ Wort der Genitivverbindung tragen.
Vor dem Artikel wird der jeweilige Hilfsvokal mitgesprochen.

علبة فول
رؤوس الثـوم
أسكب زيت الزيتون
لتحضير الفول

فول	fūl	Saubohnen
مُـدَمَّـس	mudammas	gekocht
عُلبَة ج عُلَب	ᶜulba, ᶜulab	Dose
مِلعَقَـة مَلاعِق	milᶜaqa; malāᶜiq	Löffel
أَفتَـحُ	aftaḥ(u)	ich öffne
فَـتَـحَ	fataḥ(a)	öffnen
أَطهو	aṭhū	ich koche etw.
طَـهـا	ṭahā	etw. kochen
كَـمّـون	kammūn	Kreuzkümmel
أَخلِطُ	aḫliṭ(u)	ich mische
خَـلَـطَ	ḫalaṭ(a)	mischen
أَسكُبُ	askub(u)	ich gieße
سَـكَـبَ	sakab(a)	gießen
طَـحينَـة	ṭaḥīna	Sesampaste
رأس ج رُؤوس	rā's; ru'ūs	Kopf *hier:* Zehe
نَـأكُـلُ	na'kul(u)	wir essen
أَكَـلَ	a'kal(a)	essen
فُـطور	fuṭūr	Frühstück

3 **Setzen Sie die Wörter in den Genitiv.**

1 أسكُن في ____________ (مَدينَـة كَـبيرَة).

2 أسكُن في هَذا ____________ (البَيت الصَّغير).

3 عَلى ____________ (مَكتَـب المُحامِيَة الجَديدَة) كُـتُـب كَـثيرَة.

4 أعمَل مَع ____________ (مُحامون مَغارِبَة).

5 أشتَـري مِنَ ____________ (السَّمّاكَـة اللَّطيفَـة) سَمَكـًا.

6 بِـجانِب ____________ (الطّـالِبات الإنكليزِيات) طالِب كَـنَـديّ.

Genitiv (Substantiv / Adjektiv)

- Hilfsvokal [i] nur vor dem Artikel.

  مَعَ الأَصدِقاءِ العَرَب.

  في خِزانَـةِ الكُـتُـب.

- stumm nach langem Vokal und stummem ة:

  عَلى البِيانو الجَـديد.

  عَلى الطّـاوِلَـة الجَـديدَة.

- gesunder maskuliner Plural auf ـينَ:

  عِندَ المُعَلِّمينَ المِصرِيّين.

- gesunder femininer Plural auf ـاتِ:

  عِندَ المُعَلِّماتِ المِصرِيّات.

4 **a** **Was sehen Sie? Bilden Sie Genitivverbindungen.**

٥

٣

b **Bilden Sie nun sinnvolle Sätze mit den Wörtern aus 4 a.**

لا أُحِبّ		رَخيصَة في الأَسواقِ العَرَبِيَّة.
تَـسكُـب		في الشّـاي.
أَشتَـري ٦	...	
أَفتَـح		
أُضيف ٣		

Redemittel

Einkaufen

هات لي مِن فَضلِكَ...
هاتي لي مِن فَضلِكِ...
... كيلو مِنَ البَطاطا.
... نِصف كيلو مِنَ الحُمُّص.
... عُلبَة فول.
... لِتر زَيت.

Nach Rezept kochen

أَقطَعُ الخُضراوات.
أَنقعُ الخُضراوات في اللَّيل.
أَفرِمُ النَّعناع.
أَطهو قِطَعَ السَّمَك.
أَخلِط جَيِّدًا.
أَسكُب في طَبَق.
أَضيفُ البَقدونِسَ المَفروم.

Grammatik

Fälle

Nominativ (Subjekt)	ـُ، ونَ، اتٌ
Akkusativ (dir. Objekt)	ـَ/اً، ينَ، اتِ
Genitiv (nach Präpositionen; 2. Wort der Genitivverbindung)	ـِ، ينَ، اتِ

Genitivverbindung (2 Substantive)

1. Subst.	Kein Artikel (aber bestimmt) ة = [t] Kontext entscheidet über den Fall;
2. Subst.	Kontext entscheidet über den Artikel im Genitiv خِزانَـة مَلابِس. خِزانَـةُ المَلابِس. أَشتَري خِزانَـةَ المَلابِس في خِزانَـةِ المَلابِسِ القَديمَة.

Possessivendungen im Nominativ

ي | ي	كِتابي | مُستَشفاي (مُعَلِّمِيَّ)
ـُكَ | كَ	قَلَمُكَ | مُستَشفاكَ
ـُكِ | كِ	قَلَمُكِ | مُستَشفاكِ
ـُهُ | هُ | ـِهِ | (يـ)هِ	بَيتُهُ | مُستَشفاهُ | كُرسيِّهِ
ـُها | ها	طَبَقُها | مُستَشفاها

Verben

	Perfekt	Imperfekt
verkaufen	باعَ	يَبيعُ
zurückkehren	رَجَعَ	يَرجِعُ
brauchen	اِحتاجَ	يَحتاجُ
hinzufügen	أَضافَ	يُضيفُ
zubereiten	حَضَّرَ	يُحَضِّرُ
mögen, lieben	أَحَبَّ	يُحِبُّ
(an)kommen	أَتى	يأتي
essen	أَكَلَ	يَأكُلُ
öffnen, aufmachen	فَتَحَ	يَفتَحُ
marinieren, einweichen	نَقَعَ	يَنقَعُ
hacken	فَرَمَ	يَفرِمُ
gießen	سَكَبَ	يَسكُبُ
mischen	خَلَطَ	يَخلِطُ
etw. kochen	طَها	يَطهو
schneiden	قَطَعَ	يَقطَعُ

العَرَبِيَّة وَالعَرَب

Die arabische Küche
Durch die Vielzahl der arabischsprachigen Länder, die unterschiedlichen Kulturen, Ethnien und Einflüsse, ist die arabische Küche sehr vielseitig.

Im Maghreb (d. h. im Westen) wird oft mit Weizengrieß (كُسكُسي oder كُسكُس) gekocht. Couscous-Spezialitäten bestehen aus Couscous-Grieß und Gemüse, manchmal Fleisch (لَحم) bzw. Fisch (سَمَك).
Sehr beliebt sind auch scharfe Würste wie die Merguez (مِرقاز), eine Wurstspezialität aus magerem Rind- und Lammfleisch, die mit Harissa (هَريسَة) und Kreuzkümmel (كَمّون) gewürzt wird. Fleisch wird meistens mit Gemüse im Tajine (طاجين) gekocht und serviert. Fisch wird vor allem an den Küsten regelmäßig gegessen. Bei größeren Feierlichkeiten wird ein Schaf über einem mit Glut gefüllten Loch gegrillt: mešwi (مَشوي).

Im Mashreq (also im Osten) wird eher mit Weizenschrot, dem Bulgur (بُرغُل), gekocht. Zu Fleisch werden Mezze (مَزَّة) serviert: unzählige kleine Salate, darunter der berühmte Petersiliensalat, Taboulé (تَبّولَة), aber auch Hummus (حُمُّص بالطَّحينَة), Ful (فول) und der Fladenbrotsalat (فَتوش). Die kleinen Buletten aus Hackfleisch und Bulgur heißen Kebbe (كَبَّة).
Im ganzen Mittelmeerraum sind Hackfleischbäll-

chen bekannt und beliebt. Im arabischsprachigen Teil heißen sie Kefta bzw. Kofte (كُفتَة).
Zum höchsten islamischen Feiertag, dem Opferfest (عيدُ الأضحى) opfert jede Familie (im Rah-

men ihrer finanziellen Lage) ein Schaf (خَروف).
Typisch für die arabische Küche sind die Gewürze. Zwar wird wie überall mit Salz (مِلح) und Pfeffer (فُلفُل) gekocht, aber auch mit Kreuzkümmel (كَمّون), Minze (نَعناع), Kardamom (هيل) und Kerbel (كَرَفس). Im Salat kommt häufig Petersilie (بَقدونِس) bzw. Basilikum (حَبَق) dazu. Wie auch in den nordmediterranen Küchen wird nicht selten mit viel Knoblauch (ثوم) gearbeitet. Ungewohnt für uns ist aber die Sesampaste (طَحينَة), die sowohl in süße als auch in deftige Gerichte

kommt. Weltberühmt ist die Gewürzmischung Ras el-Hanout (رأس الهَنوت), die je nach Familienrezept bis zu 30 verschiedene Gewürze enthalten kann, und ohne die wohl kein Couscous bzw. Tajine schmeckt.

Auch in der arabischen Küche fehlt es nicht an Nachspeisen und Süßigkeiten. Oft zeichnen sie sich jedoch dadurch aus, dass sie sehr süß sind.

Sie bestehen häufig aus Nüssen, Pistazien, Mandeln, getrockneten Früchten und Honig. Eine im gesamten arabischen Raum bekannte, ursprünglich aus der Türkei stammende Süßspeise ist Baklava (بَقلاوَة).

Obwohl der Koran den Genuss von Rauschmitteln untersagt, wird in vielen arabischen Ländern traditionell Alkohol hergestellt und in manchen sogar getrunken. Wein (نَبيذ، خَمر) wird fast überall angebaut und nicht selten getrunken. Aus Marokko kommen der Guerrouane und der Boulaouane, aus Algerien der Sidi Brahim, und aus dem Libanon (wo vermutlich erstmals Wein von den Phöniziern hergestellt wurde) kommen die feinen Château Musar, Château Ksara und Château Kefraya.
Im Mashreq gibt es eine lokale Rezeptur des mediterranen Anisschnapses (عَرَق), den man besser mit Wasser verdünnt.

Durch den Tourismus und die frühere Kolonisierung der arabischen Länder kam Bier (بيرَة) in die arabische Trinkkultur. Celtia (سلتيا) war die erste Firma, die seit 1925 tunesisches Bier herstellt. Es blieb jedoch in der arabischen Welt eine Randerscheinung.

über die Familie sprechen | den Tisch decken | den Garten beschreiben

8 عائِلَتي

Kennen Sie diese arabischen Persönlichkeiten? Ergänzen Sie deren Namen, Beruf und Wohnort.

أُمّ كُلثوم | أَبو القاسِم الشّابي | بِن عَلي

رَئيس | شاعِر | مُغَنِّيَة

القاهِرَة | توزر | تونِس

الاِسم: ____________

المِهنَة: ____________

مَكانُ السَّكَن: ______

الاِسم: ____________

المِهنَة: ____________

مَكانُ السَّكَن: ______

Arabische Namen beinhalten oft die Bezeichnungen *Vater von …*, *Mutter von …* und *Sohn von …* Wie heißen diese Wörter auf Arabisch?

__________ __________ __________

الاِسم: ____________

المِهنَة: ____________

مَكانُ السَّكَن: ______

Kennen Sie andere Berühmtheiten mit ähnlichen Namen?

A وَأَبوكِ، لا بأس؟

1 **Hören Sie den Dialog und vervollständigen Sie die Tabelle.** 33

	الأُمّ	الأَب	الأُخت	الأَخ
الإسم	______	______	______	______
المِهنَة	______	______	______	______
مَكانُ العَمَل	______	______	______	______
مَكانُ السَّكَن	______	______	______	______

- صَباحُ الخَير يا زَينَب. كَيفَ حالُكِ؟
- صَباحُ النّور يا مُحَمَّد. أنا بِخَير، شُكرًا. وَأَنتَ؟ كَيفَ حالُكَ؟
- أنا طَيِّب، الحَمدُ لِلّه. وَكَيفَ حال أُمِّكِ؟
- أُمّي بِخَير أَيضًا. هِيَ الآن في لُبنان لِلعَمَل.
- ما مِهنَتُها؟
- هِيَ مُهَندِسَة.
- وَهَل تَعمَلُ الآن في بَيروت؟
- نَعَم. تَبني شَرِكَتُها هُناكَ بُيوت جَديدَة كَثيرَة.
- جَيِّد! وَأَينَ أَبوكِ؟ هَل هُوَ في لُبنان أَيضًا؟
- لا، أَبي هُنا الآن.
- ما مِهنَتُهُ؟
- هُوَ طَبيب في مُستَشفى.
- أَخوكِ طَبيب أَيضًا، أَلَيسَ كَذَلِكَ؟
- لا، هُوَ طالِب. يَدرُسُ الطِّبّ.
- وَكَيفَ حالُهُ؟
- هُوَ مَريض قَليلاً.
- هَل هَذا خَطير؟
- لا، بَرد فَقَط.
- وَكَيفَ حال ياسمين؟
- أُختي طَيِّبَة. تَسكُنُ الآن مَعَ صَديقَتِها في بَيت وَسَطِ المَدينَة.

يَدرُسُ	yadrus(u)	er studiert
دَرَسَ	daras(a)	studieren
طِبّ	ṭibb	Medizin
خَطير	ḫaṭīr	schlimm
بَرد	bard	Erkältung
فَقَط	faqaṭ	nur
أُخت ج أَخَوات	uḫt; aḫawat	Schwester
مَكانُ السَّكَن	makānu -s-sakan	Wohnsitz
أُمّ ج أُمَّهات	umm; ummahat	Mutter
تَبني	tabnī	sie baut
بَنى	banā	bauen
أَب (أَبو) ج آباء	ab (abū); abā'	Vater
أَخ (أَخو) ج إِخوَة	aḫ (aḫū); iḫwa	Bruder
أَلَيسَ كَذَلِكَ؟	alaysa kaḏālika?	nicht wahr?

2 **Setzen Sie die Wörter أب und أخ ein.**

1 عِندَ زَينَب ______ (أَب) وَ______ (أَخ).
2 ______ (أَب + ها) هُوَ أَحمَد.
3 وَ______ (أَخ + ها)؟ اِسمُهُ عَبدُ الله.
4 كَيفَ حال ______ (أَب) زَينَب؟
5 ______ (أَب + ها) بِخَير.
6 وَكَيفَ حال ______ (أَخ + كَ) يا مُصطَفى؟
7 ______ (أَخ + ي) بِخَير، الحَمدُ لله.

أب und أخ bekommen statt eines kurzen einen langen Vokal als erstes Glied einer Genitivverbindung und vor Possessivendungen.
Ausnahme: أَبي und أَخي (mein Bruder / Vater):

مَن هُوَ أَبو زَينَب؟ أَبوها هُوَ أَحمَد.
مَن هُوَ أَخو زَينَب؟ أَخوها هُوَ عَبدُ الله.

3 **Beantworten Sie die Fragen mit der Präposition und der Personalendung.**

Beispiel:
هَل عِندَ زَينَب أَب وَأُمّ؟ نَعَم، عِندَها أَب وَأُمّ.

1 هَل عِندَ مَريَم أَخ؟ نَعَم، ______
2 هَل عِندَ ياسين عَمَل؟ لا، ______
3 هَل عِندَكَ كُتُب في بَيتِهِ؟ لا، ______
4 هَل عِندَ ياسِر بَيت في لُبنان؟ نَعَم، ______
5 هَل عِندَكِ طَبيب جَيِّد؟ نَعَم، ______
6 هَل عِندَ أُسامَة كُمبيوتِر في البَيت؟ لا، ______
7 هَل عِندَ ياسمين أُخت؟ لا، ______

Es gibt kein Verb *haben*, stattdessen verwendet man die Präposition عِند. Zum Verneinen verwendet man لَيسَ عِند.

عِندي
عِندَكَ
عِندَكِ
عِندَهُ
عِندَها

4 **Fragen Sie einander nach der Familie (Name, Wohnort, Beruf, Arbeitstelle). Dafür brauchen Sie eventuell den Dual (Zweizahl).**

Plural (ab 3)	Dual (ان) (2)	Singular (1)	
٣ أَبناء	اِبنان	اِبن	عِندي...
٤ بَنات	بِنتان	بِنت	
٦ إِخوَة	أَخَوان	أَخ	
٥ أَخَوات	أُختان	أُخت	

Der Dual wird verwendet, um 2 Personen oder Gegenstände anzugeben. Seine Anwendung in der Schriftsprache ist obligatorisch, mündlich kommt er nur noch bei **Körperteilen**, **Zeitangaben** und anderen **Maßen** vor.

5 **Beantworten Sie die Fragen mit einer Possessivendung.**

Beispiel:

ما اِسمُ أَبي رَشيدَة؟ (كَمال)　　اِسمُ أَبيها كَمال.

1 ما اِسمُ أُمّ خالِد؟ (خَديجَة) ______

2 ما اِسمُ أُخت لُطفي؟ (لَيلى) ______

3 ما اِسمُ أَخي جَميلَة (مَحمود) ______

4 ما مِهنَة مُحَمَّد؟ (طَبيب) ______

5 ما مِهنَة أُخت نَديَة؟ (سِكرِتيرَة) ______

6 ما مِهنَة أَبي بِلال؟ (عاطِل) ______

7 ما مِهنَة أَخي عُمَر؟ (مُحامٍ) ______

8 ما مِهنَة أُمِّك؟ (مُوَظَّفَة) ______

Nominativ	Genitiv
أُختي	اِسم أُختي
أُختُكَ	اِسم أُختِكَ
أُختُكِ	اِسم أُختِكِ
أُختُهُ	اِسم أُختِهِ
أُختُها	اِسم أُختِها

6 **Verbinden Sie die Zahlen 11 bis 20 und schreiben Sie sie ab.**

أَحَدَ عَشَرَ	١١	______
أَربَعَةَ عَشَرَ	١٢	______
اِثنا عَشَرَ	١٣	______
تِسعَةَ عَشَرَ	١٤	______
ثَلاثَةَ عَشَرَ	١٥	______
ثَمانِيَةَ عَشَرَ	١٦	______
خَمسَةَ عَشَرَ	١٧	______
سَبعَةَ عَشَرَ	١٨	______
سِتَّةَ عَشَرَ	١٩	______
عِشرون	٢٠	______

7 **Gehen Sie umher und fragen Sie die anderen Kursteilnehmer, wie viele Geschwister, Neffen (اِبنُ الأَخت / اِبنُ الأَخ) und Nichten (بِنتُ الأَخت / بِنتُ الأَخ) sie haben?**

Beispiel:

كَم أُختًا عِندَكَ؟　　عِندي أُختان.

كَم أَخًا عِندَكِ؟　　عِندي ٣ إِخوَة.

Wie viele …? = كَم + unbest. Akk.

B عائِلَـتي الكَـبيرَة

1 Lesen Sie den Text und beschreiben Sie Salmas Stammbaum. 34

العائِلَـة العَرَبـيَّة كَـبيرَة عَلى العُموم
وَهِيَ تَـقوم بِـدَور كَـبير. في وَسَطِها
يوجَدُ الوالِدان (الأَب وَالأُمّ). عِندَهُما
أَطفال (أَبناء وَبَنات). أَحيانـًا
يَتَشاجَرُ الإِخوَة وَالأَخَوات قَـلـيلاً
وَلَـكِن يَتَـحابّون رَغم ذَلِك. يَقومُ
الجَـدّان (الجَدّ وَالجَدَّة) بِـدَور كَـبير
أَيضـًا وَيَسكُنون غالِبًا قُـرب العائِلَـة
أَو عِندَها. عِندَ بَعضِ العائِلات
شَـجَرَة عائِلَـة كَـبيرَة وَمُهِمَّة جِدًّا.
شاهِدوا الآن شَـجَرَة عائِلَـة سَلمى.
ما اسمُ أُمِّها وَأَبيها؟...

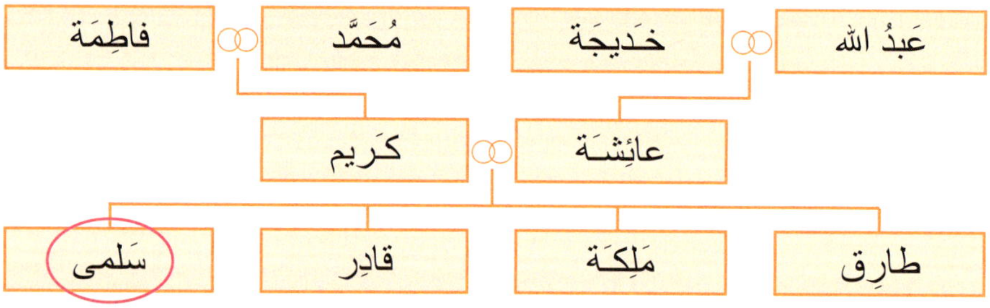

2 Wählen Sie die richtige Form.

1 (أَبو - الأَبو) مَروان في الكُوَيتِ الآن.
2 يَعمَل في (البَيت - بَيت) كَـمُتَرجِم.
3 يُحِبّ (عَمَل - عَمَلَـهُ) كَـثيرًا.
4 يَـبني المُهَندِس (بُيوتـًا - البُيوت) كَـثيرَة في بَيروت.
5 (إِخوَةُ - الإِخوَةُ) المُهندِس في مَدريد.
6 هَل تَـعرِفُ (مُعَلِّم - المُعِلِّم) طِفلِكَ؟
7 لا أُحِبّ (أَخـًا - أَخ) مَحمود.

Ein Substantiv ist bestimmt durch
- den Artikel: البَيت
- einen folgenden Genitiv: بَيتُ المُعَلِّمَة
- eine Possessivendung: بَيتُـها

Ein Substantiv darf nur einmal bestimmt sein.

3 **Fügen Sie dem Adjektiv den Artikel hinzu, wenn es nötig ist.**

العائِلَة ________ (عَربِيَّة) كَبيرَة عَلى العُموم وَلَكِن لَيس
عِندي كَثير مِنَ الإِحوَة وَالأَخَوات. أَخي ________ (كَبير)
صَحافِيّ. يَعمَل في مَكتَب ________ (جَميل). تَسكُن أُختي
________ (صَغيرَة) في الرِّباطِ الآن. تَعمَل هُناكَ في شَرِكَة
________ (جَديدَة) مَعَ أَخي ________ (صَغير). عَمَل أُختي
________ (جَديد) ________ (مُهِمَّة) جِدًّا.

Ist ein Substantiv bestimmt, trägt sein Adjektiv den Artikel:

بَيتُ المُعَلِّمَة القَديم جَميل جِدًّا.
البَيتُ القَديم في وَسَطِ المَدينَة.
بَيتُها القَديم جَميل جِدًّا.

4 **Setzen Sie das Subjekt zuerst in den Dual, dann in den Plural.**

Beispiel:
تَعمَلُ السِّكرِتيرَة جَيِّدًا.
تَعمَلُ السِّكرِتيرَتان جَيِّدًا.
تَعمَلُ السِّكرِتيرات جَيِّدًا.

1 يَبني المُهَندِس بُيوتًا كَثيرَة.
2 لا يَكتُبُ الطّالِب رِسالَة.
3 تَسكُنُ المُعَلِّمَة في القاهِرَة.
4 لا يَعرِفُ السّائِحُ المَدينَة.
5 تَشتَري العائِلَة هَدايا لِلأَطفال.

Wenn das Subjekt im Dual bzw. Plural nachgestellt wird, bleibt das Verb im Singular:

يَذهَبُ الرَّجُل إِلى الجامِع.
تَذهَبُ المَرأَة إِلى الدُّكّان.

يَذهَبُ الرَّجُلان إِلى الجامِع.
تَذهَبُ المَرأَتان إِلى الدُّكّان.

يَذهَبُ الرِّجال إِلى الجامِع.
تَذهَبُ النِّساء إِلى الدُّكّان.

عائِلَة ج ات	ᶜā'ila; ᶜā'ilāt	Familie
عَلى العُموم	ᶜalā -l-ᶜumūm	in der Regel
تَقومُ بِدَور	taqūm(u) bi-dawr	sie spielt eine Rolle
قامَ بِدَور	qām(a) bi-dawr	eine Rolle spielen
والِدان	wālidān	Eltern
عِندَهُما	ᶜindahuma	sie (beide) haben
طِفل ج أَطفال	ṭifl; aṭfāl	Kind
أَحيانًا	aḥyānan	manchmal
يَتَشاجَرُ	yatašāğir(u)	sie streiten sich
تَشاجَرَ	tašāğar(a)	sich streiten
إِخوَة وَأَخَوات	iḫwa wa-aḫawāt	Geschwister
يَتَحابّونَ	yataḥābbūn(a)	sie lieben sich
تَحابَّ	taḥābb(a)	sich lieben
رَغمَ ذَلِكَ	raġma ḏālika	trotzdem
جَدّان	ğaddān	Großeltern *(Du.)*
جَدّ ج جُدود	ğadd; ğudūd	Großvater
جَدَّة ج ات	ğadda; ğaddāt	Großmutter
غالِبًا	ġāliban	häufig, oft
قُرب	qurba	in der Nähe von
بَعض	baᶜḍ	einige *(Subst.)*
شَجَرَة عائِلَة	šağarat ᶜā'ila	Stammbaum
شاهِدوا	šāhidū	schaut!
شاهَدَ	šāhad(a)	schauen

C كُلّ شَيء جاهِز لِلطَّعام في الحَديقَة

1 a **Hören Sie den Text und notieren Sie so viele Wörter wie möglich.** 35

b **Erzählen Sie nun mit Ihren Wörtern eine kleine Geschichte.**

تَصِلُ اليَوم كُلّ عائِلَتي إلى بَيتي لِتَناوُل الطَّعام في حَديقَتي. الحَديقَة جَميلَة جِدًّا: توجَد فيها أَشجار كَبيرَة وَأَزهار جَميلَة كَثيرَة. حَولَ البَيت وُرود وَعَلى حائِطِ الحَديقَة ياسمين. الطّاوِلات وَالكَراسيّ تَحتَ شَجَرَة كَبيرَة. عَلى الطّاوِلات نَضَعُ الآن صُحون وَكُؤوس وَسَكاكين وَشُوَك وَمَلاعِق. نَضَعُ عَلى الطّاوِلات أَيضًا سَلَطات كَثيرَة وَبَعضَ الأَطباق المَطبوخَة. يَصِل ضُيوفي بَعدَ ساعَة وَكُلّ شَيء جاهِز.

2 **Decken Sie den Tisch.**

1	المَزَّة؟	أَينَ تَضَع هَذِهِ الأَشياء عَلى الطّاوِلَة؟
2	الأَزهار؟	
3	الصُّحون؟	
4	السَّلَطات؟	
5	الخُبز؟	
6	الكُؤوس؟	
7	السَّكاكين؟	
8	الشُّوَك؟	
9	المَلاعِقُ الكَبيرَة؟	
10	طَبَقُ المَطبوخ؟	

Beispiel:

أَضَعُ الأَطباق عَلى الطّاوِلَة.
المَلاعِقُ الصَّغيرَة وَراءَ الصُّحون.

3 Vervollständigen Sie die Tabelle.

Präpositionen mit Personalendungen im Singular					
عِندَ	عَلى	في	بِ	لِ	مِن
عِندي	عَلَيَّ	فِيَّ	بي	لي	مِنّي
________	عَلَيكَ	________	________	________	________
________	________	________	________	________	مِنكِ
عِندَهُ	عَلَيهِ	فيهِ	بِهِ	________	________
________	________	________	________	لَها	________
genauso: مَعَ تَحتَ، أَمامَ، بَعدَ، يَسارَ، يَمينَ، وَراءَ، حَولَ usw.	genauso: إلى Langer Vokal + ي = يّ ـِ + هُ = ـِهِ ـي + هُ = ـيهِ			لِ ← لَـ	مِن + ي = مِنّي

4 Beantworten Sie die Sätze wie im Beispiel.

Beispiel:

هَلِ الأَطباقُ المَطبوخَة عَلى الطّاوِلَة؟ نَعَم، هِيَ عَلَيها.

1 هَلِ الكُؤوس في البَيت؟ نَعَم، ________

2 هَلِ الوُرود عَلى الحائِط؟ نَعَم، ________

3 هَلِ الطّاوِلات تَحتَ الأَشجار؟ نَعَم، ________

4 هَلِ الحَديقَة وَراءَ البَيت؟ نَعَم، ________

5 هَلِ الكُؤوس في البَيت؟ نَعَم، ________

6 هَلِ الوُرود لَكِ يا فاطِمَة؟ نَعَم، ________

7 هَلِ الأَزهار مِنكَ يا جَمال؟ نَعَم، ________

8 هَل طِفلي عِندَكِ يا أَمينَة؟ نَعَم، ________

سِكّين ج سَكاكين — sikkīn; sakākīn — Messer
شَوكَة ج شُوَك — šawka; šuwak — Gabel
مِلعَقَة ج مَلاعِق — mil^c^aqa; malā^c^iq — Löffel
سَلَطَة ج سَلَطات — salaṭa; salaṭat — (gemischter) Salat
طَبَق مَطبوخ — ṭabaq maṭbūḫ — warmes Gericht
ضَيف ج ضُيوف — ḍayf; ḍuyūf — Gast
بَعدَ — ba^c^da — *hier:* (erst) in
ساعَة ج ات — sā^c^a; sā^c^āt — Stunde
كُلّ شَيء — kull šay' — alles
جاهِز — ǧāhiz — bereit

يَصِلُ — yaṣil(u) — er kommt (an)
وَصَلَ — waṣal(a) — (an)kommen
حَديقَة ج حَدائِق — ḥadīqa; ḥadā'iq — Garten
شَجَرَة ج أَشجار — šaǧara; ašǧār — Baum
زَهرَة ج أَزهار — zahra; azhār — Blume
وَردَة ج وُرود — warda; wurūd — Rose
حائِط ج حيطان — ḥā'iṭ; ḥīṭān — Wand, Mauer
نَضَعُ — naḍa^c^(u) — wir stellen, legen
وَضَعَ — waḍa^c^(a) — stellen, legen
صَحن ج صُحون — ṣaḥn; ṣuḥun — Teller
لِتَناوُل — li-tanāwul — *hier:* um zu essen

Redemittel

Über die Familie sprechen

عائِلَتي كَبيرَة.
يَسكُنُ أَبي وَأُمّي في الرِّياض.
يَعمَلُ إِخوَتي وَأَخَواتي في مَدينَتي.
جَدّي وَجَدَّتي مُتَقاعِدان.
لَيسَ عِندي أَطفال.

Grammatik

Unregelmäßige Substantive (أَب، أَخ)

أَبو مُحَمَّد، أَعرِف أَبا مُحَمَّد، عِندَ أَبي مُحَمَّد.
أَبي، أَبوكَ، أَبوكِ، أَبوهُ، أَبوها.

أَخو مُنى، أَعرِف أَخا مُنى، مَعَ أَخي مُنى.
أَخي، أَخوكَ، أَخوكِ، أَخوهُ، أَخوها.

Possessivendungen im Genitiv

Nominativ	Genitiv
أُختي	اِسم أُختي
أُختُكَ	اِسم أُختِكَ
أُختُكِ	اِسم أُختِكِ
أُختُهُ	اِسم أُختِهِ
أُختُها	اِسم أُختِها

Nominativ Dual

2 arabische Männer	رَجُلانِ عَرَبِيّان.
die 2 arabischen Männer	الرَّجُلانِ العَرَبِيّان.
2 arabische Frauen	اِمرَأَتانِ عَرَبِيَّتان.
die 2 arabischen Frauen	المَرأَتانِ العَرَبِيَّتان.

Den Tisch decken

أَضَع طاوِلات في الحَديقَة وَأَضَع عَلَيها
صُحون وَكُؤوس وَسَكاكين وَشُوَك وَمَلاعِق.

Den Garten beschreiben

الحَديقَة جَميلَة جِدًّا. توجَد فيها أَشجار كَبيرَة
وَأَزهار جَميلَة.

Zahlen 11 – 20

سِتَّةَ عَشَرَ	١٦	أَحَدَ عَشَرَ	١١
سَبعَةَ عَشَرَ	١٧	اِثنا عَشَرَ	١٢
ثَمانِيَةَ عَشَرَ	١٨	ثَلاثَةَ عَشَرَ	١٣
تِسعَةَ عَشَرَ	١٩	أَربَعَةَ عَشَرَ	١٤
عِشرون	٢٠	خَمسَةَ عَشَرَ	١٥

Präpositionen mit Personalendungen

مِنّي	لي	بي	فِيَّ	عَلَيَّ
مِنكَ	لَكَ	بِكَ	فيكَ	عَلَيكَ
مِنكِ	لَكِ	بِكِ	فيكِ	عَلَيكِ
مِنهُ	لَهُ	بِهِ	فيهِ	عَلَيهِ
مِنها	لَها	بِها	فيها	عَلَيها

Wiedergabe des dt. Verbs *haben*

ich habe (nicht)	لَيسَ عِندي	عِندي
du hast (nicht)	لَيسَ عِندَكَ	عِندَكَ
…	لَيسَ عِندَكِ	عِندَكِ
	لَيسَ عِندَهُ	عِندَهُ
	لَيسَ عِندَها	عِندَها

Bestimmtes Adjektiv

الكِتاب المُهِمّ
كِتابُهُ المُهِمّ
كِتابُ الطّالِبَة المُهِمّ

العَرَبِيَّة وَالعَرَب

Grüße und Umgangsformen
In der arabischen Welt wie insgesamt im Mittelmeerraum sind die Umgangsformen und die Höflichkeitsregeln vielfältig, aber dennoch festgeschrieben, selbst wenn sie heutzutage allmählich in Vergessenheit geraten. Prinzipiell gibt es keine formelle Anrede (Sie-Form): Jeder wird geduzt, vom einfachen Mann auf der Straße bis zum Kalifen. Professoren und hochrangige Persönlichkeiten werden dennoch nicht selten mit Sie-Endung كُم angeredet und Anredeformen werden verwendet, um jemandem den nötigen Respekt zu erweisen. Zum Teil unterscheiden sie sich von Land zu Land, werden aber meist überregional verwendet bzw. verstanden.
Einen Staatsmann spricht man mit Majestät (فَخامَة), einen Minister oder eine hochrangige Person mit *Eminenz* (سَعادَة), ein islamisches Oberhaupt mit *Tugend* (فاضِلَة) an. Den normalen Mann gleichen Alters nennt man auf der Straße *Bruder* (أَخ), einen älteren Mann nennt man *Onkel* (عَمّ bzw. خال). Eine gleichaltrige Frau redet man demnach mit *Schwester* (أُخت), eine ältere Frau mit *Tante* (عَمَّة bzw. خالَة) an.
Sehr beliebt ist ebenfalls die Bezeichnung *Pilger / Pilgerin* (حَجّ bzw. حَجَّة), ursprünglich denjenigen vorbehalten, die ihre Pilgerfahrt nach Mekka absolviert haben. Darüber hinaus werden Personen, deren Namen man nicht kennt, immer mit einem Titel angeredet. Wundern Sie sich also nicht, wenn der Kairoer Taxifahrer Sie *Professor* oder *Meister* (أُستاذ) nennt!
Seit dem Ende des 19. Jh. werden ebenfalls europäische Anredeformen verwendet, die besonders für Ausländer verwendet werden: *Herr* (سَيِّد) und *Frau* (سَيِّدَة). Vergessen Sie dabei nicht die Anredepartikel يا voranzustellen. Für Europäer ungewöhnlich ist die Reihenfolge der Personalpronomina: Man sagt nicht *du und ich* sondern *ich und du* (أَنا وَأَنتَ ؛ أَنا وَأَنتِ)
Die Anzahl möglicher Gruß- und Abschiedsformel ist schier endlos und zum Teil regional unterschiedlich. Man sollte sich also zunächst auf diejenigen konzentrieren, die überall verwendet werden können und sich vor Ort erkundigen, welche gebräuchlich sind. Gesten sind ebenfalls von großer Bedeutung. Wie überall in den Ländern am Mittelmeer wird nicht nur laut gesprochen, sondern auch mit beiden Händen gestikuliert, dass es einem Nordeuropäer schwindelig wird. Weitere Elemente der Körpersprache spielen eine bedeutende Rolle: Eine ältere Person küsst man zum Beispiel auf die Hand, die Schulter oder die Stirn. Man gibt sich aber meistens die Hand und Personen, die man gut kennt, küsst man dabei auf die Wangen. Männer mit islamischem Hintergrund geben Frauen manchmal aber nicht die Hand und Frauen mit islamischem Hintergrund geben nur Frauen die Hand. Vergessen Sie ebenfalls nicht, dass man in traditionellen Familien nicht nach der Ehefrau bzw. den Töchtern fragt! Man bedankt sich, indem man die rechte Hand zur Stirn und dann zur Brust führt.

Verkehrsmittel benennen | Informationen über Abfahrts- u Ankunftszeiten einholen | ein Ticket kaufen | nach der Uhrzei fragen und sagen, wie spät es is Kleidungsstücke benennen

9 رِحلَـةً سَعيدَة!

Ordnen Sie den Bildern die fehlenden Wörter zu und sagen Sie dann, wie Sie zur Arbeit fahren.

مِترو | باص ج ات | تـَرام | قِطار ج ات

Beispiel:

أَذهَب إِلى العَمَل بـالِدَّرّاجَة أَو بِالباص.

دَرّاجَة ج ات

____

____

سَيّارَة ج ات

عَلى الأَقدام

____

طائِرَة ج ات

____

A وَسائِلُ النَّقل

1 **Hören Sie das Interview und kreuzen Sie an, ob die Aussagen richtig oder falsch sind.** ◎36

	صَحيح	خَطَاء
1 يَذهَبُ الرَّجُل إلى العَمَل بِالسَّيّارَة.	☐	☐
2 تَذهَب زَوجَتُهُ إلى العَمَل بِالتّاكسي.	☐	☐
3 يَذهَب أَطفالُهُما إلى المَدرَسَة بِالباص.	☐	☐
4 تُسافِرُ العائِلَة بِالقِطار أَو بِالطّائِرَة.	☐	☐

- نَهارُكَ سَعيد! كَيفَ تَذهَب إلى العَمَل؟
- أَذهَب إلى العَمَل بِالسَّيّارَة عَلى العُموم.
- وَزَوجَتُكَ؟
- تَذهَب مَعي أَو أَحيانًا بِالباص.
- وَكَيفَ يَذهَب أَطفالُكُم إلى المَدرَسَة؟
- مَدرَسَتُهُم قُربَ بَيتِنا. يَمشون عَلى الأَقدام.
- وَكَيفَ تُسافِرون؟
- نُسافِر بِالقِطار عَلى العُموم لَكِنّا نُسافِر بِالطّائِرَة لِرِحلات طَويلَة.
- شُكرًا جَزيلاً.
- عَفوًا.

Tripoli, Libanon

Straßenverkehr in Kairo, Ägypten

نَهارُكَ سَعيد	nahāruka saʿīd	guten Tag *m.*
نَهارُكِ سَعيد	nahāruki saʿīd	guten Tag *f.*
زَوج ج أَزواج	zawǧ; azwāǧ	Ehemann
زَوجَة ج ات	zawǧa; zawǧāt	Ehefrau
أَطفالُكُم	aṭfālukum	eure Kinder
مَدرَسَتُهُم	madrasatuhum	ihre Schule
بَيتُنا	baytunā	unser Haus
يَمشونَ	yamšūn(a)	sie laufen
مَشى	mašā	laufen
تُسافِرونَ	tusāfirūn(a)	ihr reist
نُسافِرُ	nusāfir(u)	wir reisen
سافَرَ	sāfar(a)	reisen
لَكِنّا / لَكِنَّنا	lākinnā / lākinnanā	aber wir

2 a **Setzen Sie die Verben in die richtige Form.**

Beispiel:

هَل ___________ (تَكَلَّمَ) المُعَلِّمونَ الفُصحى جَيِّدًا؟ ← هَل يَتَكَلَّمُ المُعَلِّمونَ الفُصحى جَيِّدًا؟

1 أَينَ ___________ (سَكَنَ) المُتَرجِمَة؟

2 هَل ___________ (كَتَبَ) نوري رِسالَة؟

3 كَيفَ ___________ (ذَهَبَ) الأطفال إلى المَدرَسَة؟

4 هَل ___________ (أَحَبَّ) السُّيَاحُ الأَكَلاتِ العَرَبِيَّة؟

5 مِن أَينَ ___________ (رَجَعَ) العائِلَة اليَوم؟

6 مِن أَينَ ___________ (اِشتَرى) رَبّاتُ البَيت الطَّعام؟

7 هَل ___________ (عَمَلَ) زَوجَتُكَ في المُستَشفى؟

8 ماذا ___________ (وَضَعَ) مَريَم عَلى الطّاوِلَة؟

9 أَينَ ___________ (دَرَسَ) أَخوكِ؟

10 هَل ___________ (أَتى) والِدِكِ إلى هُنا؟

Wenn das Subjekt nachgestellt ist, bleibt das Verb im Singular:

يَكتُبُ الطّالِب / الطّالِبان / الطُّلّاب.

تَكتُبُ الطّالِبَة / الطّالِبَتان / الطّالِبات.

Wenn es vorangestellt bzw. nicht genannt wird, steht das Verb im Sing., Dual bzw. Pl.:

(هُوَ) يَكتُبُ / (هُما) يَكتُبان / (هُم) يَكتُبون.

(هِيَ) تَكتُبُ / (هُما) تَكتُبان / (هُنَّ) يَكتُبنَ.

Als Substantiv wird das Subjekt nur vor einer Konjunktion vorangestellt oder wenn es stark betont werden soll:

أَتَعَلَّمُ العَرَبِيَّة لِأَنَّ عائِلَتي تَسكُنُ في الأُردُن.

الطُّلّاب يَكتُبون جَيِّدًا!

Singular	
أَنا	أَكتُبُ
أَنتَ	تَكتُبُ
أَنتِ	تَكتُبينَ
هُوَ	يَكتُبُ
هِيَ	تَكتُبُ

Dual	
نَحنُ	نَكتُبُ
أَنتُما	تَكتُبانِ
أَنتُما	تَكتُبانِ
هُما	يَكتُبانِ
هُما	تَكتُبانِ

Plural	
نَحنُ	نَكتُبُ
أَنتُم	تَكتُبونَ
أَنتُنَّ	تَكتُبنَ
هُم	يَكتُبونَ
هُنَّ	يَكتُبنَ

Ein **Dual** der wir-Form existiert im Prinzip nicht. Für die Bezeichnung *wir beide / wir zwei* benutzt man den Plural der wir-Form.

b Beantworten Sie die Fragen aus a, indem Sie das Personalpronomen verwenden.

Beispiel:

هَل يَتَكَلَّمُ المُعَلِّمونَ الفُصحى جَيِّدًا؟

← نَعَم، هُم يَتَكَلَّمونَ الفُصحى جَيِّدًا جِدًّا.

Singular			Dual			Plural		
Nominativ	Akkusativ	Genitiv	Nominativ	Akkusativ	Genitiv	Nominativ	Akkusativ	Genitiv
ـي	ـي	ـي	ـُنا	ـَنا	ـِنا	ـُنا	ـَنا	ـِنا
ـُكَ	ـَكَ	ـِكَ	ـُكُما	ـَكُما	ـِكُما	ـُكُم	ـَكُم	ـِكُم
ـُكِ	ـَكِ	ـِكِ	ـُكُما	ـَكُما	ـِكُما	ـُكُنَّ	ـَكُنَّ	ـِكُنَّ
ـُهُ	ـَهُ	ـِهِ*	ـُهُما	ـَهُما	ـِهِما*	ـُهُم	ـَهُم	ـِهِم*
ـُها	ـَها	ـِها	ـُهُما	ـَهُما	ـِهِما*	ـُهُنَّ	ـَهُنَّ	ـِهِنَّ*

*Vokalisierung wechselt von [u] zu [i]

3 Verbinden Sie die Fragen mit den Antworten.

1 هَل بَيتُكُم في شارِعِنا؟
2 هَل الكِتابانِ لِأَطفالِكُما؟
3 هَل تَعمَلنَ مَعَ الطّالِباتِ السّودانيّات؟
4 هَل يَشتَري الوالِدان سَيّارات صَغيرَة لِطِفلِهِما؟
5 هَل تَعمَلون مَعَ أَنوَر وَفاطِمَة؟
6 هَل في المَدينَة سينِما؟
7 هَل يَشتَري زَوجُكِ كُتُب لَكِ؟
8 هَل الأَزهار لَكِ؟

a لا، لا نَعمَل مَعَهُنَّ.
b نَعَم، يَشتَري لي أَشياء كَثيرَة.
c لا، هِيَ لِأُمّي.
d نَعَم، هُوَ فيه.
e لا، لا يَشتَرون لَهُ شَيئًا.
f نَعَم، هُما لَهُم.
g نَعَم، هِيَ كَبيرَة وَجَديدَة.
h نَعَم، نَعمَل مَعَهُما.

4 Beantworten Sie die Fragen wie im Beispiel.

Beispiel:

هَل يُسافِر أَصدِقاء مُحَمَّد وَياسمين بِالطّائِرَة؟ ← نَعَم، يُسافِر أَصدِقاؤُهُما بِالطّائِرَة.

1 هَل يَمشي أَطفالُكِ عَلى الأَقدام؟
2 هَل يُسافِر بِلال وَمَحمود إِلى البُلدانِ العَرَبِيَّة؟
3 هَل يَذهَب والِداكُم بِالقِطار؟
4 هَل تَرجِع بِنت كَريم وَنَبيلَة مِن إِنكِلتِرا؟
5 هَل يُسافِرُ ابنُكُما مَعَكُما؟
6 هَل يَذهَبُ الأَطفال في مَدينَتِكَ بِالباص؟
7 هَل تَذهَب إِلى كَريمَة وَياسِر وَأَطفالِهِما؟
8 هَل يَرجِع زُهَير وَإِخوَتُهُ مِن فَلَسطين؟
9 هَل يُسافِر بِالطّائِرَة؟
10 هَل تَمشي زَوجَتُكَ إِلى العَمَل؟

B في مَكتَبِ التَّذاكِر

1 **Hören Sie die Dialoge und lesen Sie anschließend zu zweit.** 37-38

Dialog 1

▶ عُذرًا! أينَ مَكتَبُ التَّذاكِر مِن فَضلِك؟
▷ هُوَ في نِهايَةِ المَحطَّة.
▶ شُكرًا جَزيلاً!
▷ لا شُكرَ عَلى واجِب!

Dialog 2

▶ نَهارُكَ سَعيد! مَتى يُغادِرُ الباص إلى شَرمِ الشَّيخ ؟
▷ يُغادِر بَعدَ ساعَة بِالضَّبط.
▶ وَكَمِ السّاعَة الآن؟
▷ السّاعَة الثّالِثَة بِالضَّبط.
▶ وَمَتى يَصِلُ الباص؟
▷ يَصِل مِساءَ اليَوم في السّاعَة العاشِرَة.
▶ إذاً أُريد ٤ تَذاكِر مِن فَضلِك.
▷ تَذاكِر لِلذِّهاب أَو لِلذِّهاب وَالإياب؟
▶ لِلذِّهاب فَقَط.
▷ قيمَتُها خَمسون جُنَيه.
▶ شُكرًا جَزيلاً!
▷ عَفوًا. رِحلَة سَعيدَة!

2 **Erkundigen Sie sich nach den fehlenden Informationen über die Zugfahrt (Ihr / e Nachbar / in schlägt Seite 187 auf).**

	مِن - إلى	ساعَة الذِّهاب	ساعَة الإياب	قيمَة
1	________	في السّاعَة الأُولى	________	٢٠ جنيه
2	الدّار البَيضاء - الرِّباط	________	في السّاعَة التّاسِعَة	________
3	فاس – مَكناس	________	________	١٨ دِرهَمًا
4	________	في السّاعَة الثّانِيَة	في السّاعَة الخامِسَة	________

3 a Beschriften Sie die Uhr mit den vollen Stunden und sagen Sie, wie spät es ist.

Beispiel:

كَمِ السّاعَة؟ - السّاعَة...

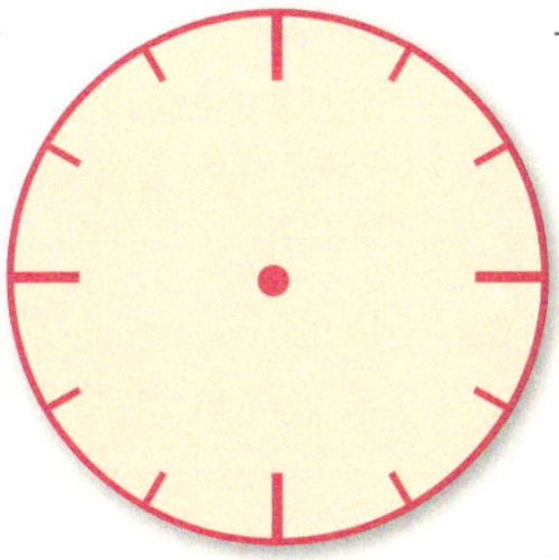

الثّالِثَة

السّادِسَة

السّابِعَة

b Volle und halbe Stunden. Lesen Sie die Uhrzeiten.

Beispiel:

07:30 السّاعَة السّابَعة وَالنِّصف.

07:00 السّاعَة السّابَعة.

1 01:30 ______

2 08:30 ______

3 03:00 ______

4 07:00 ______

5 02:30 ______

6 09:00 ______

7 10:30 ______

8 05:30 ______

9 06:30 ______

10 04:00 ______

مَساءَ اليَوم	masa'a -l-yawm	heute Abend
في السّاعَة العاشِرَة	fi -s-sāᶜa -l-ᶜašira	um 10 Uhr
إِذاً	iḏan	dann
أَرادَ، يُريدُ	arād(a), yurīd(u)	wollen
ذِهاب	ḏihāb	Hinfahrt
إِياب	iyāb	Rückfahrt
قيمَة	qīma	Wert, Preis
خَمسون	ḫamsūn	50
جُنيه	ǧunē	ägypt. Pfund
رِحلَة سَعيدَة!	riḥla saᶜīda	gute Reise!

مَكتَبُ التَّذاكِر	maktabu -t-taḏākir	Fahrkarten-schalter
تَذكِرَة ج تَذاكِر	taḏkira; taḏākir	Fahrkarte
نِهايَة	nihāya	Ende
مَحَطَّة ج ات	maḥaṭṭa; maḥaṭṭāt	Station, Bahnhof
لا شُكرَ عَلى واجِب	lā šukra ᶜalā wāǧib	nichts zu danken, gern geschehen
مَتى؟	matā	wann?
غادَرَ، يُغادِرُ	ġādar(a), yuġādir(u)	(ab)fahren
شَرمُ الشَّيخ	šarmu -š-šayḫ	Scharm El-Scheich
بِالضَّبط	bi-ḍ-ḍabṭ	genau
السّاعَة الثّالِثَة	as-sāᶜa -ṯ-ṯaliṯa	es ist 3 Uhr

4 **Die Verben wollen أَرادَ und lieben / mögen أَحَبَّ im Imperfekt.**

Singular

أُحِبُّ	أُريدُ	أَنا
تُحِبُّ	تُريدُ	أَنتَ
تُحِبّين	تُريدين	أَنتِ
يُحِبُّ	يُريدُ	هُوَ
تُحِبُّ	تُريدُ	هِيَ

Dual

نُحِبُّ	نُريدُ	نَحنُ
تُحِبّانِ	تُريدانِ	أَنتُما
تُحِبّانِ	تُريدانِ	أَنتُما
يُحِبّانِ	يُريدانِ	هُما
تُحِبّانِ	تُريدانِ	هُما

Plural

نُحِبُّ	نُريدُ	نَحنُ
تُحِبّون	تُريدونَ	أَنتُم
تُحبِبنَ*	تُرِدنَ*	أَنتُنَّ
يُحِبّون	يُريدونَ	هُم
يُحبِبنَ*	يُرِدنَ*	هُنَّ

*Vokalisierung wechselt

5 **Ich möchte = ich will . . . bitte. Bilden Sie Sätze.**

Beispiel:

أُريد تَذكِرَة إِلى القُدس، مِن فَضلِك

1 أَرادَ / رَبَّة البَيت / خُبز وَخُضراوات.

2 أَرادَ / السّائِحَة / هَدِيَّة / لِـ / زَوجها.

3 أَرادَ / الطِّفل / سَيارَة صَغيرَة.

4 أَرادَ / (أَنا) / كيلو مِنَ الطَّماطِم / مِن فَضلِك.

5 أَرادَ / الرَّجُل / أَكلَة لُبنانِيَّة.

6 أَرادَ / أَخي / عَمَل / في / بَلَدُه.

7 أَرادَ / (أَنتُنَّ) / تَذاكِر / لِـ / الذِّهاب / فَقَط.

8 أَرادَ / (هُم) / باص / إِلى / الجَزائِر.

9 أَرادَ / (أَنتُنَّ) / تَذاكِر / لِـ / الذِّهاب / فَقَط.

10 أَرادَ / (نَحنُ) / تَذاكِر / لِـ / الذِّهاب.

C هيا بنا نُسافِر!

1 a **Hören Sie den Dialog. Welche Kleidungsstücke werden genannt? Kreuzen Sie an.** 39

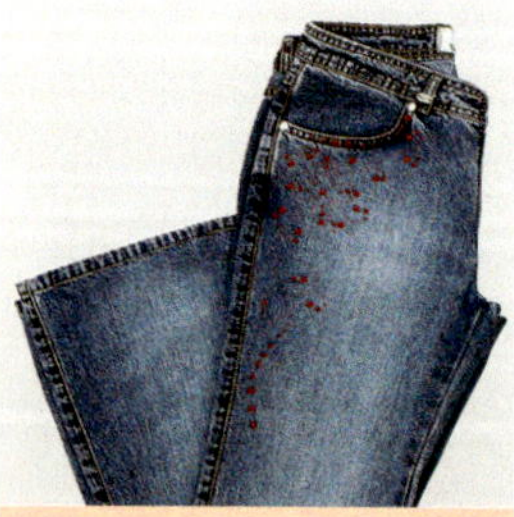

☐ جينز

☐ بُلوفَر

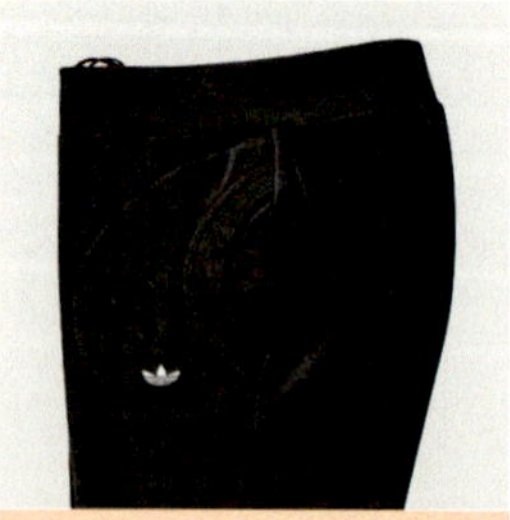

☐ بَنطَلون

☐ بُلوزَة

☐ بيكيني

☐ تيشِرت

- ● يا جِلالي! في أَيّ سّاعة تُقلِعُ الطّائِرَة؟
- ◦ أَنا أَنظُرُ الآن إِلى البِطاقَة... في السّاعة السّادِسَة وَخَمس وَأَربَعين دَقيقَة.
- ● في السّابِعَة إِلّا رُبعًا؟ يَجِب أَن نُسرِع!
- ◦ لا تَقلَقي!
- ● وَأَينَ شَنطَتُكَ؟
- ◦ هِيَ في الخِزانَة...
- ● أَيّ مَلابِس تُريد لِلعُطلَة؟
- ◦ لا أَعرِف...
- ● إِذاً أَخُذ لَكَ ٣ بَنطَلونات قَصيرَة وَ٥ تيشِرتات وَمَلابِس داخِلِيَّة وَبَنطَلون.
- ◦ مُمتاز! وَآخُذ أَيضًا أَحذِيَتي الرِّياضِيَّة وَآلَة التَّصوير. وَأَنتِ؟ ماذا في شَنطَتُكِ؟
- ● تَنانير وَ٦ بُلوزات وَ٥ فَساتين وَرِوايَة وَنَظّارَة شَمس.
- ◦ هَل يوجَد هُناكَ مَسبَح؟
- ● نَعَم، يوجَد مَسبَح وَشاطِئ.

b Was nehmen Dschilali und seine Frau noch mit?

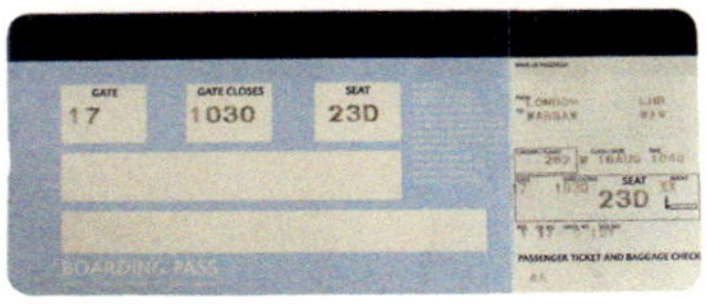

في أَيّ سّاعة؟	fī ayy sā^{c}a	um wie viel Uhr?
أَقلَعَ، يُقلِعُ	aqla^{c}(a), yuqli^{c}(u)	starten
نَظَرَ إِلى، يَنظُرُ	naẓar(a) ilā, yanẓur(u)	schauen
بِطاقَة ج ات	biṭāqa; biṭāqāt	Ticket
أَربَعون	arba^{c}ūn	40
دَقيقَة ج دَقائِق	daqīqa; daqā'iq	Minute
إِلّا	illā	*etwa:* minus (+ A)
رُبع	rub^{c}	Viertel
يَجِب أَن	yağib an	es ist nötig, dass
أَسرَعَ، يُسرِعُ	asra^{c}(a), yusri^{c}(u)	sich beeilen
لا تَقلَق	lā taqlaq	mach dir keine
لا تَقلَقي	lā taqlaqī	Sorgen *m./f.*
أَخَذَ، يَأخُذُ	aḫaḏ(a), ya'ḫuḏ(u)	nehmen
بَنطَلون ج ات	banṭalūn; banṭalūnāt	Hose
تيشِرت ج ات	tīširt; tīširtāt	T-Shirt
مَلابِس داخِلِيَّة	malābis daḫiliyya	Unterwäsche
مُمتاز	mumtāz	ausgezeichnet
أَحذِيَة	aḥḏiya	Schuhe
رِياضِيّ	riyāḍiyy	sportlich
آلَة تَصوير	ālat taṣwīr	Fotoapparat
تَنّورَة ج تَنانير	tannura; tanānīr	Rock
بُلوزَة ج ات	b(u)lūza; b(u)lūzāt	Bluse
فُستان ج فَساتين	fustān; fasātīn	Kleid
نَظّارَة شَمس	naẓẓārat šams	Sonnenbrille
مَسبَح ج مَسابِح	masbaḥ; masābiḥ	Pool

2 Was nehmen Sie mit, wenn Sie in den Urlaub fahren? Bilden Sie Sätze (eventuell mit einer Zahl).

(لا) أخُذ	بَنطَلون (قَصير) / جينز
	بُلوفَر
	تيشِرت / بُلوزَة
	مَلابِس داخِلِيَّة
	أحذِيَة (رِياضِيَّة)
	آلَـة تَـصوير
	تَـنّورَة
	بيكيني
	فُستان
	نَـظّارَة شَمس

3 a Verbinden Sie die Zehner und lesen Sie laut.

أربَعون	١٠
تِسعون	٢٠
ثَـلاثون	٣٠
ثَـمانون	٤٠
خَـمسون	٥٠
سَبعون	٦٠
سِتّون	٧٠
عَشَرَة	٨٠
عِشرون	٩٠
مِئَـة (= مِائَـة)	١٠٠

Zahlen zwischen 11 und 99 verlangen den Akkusativ Singular, die Zahl 100 den Genitiv Singular.

b Lesen Sie nun die Zahlen wie im Beispiel und schreiben Sie sie.

٥٤	أربَعَة وَخَـمسون
٣١	______________
٢٩	______________
٨٣	______________
٦٤	______________
٩٢	______________
٤٨	______________
٧٦	______________
٦٥	______________
٥٧	______________

4 a Die Uhrzeit. Lesen Sie und ordnen Sie die deutschen Entsprechungen zu.

zehn (Minuten) nach | fünf (Minuten) nach | fünf (Minuten) vor halb | zwanzig (Minuten nach) | Viertel nach | Zehn (Minuten) vor | zwanzig (Minuten) vor | fünf (Minuten) nach halb | Viertel vor | fünf (Minuten) vor

وَخَمس دَقائِق
____

وَعَشرَ دَقائِق
____

وَرُبع
____

وَثُلث
____

وَخَمس وَعِشرين دَقيقَة
____

إلاّ خَمس دَقائِق
____

إلاّ عَشرَ دَقائِق
____

إلاّ رُبعًا
____

إلاّ ثُلثًا
____

إلاّ خَمسًا وَعِشرين دَقيقَة
____

b Sagen Sie nun, wie spät es ist.

1 03:15
2 05:50
3 09:30
4 01:45
5 10:00
6 02:20
7 11:40
8 08:10
9 07:25
10 12:05

Redemittel

Über Transportmittel sprechen

أَمشي إِلى الجامِعَة عَلى الأَقدام.
أَذهَب إِلى العُطلَة بِالطّائِرَة أَو بِالقِطار.
يُغادِرُ القِطار بَعدَ ٥ دَقائِق.
تُقلِعُ الطّائِرَة في الخامِسَة.

Informationen über Bus und Bahn einholen und ein Ticket kaufen

مَتى يُغادِرُ الباص / القِطار إِلى شَرمِ الشَّيخ؟
وَمَتى يَصِلُ الباص / القِطار؟
أُريد ٤ تَذاكِر لِلذِّهاب وَلِلإِياب مِن فَضلِكَ.

Sagen, wie spät es ist

كَمِ السَّاعة؟ السَّاعة الثّالِثَة
بِالضَّبط / وَرُبع / وَثَلث / وَنِصف.
السّاعَة السّابِعَة إِلاّ ثُلثًا / إِلاّ رُبعًا.
يُغادِرُ القِطار بَعدَ ساعَة.
في أَيّ سّاعَة تُقلِع الطّائِرَة؟ تُقلِع في السّاعَة
الواحِدة وَعَشر دَقائِق.

Den Reisekoffer packen

أَخُذ بنطلونات قَصيرَة وَتيشِرتات وَمَلابِس
داخِلِيَّة وَتَنّورَة وَفُساتين وَآلَة التَّصوير.

Grammatik

Das Personalpronomen

Singular	Dual	Plural
أنا	نَحنُ	نَحنُ
أَنتَ	أَنتُما	أَنتُم
أَنتِ	أَنتُما	أَنتُنَّ
هُوَ	هُما	هُم
هِيَ	هُما	هُنَّ

Personal- und Possessivendungen

Singular		
Nominativ	Akkusativ	Genitiv
ـي	ـي	ـي
ـُكَ	ـَكَ	ـِكَ
ـُكِ	ـَكِ	ـِكِ
ـُهُ	ـَهُ	ـِهِ
ـُها	ـَها	ـِها

Dual		
Nominativ	Akkusativ	Genitiv
ـُنا	ـَنا	ـِنا
ـُكُما	ـَكُما	ـِكُما
ـُكُما	ـَكُما	ـِكُما
ـُهُما	ـَهُما	ـِهِما
ـُهُما	ـَهُما	ـِهِما

Plural		
Nominativ	Akkusativ	Genitiv
ـُنا	ـَنا	ـِنا
ـُكُم	ـَكُم	ـِكُم
ـُكُنَّ	ـَكُنَّ	ـِكُنَّ
ـُهُم	ـَهُم	ـِهِم
ـُهُنَّ	ـَهُنَّ	ـِهِنَّ

Das Verb im Imperfekt (Gegenwart)

Singular	Dual	Plural
أَكتُبُ	نَكتُبُ	نَكتُبُ
تَكتُبُ	تَكتُبانِ	تَكتُبونَ
تَكتُبينَ	تَكتُبانِ	تَكتُبْنَ
يَكتُبُ	يَكتُبانِ	يَكتُبونَ
تَكتُبُ	تَكتُبانِ	يَكتُبْنَ

أَحَبَّ mögen, lieben

Singular	Dual	Plural
أُحِبُّ	نُحِبُّ	نُحِبُّ
تُحِبُّ	تُحِبّانِ	تُحِبّون
تُحِبّينَ	تُحِبّانِ	تُحبِبنَ
يُحِبُّ	يُحِبّانِ	يُحِبّون
تُحِبُّ	تُحِبّانِ	يُحبِبنَ

Das Verb أَرادَ wollen

Singular	Dual	Plural
أُريدُ	نُريدُ	نُريدُ
تُريدُ	تُريدانِ	تُريدونَ
تُريدينَ	تُريدانِ	تُرِدنَ
يُريدُ	يُريدانِ	يُريدونَ
تُريدُ	تُريدانِ	يُرِدنَ

Angleichung des Verbs mit dem Subjekt

(هُوَ) يَكتُبُ	=	يَكتُبُ الطّالِب
(هُما) يَكتُبان	=	يَكتُبُ الطّالِبان
(هُم) يَكتُبون	=	يَكتُبُ الطُلاّب
(هِيَ) تَكتُبُ	=	تَكتُبُ الطّالِبَة
(هُما) تَكتُبان	=	تَكتُبُ الطّالِبَتان
(هُنَّ) تَكتُبْنَ	=	تَكتُبُ الطّالِبات

العَرَبِيَّة وَالعَرَب

Die Währungen der arabischen Welt
In der arabischen Welt gibt es 4 verschiedene Währungen: das Pfund, den Dirham, den Dinar und den Rial. Die Namen entstammen europäischen Maßeinheiten:
der **Dinar** (*lat.* denarius) war eine arabische Goldmünze;
der **Dirham** (*gr.* drachma) war ein ehemaliges arabisches, persisches bzw. türkisches Gewichtsmaß;
der **Rial** (*sp.* Real) bezeichnete zunächst europäische Großsilbermünzen (wie etwa den Taler bzw. den Peso), die in den islamischen Ländern Arabiens verwendet wurden, und später alle Silbermünzen;
das **Pfund** ([līra] aus *lat.* libra) bezeichnete ursprünglich ein Gewichtsmaß von 500 g Silber
das **Pfund** ([ginē] kommt aus *engl.* guinea) und bezeichnete eine Silbermünze im britischen Guinea. So wird heute das ägyptische Pfund bezeichnet.

البَلَد	العُملَة
الجَزائِر، تونِس، الأُردُن، العِراق، الكُوَيت، ليبيا، البَحرَين	دينار ج دَنانير
المَغرِب، الإمارات	دِرهَم ج دَراهِم
قَطَر، اليَمَن، عُمان، السَّعوديَّة	ريال ج ريالات
سوريا، لُبنان	ليرَة ج ليرات
مِصر، السّودان	جنيه ج جنيهات
الصّومال	شِلِن
موريتانيا	أوقيَّة ج أوقيّات

eine Wohnung beschreiben | ei… Getränk bestellen | eine Postka… schreiben | über Lesegewohnheiten sprechen | über das We… sprechen | über Aktivitäten im Urlaub berichten

10 ٧ أَيّام في شَرمِ الشَّيخ

Beantworten Sie die Fragen.

مُريح | قَديم - حَديث | صَغير - كَبير | واسِع - ضَيِّق | مُشمِس - مُظلِم

كَيفَ شِقَّتُكَ/كِ؟

وَكَيفَ شِقَّة جارِكِ/جارَتِكِ؟

أَيَّة شِقَق تُحِبّ/تُحِبّين لِلعُطلَة؟

وَأَيَّة شِقَق يُحِبّ جارُكِ/تُحِبّ جارَتُكِ لِلعُطلَة؟

وَالشِّقَق تَحت؟ كَيفَ هِيَ؟

بِطاقَة مُصَوَّرَة مِن شَرمِ الشَّيخ A

عَزيزَة أَسمى،
نَحنُ الآنَ في شَرمِ الشَّيخ. يُعيرُنا زَميل جِلالي شِقَّتَهُ لِلعُطلَة. إِنَّها مُريحَة جِدًّا. الطَّقس جَميل وَنَذهَب كُلّ يَوم إِلى الشّاطِئ. نَأخُذُ مَعَنا إِبريق شاي وَعَصير اللَّيمون وَبَعضَ الجَرائِد وَرِوايَة. هَكَذا نَحنُ مَسرورون جِدًّا وَالأَطفال أَيضًا.
إِلى اللِّقاء قَريبًا
أَصدِقاؤُك
بَدرَة وَجِلالي

1 Beantworten Sie die Fragen.

1 مَن يَكتُب هَذِهِ البِطاقَة المُصَوَّرَة؟
2 أَينَ عائِلَة بَدرَة؟
3 شِقَّة مَن هَذِهِ؟
4 كَيفَ هِيَ؟
5 كَيفَ الطَّقس هُناكَ؟
6 إِلى أَينَ يَذهَبون في اليَوم؟
7 كَيفَ حالُ الأَطفال؟
8 كَيفَ حالُ الوالِدَين؟

زَميل ج زُمَلاء	zamīl; zumalā’	Kollege
إِنَّ (إِنّي، إِنَّكَ...)	inna (innī, innaka...)	*Verstärkungspartikel*
طَقس	ṭaqs	Wetter
كُلّ يَوم	kull yawmm	jeden Tag
كُلّ	kull	jede(r), alle
شِقَّة ج شِقَق	šiqqa; šiqaq	Wohnung
طِفل ج أَطفال	ṭifl; aṭfāl	Kind
مَسرور ج ون	masrūr; masrūrūn	glücklich
إِبريق ج أَباريق	ibrīq; abārīq	Kanne
هَكَذا	hakaḏā	so
بَدرَة	badra	*f.* Vorname
جِلالي	ǧilālī	*m.* Vorname
قَريبًا	qarīban	bald

بِطاقَة مُصَوَّرَة	biṭāqa muṣawwara	Postkarte
شِقَّة ج شِقَق	šiqqa; šiqaq	Wohnung
مُريح	murīḥ	gemütlich, bequem
حَديث	ḥadīṯ	modern
واسِع	wāsi[c]	geräumig
ضَيِّق	ḍayyiq	eng
مُشمِس	mušmis	sonnig
مُظلِم	muẓlim	dunkel
تَحتُ	taḥt(u)	unten
جار ج جيران	ǧār; ǧīrān	Nachbar
عُطلَة	[c]uṭla	Ferien
شَرم ج شُروم	šarm; šurūm	Bucht
عَزيز ج أَعِزّاء	[c]azīz; a[c]izzā’	liebe(r)
يُعيرُنا	yu[c]īrunā	er leiht uns

2 a **Ergänzen Sie die fehlenden Wetterangaben mit Hilfe der Postkarte in Nr. 1 und der Vokabelliste.**

 الطّقس بارِد.

 ______________

 ______________

 الطّقس حارّ.

 الطّقس مُمطِر.

 الطّقس غائِم.

b **Beantworten Sie nun die Fragen.**

1 كَيفَ الطّقس في شَرَمِ الشّيخ عَلى العُموم؟
2 كَيفَ الطّقس اليَوم في الصّحراء عَلى العُموم؟
3 كَيفَ الطّقس في الرّبيع؟
4 كَيفَ الطّقس في الصّيف؟
5 كَيفَ الطّقس في الخَريف؟
6 كَيفَ الطّقسُ في الشّتاء؟

3 a **Bilden Sie die Genitivverbindung zwischen Gefäßen und Getränken.**

بيرَة | ماء | كاكاو | قَهوَة | شاي | حَليب | عَرَق | عَصير لَيمون | نَبيذ

كأس...

زُجاجَة...

فِنجان...

إبريق...

Beispiel:
كأس حَليب

______________ ______________ ______________ ______________

______________ ______________ ______________ ______________

b **Beantworten Sie nun die Fragen wie im Beispiel.**

Beispiel:
ماذا تَشرَب / تَشرَبين في الطّقس الحارّ؟ في الطّقس الحارّ أشرَب فِنجان شاي أو زُجاجَة ماء.

ماذا تَشرَب/تَشرَبين...

1 في الطّقس البارِد؟ ______________
2 في الفُطور؟ ______________
3 أمامَ التّلفِزيون؟ ______________
4 في المَساء؟ ______________
5 في المَقهى؟ ______________

4 **Sagen Sie es mit Gefühl (mit Nachdruck, Begeisterung, Enttäuschung, Traurigkeit, Überraschung).**

Beispiel:

تَتَكَلَّمينَ العَرَبيَّة جَيِّدًا جِدًا يا مَريَم!

← إنَّكِ تَتَكَلَّمينَ العَرَبيَّة جَيِّدًا جِدًا يا مَريَم!

1 هِيَ جَميلَة اليَوم!
2 هُم في العَمَل!
3 الحَمّام صَغير جِدًّا!
4 هِيَ واسِعَة جِدًّا!
5 تَتَكَلَّمُ الإنكليزيَّة جَيِّدًا جِدًّا يا سامي!
6 هُنَّ مَسرورات في هَذِهِ الشَّرِكَة!
7 أنا المُعَلِّم!
8 نَحنُ هُنا!

Die Partikel إنَّ steht immer am Satzanfang und verstärkt die Aussage. Sie gibt dt. Wörter wie z. B. *gewiss*, *doch*, *aber*, oder einfach eine emphatische Intonation wieder. Nach إنَّ steht das Subjekt in Form eines Substantivs oder als Personalendung.

Plural	Dual	Singular
إنَّنا	إنَّنا	إنّي
إنَّكُم	إنَّكُما	إنَّكَ
إنَّكُنَّ	إنَّكُما	إنَّكِ
إنَّهُم	إنَّهُما	إنَّهُ
إنَّهُنَّ	إنَّهُما	إنَّها

5 **Hören Sie die Umfrage und kreuzen Sie an. Was machen die Personen im Urlaub?** 40

☐ ذَهَبَ إلى المَسبَح.
☐ قَرَأَ رِوايَة جَيِّدَة.
☐ أكَلَ أكَلات شَعبيَّة.
☐ لا فَعَلَ شَيئًا.
☐ ذَهَبَ إلى المَطعَم.

☐ شَرِبَ كأس عَصير ليمون على الشُّرفَة.
☐ ذَهَبَ إلى المَقهى.
☐ قَرَأَ رِوايَة مُهِمَّة.
☐ ذَهَبَ إلى الشّاطِئ.

6 **Fragen Sie sich gegenseitig, was Sie und Ihre Familie im Urlaub machen. Schreiben Sie die Antworten und berichten Sie anschließend der Klasse.**

____

____

____

____

____

____

7 **Schreiben Sie nun eine kleine Postkarte und berichten Sie von Ihrer neuen Ferienwohnung.**

Wohnung:
klein, sonnig
Badezimmer:
sehr klein, alt
Wohnzimmer:
gemütlich, groß
Schlafzimmer:
gemütlich
Küche:
sehr klein, modern
Stadt:
alt, schön

B أَيَّة جَرائِد تَقرَأ؟

1 a **Hören Sie den Text und lesen Sie mit. Markieren Sie dabei alle Zimmer und Möbelstücke.** 41

شِقَّة زَميل جِلالي مُريحَة جِدًّا. فيها مَطبَخ حَديث وَغُرفَةُ استِقبال مُشمِسَة. بَينَ المَطبَخ وَغُرفَةِ الاِستِقبال حَمّام صَغير. غُرَفُ النَّوم صَغيرَة وَمُظلِمَة قَليلاً.

أَثاث غُرفَةِ الاِستِقبال حَديث وَمُريح. يَسارًا توجَدُ الكَنَبَة وَالكُرسيّ. الكَنَبَة صَغيرَة وَلَكِن جَميلَة وَجَيِّدَة. أَمامَ الكَنَبَة طاوِلَة صَغيرَة. أَمامَها تِلِفزيون. يَمينًا توجَدُ الطّاوِلَة الكَبيرَة وَأَربَعَة كَراسيّ. عَلى الحائِط صُوَرُ المَدينَة وَشَواطِئِها.

عَلى طاوِلَةِ الصالونِ الصَّغيرَة جَرائِد وَمَجَلّات كَثيرَة. هَذِهِ جَريدَة جِلالي. هُوَ يَقرَأ جَريدَة عَرَبيَّة عَنِ السِّياسَة العالَمِيَّة. بِجانِبِها مَجَلَّة بِنتِهِما. هُنا مَجَلَّة عَنِ الحَيَواناتِ الأَفريقِيَّة. وَجَرائِد بَدرَة عَلى طاوِلَةِ الصّالون أَيضًا. هُنا جَرائِد يَومِيَّة إِنكليزِيَّة لِأَنَّها تُعَلِّمُ اللُّغَة الإِنكليزِيَّة في مَدرَسَة لِلُغات. هُناكَ مَجَلَّتُها عَنِ الأَثاثِ الحَديث. مَجَلّاتُ ابنِهِما هِيَ مَجَلّات عَنِ السَّيّارات وَالرِّياضَة. في الخِزانَة كُتُب كَثيرَة وَتوجَد رِوايات وَكُتُب عَنِ المَدينَة.

b Beschriften Sie nun die Fotos.

2 Hören Sie den Text und machen Sie Notizen. Wer in der Familie liest was?

يَقرَأُ جِلالي ____________________

تَقرَأُ بَدرَة ____________________

تَقرَأُ البِنت ____________________

يَقرَأُ الاِبن ____________________

مَطبَخ ج مَطابِخ	maṭbaḫ; maṭābiḫ	Küche
غُرفَةُ الاِستِقبال	ġurfatu -l-istiqbāl	Wohnzimmer
غُرفَة ج غُرَف	ġurfa; ġuraf	Zimmer
اِستِقبال	(i)stiqbāl	Empfang
حَمّام ج ات	ḥammām; ḥammāmāt	Badezimmer
غُرفَةُ النَّوم	ġurfatu -n-nawm	Schlafzimmer
أَثاث	aṯāṯ	Inneneinrichtung, Möbel
يَسارًا	yasāran	links
يَمينًا	yamīnan	rechts
صورَة ج صُوَر	ṣūra; ṣuwar	Bild, Foto
صالون	ṣālūn	Wohnzimmer
جَريدَة ج جَرائِد	ǧarīda; ǧarā'id	Zeitung
مَجَلَّة ج ات	maǧalla; āt	Zeitschrift
قَرَأَ، يَقرَأُ	qara'(a), yaqra'(u)	lesen
عَن	ᶜan(i)	über
سِياسَة	siyāsa	Politik
عالَمِيّ	ᶜālamiyy	international
عَلَّمَ، يُعَلِّمُ	ᶜallama; yuᶜallimu	unterrichten
حَيَوان ج ات	ḥayawān; āt	Tier
أَفريقِيّ	afrīqiyy	afrikanisch
يَومِيّ	yawmiyy	täglich
رِياضَة	riyāḍa	Sport

3 **Beschreiben Sie Ihr Wohnzimmer. Ihr / e Nachbar / in macht Notizen und berichtet anschließend der Klasse.**

4 **Beantworten Sie die Fragen wie im Beispiel.**

Beispiel:

هَل بِرتولد بريشت روسِيّ؟ ← لا، هُوَ ألمانِيّ.

1 هَل فيكتور هوجو ألمانِيّ؟
2 هَل دانتي أليغييري إسبانِيّ؟
3 هَل سَلفادور دالي إيطالِيّ؟
4 هَل شيللَر وَجوتـه تُركِيّان؟
5 هَل ويليام شَكسبير فَرَنسِيّ؟
6 هَل ستيفِن كينغ وَإدجار آلان بو عِراقِيّان؟
7 هَل أُمّ كُلثوم مَغرِبِيَّة؟
8 هَل أورهان باموق مِصرِيّ؟
9 هَل دوستويفسكي وَتشيكوف وَبوشكين إنكليز؟
10 هَل هوميروس وَسُقراط وَأرِسطو عَرَب؟

Die sog. **Nisba-Form** leitet von Länder- oder Städtebezeichnungen ein Adjektiv bzw. Substantiv ab: An den Stamm (ohne الـ und Endung: ـا ,ـيا ,ـة) kommt eine neue Endung: ـيّ (*m. Sing.*) ـيَّة (*f. Sing.*). Der Plural ist gesund:

الجَزائِر ← جَزائِرِيّ ج جَزائِرِيّون
جَزائِرِيَّة ج جَزائِرِيّات

Folgende *maskuline* Formen sind unregelmäßig:

عَرَبِيّ ج عَرَب
إنكليزِيّ ج إنكليز (إنكِلتِرّا)
ألمانِيّ ج ألمان (ألمانيا)
روسِيّ ج روس (روسيا)
يونانِيّ ج يونان (اليونان)
تُركِيّ ج أتراك (تُركِيا)

5 **Woher kommen diese Zeitungen und Zeitschriften?**

Beispiel:

هٰذِهِ مَجَلّات مِن سوريا. \ هٰذِهِ مَجَلّات سورِيَّة.

6 **Erzählen Sie nun, was für Zeitungen, Zeitschriften und Bücher Sie gern lesen.**

أنا أقرَأُ...

C في شارِعِ شَرَمِ الشَّيخ

1 **a Hören Sie das Gespräch auf der Straße.** 42

بَدرَة: مَرحَبا يا طارِق! كَيفَ حالُكَ؟

طارِق: أنا بِخَير، الحَمدُ لله. وَأَنتِ، كَيفَ حالُكِ؟

بَدرَة: لا بأس. أنا في شَرمِ الشَّيخ حَتّى السَّبت مَعَ عائِلَتي.

طارِق: آه! وَأَينَ تَسكُنون؟

بَدرَة: نَسكُن في شَقَّة زَميل جِلالي.

طارِق: مُمتاز! وَكَيفَ هَذِهِ الشَّقَّة؟

بَدرَة: هِيَ لَيسَت كَبيرَة جِدًّا وَلَكِن جَميلَة وَمُشمِسَة.

طارِق: وَماذا تَفعَلون كُلَّ اليَوم؟

بَدرَة: جِلالي يَقرَأ كِتابًا عَلى الشّاطِئ وَالأَطفال يَلعَبون عَلى البَحر وَأَنا آخُذ حَمّامًا شَمسِيًّا.

طارِق: وَفي المَساء؟

بَدرَة: نَرجِع إِلى الشَّقَّة وَنَستَحِمّ. ثُمَّ نَأكُل في المَطعَم وَبَعدَ الطَّعام نَرجِع إِلى الشَّقَّة أَو نَذهَب إِلى الميناء.

طارِق: وَهَل تُحِبّون مَدينَتَنا؟

بَدرَة: طَبعًا! نُحِبُّها جِدًّا!

طارِق: مَساءَ اليَوم العَشاء في شَقَّتي. مَرحَبا بِكُم!

بَدرَة: بِكُلِّ سُرور! في أَيِّ سّاعَة؟

طارِق: في السّابِعَة وَالنِّصف. هَل تَعرِفينَ عُنواني؟

بَدرَة: العُنوان شارِعُ الجُمهورِيَّة رَقم ٤٦.

طارِق: نَعَم: هَذا صَحيح! إِلى اللِّقاء!

بَدرَة: مَعَ السَّلامَة!

b Hören Sie noch einmal und machen Sie Notizen. Was macht Badras Familie tagsüber und abends? Erzählen Sie anschließend.

Beispiel:

تَذهَب بَدرَة في الصَّباح إِلى المَخبَز وَتَرى بِالصُّدفَة صَديقًا يَسكُن في شَرمِ الشَّيخ.

مَطعَم ج مَطاعِم	maṭʿam; maṭāʿim	Restaurant
ميناء ج مَوانِئ	mīnā'; mawānī'	Hafen
نُحِبُّها	nuḥibbuhā	wir lieben sie
عَشاء	ʿašā'	Abendessen
بِكُلِّ سُرور	bi-kulli surūr	gerne
عُنوان ج عَناوين	ʿunwān; ʿanāwīn	Adresse
جُمهورِيَّة ج ات	ǧumhūriyya; ǧumhūriyyāt	Republik
رَأى، يَرى	ra'ā, yarā	sehen
بِالصُّدفَة	bi-ṣ-ṣudfa	zufällig
آه!	ah	Ach!
لَعِبَ، يَلعَبُ	laʿib(a), yalʿab(u)	spielen
لَيسَت	laysat	sie ist nicht
بَحر ج بِحار	baḥr; biḥār	Meer
حَمّام شَمسِيّ	ḥammām šamsiyy	Sonnenbad
اِستَحَمَّ، يَستَحِمُّ	(i)staḥamm(a); yastaḥimm(u)	s. waschen, duschen, baden

2 Was machen Badra, Dschilali und ihre Kinder im Urlaub? Beschreiben Sie die Bilder.

بَدرَة | جِلالي | الأَطفال

في الصَّباح

في الظّـُهر

بَعدَ الظّـُهر

3 Was lesen Sie gerne am Strand / zu Hause? Und Ihr/e Nachbar/in? Fragen Sie und erzählen Sie.

الرِّياضَة. السِّياسَة. الحَيَوانات. المَطبَخ. الحَديقَة. الفَنّ. الموضَة. السّينما. الأَثاث. التِّلِفِزيون.	عَن	كُتُبًا مَجَلّات جَرائِد	أُحِبّ أَقرَأ	(لا)

4 Was machen Sie (und Ihre Familie) im Urlaub? Schreiben Sie einen kleinen Aufsatz.

Redemittel

Eine Wohnung beschreiben

شِقّتي مُريحة ولَكِن مُظلِمَة قَليلاً.
هِيَ واسِعَة وَقَديمَة. عَلى اليَسار مَطبَخ حَديث وَعلى اليَمين غُرفَةُ النَّوم صَغيرَة. توجَد شُرفَة مُشمِسَة.

Eine Postkarte schreiben

عَزيز مَحمود،
نَحنُ الآن في سوسَة. الطَّقس جَميل وَالأَطفال يَلعَبون كُلَّ اليَوم عَلى البَحر...

Ein Getränk bestellen

أُريد كأس عَصير لَيمون وَزُجاجَة بيرَة مِن فَضلِكَ.

Über das Wetter sprechen

الطَّقس غائِم وَحارّ جِدًّا.
الطَّقس في الصَّحراء مُشمِس وَحارّ في النَّهار وَبارِد في اللَّيل.

Über Lesegewohnheiten sprechen

أَقرَأ كُتُبًا عَنِ الفَنّ وَمَجلّات عَن الرِّياضَة وَجَرائِد عَنِ السِّياسَة العالَمِيَّة.

Über Aktivitäten im Urlaub sprechen

في العُطلَة أَذهَب إلى الشّاطئ في الصَّباح وَآخُذ حَمّامًا شَمسِيًّا. في الظُّهر أَذهَب إلى المَطعَم وَإلى السّينِما في المَساء.

Grammatik

Die Verstärkungspartikel إِنَّ

Plural	Dual	Singular
إنّنا	إنّنا	إنّي
إنّكُم	إنّكُما	إنّكَ
إنّكُنَّ	إنّكُما	إنّكِ
إنّهُم	إنّهُما	إنّهُ
إنّهُنَّ	إنّهُما	إنّها

Die Nisba-Form

m. Sing.	f. Sing.	m. Pl.	f. Pl
سودانِيّ	سودانِيَّة	سودانِيّون	سودانِيّات
عَرَبِيّ	عَرَبِيَّة	عَرَب	عَرَبِيّات
روسِيّ	روسِيَّة	روس	روسِيّات
إنكليزِيّ	إنكليزِيَّة	إنكليز	إنكليزِيّات
يونانِيّ	يونانِيَّة	يونان	يونانِيّات
أَلمانِيّ	أَلمانِيَّة	أَلمان	أَلمانِيّات
تُركِيّ	تُركِيَّة	أتراك	تُركِيّات

Verben

	Imperfekt	Perfekt
leihen	يُعير	أَعارَ
trinken	يَشرَبُ	شَرِبَ
lesen	يَقرَأُ	قَرَأَ
unterrichten	يُعَلِّمُ	عَلَّمَ
spielen	يَلعَبُ	لَعِبَ
nehmen	يَأخُذُ	أَخَذَ
s. waschen, duschen, baden	يَستَحِمُّ	اِستَحَمَّ

العَرَبِيَّة وَالعَرَب

Das arabische Haus
Die Architektur der arabischen Länder ist so vielfältig wie in Europa und lässt sich nicht auf einen bestimmten Baustil reduzieren. Im Laufe von 2 Jahrtausenden Geschichte hat sich das arabische bzw. orientalische Haus von der iranischen Grenze bis hin zum atlantischen Ozean immer wieder verändert. Heute kann man aber zwischen zwei grundlegenden Haustypen unterscheiden: einem städtischen und einem ländlichen Haus.

In der Stadt findet man vor allem Häuser, die gebaut wurden, um das Leben auf den Straßen hinter sich zu lassen, sobald man die Eingangstür wieder zugemacht hat. So besitzt die Fassade (واجِهَة) lediglich Öffnungen, die der Belüftung dienen. Im Inneren des Hauses befindet sich oft ein Hof (فِناء) mit einer Fontäne (نَبع) bzw. einem Teich (بُحَيرَة) und Pflanzen (نَباتات). Das Haus an sich hat meistens nur ein bis zwei Stockwerke (طابِق).

Das ländliche Haus erfüllt die Funktion der Sicherheit und Intimität des städtischen Hauses nicht. So ist der Hof vor dem Haus, geht zur Straße und zum Süden (جَنوب) und dient als Sonnenterrasse. Auf der Terrasse (سَطح) befinden sich häufig Säulen. Die Schlaf- und Wohnzimmer gehen zum Norden (شِمال), damit sie immer angenehm kühl bleiben.

Im späten 20. Jh. hat ein bizarrer Wettbewerb begonnen, der die Architektur einiger Großstädte revolutioniert hat. Die Emirate und vor allem Dubai bauen zur Zeit über 30 Wolkenkratzer (ناطِحَة سَحاب), die alle über 300 Meter hoch sein werden. Mit einer Höhe von mindestens 700 Metern (die genaue Höhe wird noch geheim gehalten) soll 2009 der Dubai-Turm fertig gebaut werden (بُرج دُبَي). 2012 dürfte dieser Rekord jedoch von *dem Turm* (البُرج) mit seinen geplanten 1200 Metern und 200 Stockwerken geknackt werden.

Wiederholung 2

مِن خَطِّ النَّسخ إلى خَطِّ الرُّقعة

Die Schrift, die am meisten gedruckt wird, ist die nasḫī-Schrift, die wir bisher gelernt haben. Die Araber benutzen jedoch eine effizientere Schrift, wenn sie per Hand schreiben: Die **Ruqᶜa**-Schrift. Dabei werden die Buchstaben fließend geschrieben, wirken flacher und runder. Buchstaben mit zwei Punkten erhalten einen Strich, die mit drei Punkten ein Hütchen.

Das arabische Alphabet in der **Ruqᶜa**-Schrift:

ر	ذ	د	خ	ح	ج	ث	ت	ب	ا
ـر	ـذ	ـد	خخخ	ححح	ججج	ثثث	تتت	ببب	ـا
ف	غ	ع	ظ	ط	ض	ص	ش	س	ز
ففف	غغغ	ععع	ظظظ	ططط	ضضض	صصص	ششش	سسس	ـز
ى	و	ه	ن	م		ل		ك	ق
ييى	ـو	ههه	ننن	ممم	للل	لا	ـلا	ككك	ققق

Andere Buchstaben und Hilfszeichen:

ألِف مَقصورَة	ى ـى	تاء مَربوطَة	ة ـة	هَمزَة	ء / أَ / أُ / إِ / ئ / ؤ
ضَمَّة	ـُ	فَتحَة	ـَ	كَسرَة	ـِ
مَدَّة	آ	شَدَّة	ـّ	تَنوين	اً / ـاً

In der Druck- bzw. Handschrift werden darüber hinaus einige Buchstaben mit dem nächsten anders verbunden, als wir es bisher gelernt haben. In der Typographie spricht man dabei von Ligaturen. Im Deutschen ist zum Beispiel „ß" die Ligatur für „ſʒ". Im Arabischen werden Ligaturen zwar nicht systematisch verwendet (außer in der nasḫī-Schrift die Lām-Alif-Verbindung), aber sie tauchen in vielen Texten auf, und müssen deshalb schnell gelesen und geschrieben werden können. Die Zahl der Ligaturen ist recht groß, aber Sie werden im Arbeitsbuch lediglich die wichtigsten kennen lernen. Hier finden Sie einige Beispiele.

محمد	كبير	الماء	بحر	تحت	العربي	الحمام	بخير	سماء	في
محمد	كبير	الماء	بحر	تحت	العربي	الحمام	بخير	سماء	في

تَـعرِف هَذا الآن

Und wieder haben Sie fünf Lektionen gemeistert. Nach insgesamt zehn Lektionen können Sie nun eine Vielzahl von alltäglichen Situationen bewältigen. Nehmen Sie sich die Zeit, diese kleine Zusammenfassung anzuschauen und überprüfen Sie, ob Sie zu den einzelnen Punkten einen Beispielsatz finden können. Sie können es in Ihr Heft schreiben und später in der Gruppe das Ergebnis überprüfen. Oft gibt es mehrere Möglichkeiten.

In der Stadt kann ich

- das Zentrum beschreiben
- über Einkaufsmöglichkeiten sprechen
- den Weg erfragen
- den Weg angeben
- mich über Bus, Bahn, Flüge informieren
- ein Ticket kaufen
- Lebensmittel kaufen
- Kleider kaufen
- Essen bestellen
- ein Getränk bestellen

Im Urlaub kann ich

- meine Reisetasche packen
- das Hotelzimmer / die Ferienwohnung beschreiben
- im Restaurant bestellen

Außerdem kann ich

- nach Rezept kochen
- Vorlieben beim Essen ausdrücken
- den Tisch decken
- über meine Familie sprechen
- mein Haus / meine Wohnung beschreiben
- meinen Garten beschreiben
- die Uhrzeit erfragen
- die Uhrzeit angeben

نَـذهَب إِلى العُطلَـة!

Dieses Jahr ist statt Abenteuerurlaub durch die arabische Welt ein ruhiger Familienurlaub im Hotel geplant. Was zunächst einfach vorzubereiten scheint, könnte sich bald als kompliziert erweisen! Lösen Sie die kleinen Aufgaben mündlich und füllen Sie die Checkliste aus. Spielen Sie dabei die kleinen Szenen zu zweit.

1 Suchen Sie je ein Ziel. Finden Sie Argumente, um Ihre/n Partner/in von Ihrer Wahl zu überzeugen. Wer keine Argumente mehr findet, wird bestimmt nächstes Jahr mehr Glück haben!

2 Rufen Sie das Reisebüro an und buchen Sie einen Flug und ein Zimmer im Hotel (فُـنـدُق) für eine Woche (مِن الأَوَّل إِلى الثّـامِن مِن يوليو). Erkundigen Sie sich ebenfalls nach der Abflugs- und Ankunftszeit.

3 Nach einem kurzen Blick in den Kleiderschrank stellen Sie schnell fest: Sie brauchen dringend neue Kleider. Gehen Sie deshalb shoppen.

4 Packen Sie Ihre Reisetasche. Eins Ihrer Kinder möchte Ihnen dabei helfen und fragt Sie, welche Kleidungsstücke und wie viele Sie mitnehmen wollen.

5 Fahren Sie mit dem Taxi zum Flughafen (مَطار). Der Taxifahrer scheint das Thema Wetter besonders interessant zu finden. Seien Sie höflich und unterhalten Sie sich mit ihm darüber.

6 Am Flughafen gehen Sie zum Schalter und checken dort ein. Vergewissern Sie sich, dass der Abflug immer noch um die geplante Uhrzeit ist, während das Bodenpersonal Ihre Daten vergleicht.

7 Im Flugzeug bekommen Sie etwas zu essen. Bestellen Sie dazu bei der netten Flugbegleiterin Getränke für Ihre Familie.

8 Nach der Landung müssen Sie eine Weile anstehen und den Zollzettel ausfüllen. Der Zollbeamte scheint jedoch seine Brille vergessen zu haben und fragt Sie noch einmal selbst nach allen Informationen, die Sie soeben niedergeschrieben haben.

بطاقة ركوب أو نزول

اللقب ....

الاسم ....

اللقب العائلي عند الولادة ....

تاريخ ومكان الولادة ....

الجنسية ....

المهنة ....

رقم الجواز أو بطاقة التعريف ....

بلد السكن ....

قادم من/ذاهب إلى ....

الفرض الأساسي للسفر:

☐ أعمال ☐ سياحة

☐ عمل ☐ دراسة

9 Nach der Zollkontrolle gehen Sie aus dem Flughafen und treffen Ihren Reiseleiter. Begrüßen Sie ihn und sagen Sie ihm, wer Sie sind, und in welchem Hotel Sie untergebracht werden.

10 Sie kommen im Hotel an und holen sich Ihren Schlüssel (مِفتاح). Sie wissen bereits, welche Zimmernummer Sie haben (رَقم ٩٤).

11 An der Rezeption, fragt man Sie, ob Sie noch etwas essen möchten. Sie antworten, dass Sie nur in Ihr Zimmer gehen möchten.

12 Sie sind so glücklich, endlich da zu sein, dass Sie beschließen, eine/n gute/n Freund/in anzurufen, um von Ihrem wunderschönen Zimmer zu erzählen. Diese/r stellt Ihnen Fragen zur Inneneinrichtung.

13 Die Nacht war sehr erholsam. Sagen Sie, was sie zunächst tun. Ihr/e Partner/in stellt Ihnen dazu Fragen.

- Spielen Sie zu zweit. Sie können zwei verschiedene Münzen als Spielsteine benutzen.
- Wenn Sie auf ein Feld mit einer Zahl kommen, müssen Sie gemeinsam ein Rollenspiel lösen. Gelingt Ihnen das gut, dürfen Sie zwei Felder vor. Gelingt es Ihnen nicht, müssen Sie eine Runde aussetzen.
- Feld 8 ist eine besonders große Aufgabe. Mit ein bisschen Glück können Sie abkürzen.

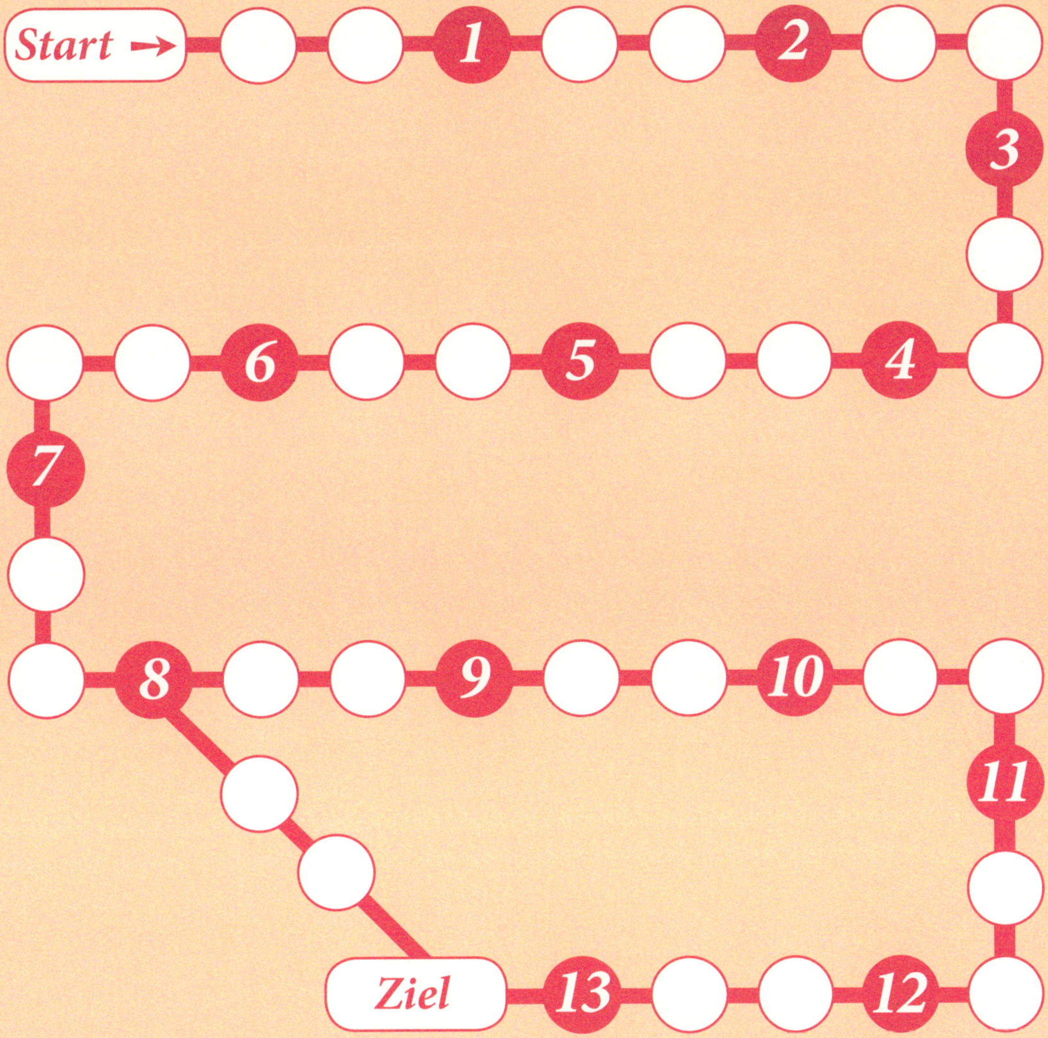

über die Schulzeit und Vergangen
berichten | den Tagesablauf
beschreiben | von einem Arbeits
tag berichten

11 ماذا حَدَث؟

Erinnern Sie sich an Ihre Schulzeit? Stellen Sie sich gegenseitig Fragen dazu.

ذَهَبت إِلى المَدرَسَة...

كان عِندي واجِبات كَثيرَة / قَليلَة.

في المَدرَسَة	قَرَأت	قِصَصًا جَرائِد مَجَلّات	كُتُبًا رِوايات	عَن
	أَحبَبتُ ما أَحبَبتُ	الكيمياء المُعَلِّم(ة) اللُّغاتِ الأَجنَبِيَّة الرِّياضَة الرِّياضِيّات الفيزياء	الجُغرافيا الموسيقى الجَبر الفَلسَفَة عِلمَ الحَياة التّاريخ	

كَيفَ كانَ ذٰلِكَ في المَدرَسَة؟ A

1 a Die Mutter erzählt der Nachbarin vom Schultag ihrer Tochter. Hören Sie den Dialog. 43

- ▸ هَل تَعرِفين ماذا قالَت اِبنَتي عِندَما رَجَعَت مِنَ المَدرَسَة؟
- ▹ لا، ماذا قالَت؟
- ▸ قالَت إنَّها تَعبانَة جِدًّا لِأَنَّها عَمِلَت كَثيرًا جِدًّا!
- ▹ وَماذا عَمِلَت؟
- ▸ قَرَأَت قِصَّة عَن تاريخ العَرَب وَكَتَبَت جُمَلاً صَعبَة بِالعَرَبِيَّة الفُصحى.
- ▹ وَهَل لَعِبَت؟
- ▸ نَعَم! لَعِبَت بِالكُرَة وَبِالأَوراق مَعَ الأَطفال في الفِناء!
- ▹ وَهَل رَسَمَت صورَة لَكِ أَيضًا؟
- ▸ طَبعًا! أَعطَتني صورَة جَميلَة فيها عائِلَتُنا وَبَيتُنا وَحَديقَتُنا.
- ▹ مُمتاز! وَماذا تَفعَلُ الآن؟
- ▸ تَقوم بِواجِباتِها في غُرفَتِها.
- ▹ حَياةُ التَّلاميذ صَعبَة جِدًّا!

b Hören Sie noch einmal und kreuzen Sie an. Welche Aussagen sind richtig, welche falsch?

	صَحيح	خَطاء
1 كانَتِ البِنت في المَدرَسَة اليَوم.	☐	☐
2 هُناكَ قَرَأَتِ القُرآن.	☐	☐
3 لَعِبَت بِالكُرَة في الفِناء.	☐	☐
4 أَعطَت أُمَّها صورَة فيها حَيَوانات.	☐	☐

- القُرآن — al-qur'ān der Koran
- قالَ إنَّ، يَقولُ — qāl(a) inna, yaqūl(u) sagen, dass
- عِندَما — ᶜindamā als *(zeitl.)*
- قِصَّة ج قِصَص — qiṣṣa; qiṣaṣ Erzählung
- تاريخ — tārīḫ Geschichte
- جُملَة ج جُمَل — ğumla; ğumal Satz
- صَعب — ṣaᶜb schwierig
- لَعِبَ بِـ، يَلعَبُ — laᶜib(a) bi-, yalᶜab(u) spielen mit
- كُرَة ج ات — kura; kurāt (Spiel-)Ball
- أَوراق — awrāq (Spiel-)Karten
- فِناء ج أَفنِيَة — finā'; afniya Hof
- رَسَمَ، يَرسُمُ — rasam(a), yarsum(u) malen
- أَعطى، يُعطي — aᶜṭā, yuᶜṭī geben
- صورَة ج صُوَر — ṣūra; ṣuwar Bild
- قامَ بِواجِباتِهِ، يَقومُ — qām(a) bi-wāğibātihi, yaqūm(u) seine Hausaufgaben machen
- حَياة — ḥayāt Leben
- تِلميذ ج تَلاميذ — tilmīḏ; talāmīḏ Schüler
- اِبنة/بِنت ج بَنات — (i)bna/ bint; banāt Tochter

2 **Unterstreichen Sie nun im Dialog alle Verben und schreiben Sie die Grundform.**

Beispiel:

تَعرِف: عَرَفَ

______________ ______________ ______________

______________ ______________ ______________

______________ ______________ ______________

- Bisher kennen wir zwei Formen des Verbs: Die Grundform عَرَفَ und das Imperfekt يَعرِف, mit dem eine Handlung in der Gegenwart ausgedrückt wird *er weiß*.
- Es gibt im Arabischen keinen Infinitiv: Die Grundform ist deshalb traditionell die 3. P. Sing. m. des Perfekts *er wusste, hat gewusst*.
- Die feminine Form wird gebildet, indem ein ت hinzugefügt wird: عَرَفَت *sie wusste, hat gewusst*.
- Verneint wird das Perfekt umgangssprachlich mit ما.

3 **Transformieren Sie nun den Dialog aus Nr. 1 in die maskuline Form.**

هَل تَعرِف ماذا قالَ ابني عِندَما...

____

____

____

____

____

____

4 **Vervollständigen Sie die Tabelle mit den Vergangenheitsformen der Verben.**

Perfekt (Singular)						
لَعِبَ	كَتَبَ	رَسَمَ	عَرَفَ	فَعَلَ	فَهِمَ	
______	______	______	______	______	فَهِمتُ	أنا
______	______	______	______	______	فَهِمتَ	أنتَ
______	______	______	______	______	فَهِمتِ	أنتِ
______	______	______	______	فَعَلَ	______	هُوَ
______	______	______	عَرَفَت	______	______	هِيَ

Der Verbindungsvokal für die 3. P. f. ist [i]: عَرَفَتِ البِنتُ المُعَلِّمَ.

5 Entscheiden Sie sich für das richtige Subjekt und lesen Sie vor.

1 عَرَفَ (المُعَلِّمُ - المُعَلِّمَة) اسمَ الطّالِبَة.
2 رَسَمَ (الطِّفل - البِنت) بَيتًا جَميلاً.
3 لَعِبَت (الطِّفل - البِنت) بِالكُرَة.
4 فَهِمَت (التِّلميذ - التِّلميذَة) المُعَلِّمَة.
5 فَهِمَ (الطّالِبُ - الطّالِبَة) الجُمَلَ الصَعبَة.
6 رَسَمَت (خالِد - مُنى) صورَة في غُرفَتِها.
7 فَهِمَ (الطّالِبُ - الطّالِبَة) الجُمَلَ الصَعبَة.
8 كَتَبَت (المُعَلِّم - المُعَلِّمَة) جُملَة في الفُصحى.
9 رَسَمَت (خالِد - مُنى) صورَة في غُرفَتِها.
10 كَتَبَ (الرَّجُل - المَرأة) رِوايَة عَن تاريخ العَرَب.

6 Das kleine Mädchen aus Nr. 1 kommt nach Hause. Beantworten Sie die Fragen der Mutter frei.

Beispiel:

يا اِبنَتي، ماذا فَعَلتِ اليَوم؟ - اليَوم قَرَأت كِتابًا.

1 وَماذا فَعَلت بَعدَ ذَلِكَ؟
2 ماذا كَتَبتِ الآن؟
3 بِما لَعِبت؟
4 ماذا رَسَمت؟
5 ماذا أكَلت؟
6 أينَ كَتَبتِ قِصَصَكِ؟
7 ماذا تَعَلَّمت؟
8 هَل عَرَفت أينَ كُرَتُكِ؟
9 مَعَ مَن رَجَعت مِنَ المَدرَسَة؟
10 في أيَّة ساعَة وَصَلت إلى البَيت؟

7 Beantworten Sie die Fragen mit dem Wort in Klammern in der richtigen Form.

Beispiel:

ماذا قَرَأتِ التِّلميذَة؟ (كِتاب) ← قَرَأت كِتابًا.

1 ماذا كَتَبَ التِّلميذ بَعدَ المَدرَسَة؟ (قِصَّة صَغيرَة)
2 مَعَ مَن لَعِبَ مَروان؟ (أصدِقاؤُكَ)
3 ماذا تَعَلَّمَتِ الطّالِبَة؟ (لُغَة إنكليزِيَّة)
4 ماذا دَرَسَ الطَّبيب؟ (طِبّ)
5 إلى ماذا احتاجت؟ (قَلَم)
6 مِن أينَ رَجَعَت عَزيزَة؟ (بَيتُها)
7 بِما لَعِبَ التَّلاميذ؟ (أوراق)
8 كَيفَ ذَهَبت إلى المَدرَسَة يا زُهَير؟ (دَرّاجَة)
9 ماذا فَعَلَتِ التِّلميذات مِنَ السّادِسَة إلى السّابِعَة؟ (واجِباتُهُنَّ)

- Verben verlangen meistens den Akkusativ.
- Viele Verben brauchen eine Präposition und müssen dazu gelernt werden.

نَظَرَ إلى؛ عَمِلَ كَـ...

B هَل تَذكُر؟

1 **a Lesen Sie die Unterhaltung zwischen den Kolleginnen Samira und Assia. Markieren Sie alle Wochentage.**

تَتَحَدَّث سِكرِتيرَتان في مَكتَب شَرِكَة أوروبِيَّة.

آسيَة: مَرحَبا يا سَميرَة! كَيف حالُكِ؟

سَميرَة: مَرحَبا بِكِ يا آسيَة. أنا طَيِّبَة الحَمدُ لله! كَيفَ كانَتِ العُطلَة؟

آسيَة: كانَت جَميلَة! وَكَيفَ كانَ العَمَل؟

سَميرَة: ما كان جَيِّدًا بَتاتًا! عَمِلنا كَثيرًا جِدًّا...

آسيَة: أَنا آسِفَة... ماذا حَدَث؟

سَميرَة: في يَومِ الاِثنَين لَم نَعمَل لِأَنَّهُ كان يَوم عيد.

آسيَة: وَفي الأَيّامِ الأُخرى؟

سَميرَة: يَوم الثُّلاثاء أَتَت زَبون مُهِمّ وَطَلَب مَوعِدًا مُباشَرَةً لَكِنَّ المُدير كانَ في العُطلَة وَإِنَّ الزَّبون غَضِب جِدًّا جِدًّا...

آسيَة: ماذا قُلتِ لَهُ؟

سَميرَة: قُلتُ لَهُ أَنَّ المُدير لَيسَ في مَكتَبِهِ حَتّى الغَد وَأَعطَيتُهُ مَوعِدًا...

آسيَة: وَهَل وَصَلَ الزَّبون في اليَومِ التّالي؟

سَميرَة: لَم يَصِل... يَوم الأَربِعاء لَم يَصِل أَحَد وَلَكِن تَلَقَّيت بَريدًا إِلِكترونِيًّا كَثيرًا... أَجابت عَلى البَريد كُلَّ اليَوم... إِنَّهُمُ الزَّبائِن طَلَبوا أَشياء مُستَحيلَة...

آسيَة: وَيَوم الخَميس؟

رَجَع المُدير مِن عُطلَتِهِ وَغَضِبَ لأَنَّ الزَّبون المُهِمّ ذَهَبَ.

آسيَة: وَهَل رَنَّ الهاتِف؟

سَميرَة: يَوم الخَميس رَنَّ الهاتِف كُلَّ اليَومِ... وَأَخيرًا في يوم الجُمعَة عَمَلنا عادِيًا.

آسيَة: يا لَتَعاستَتُكِ!... وَهَل رَوَّحت عن نَفسِكِ في نِهايَّةِ الأُسبوع؟

سَميرَة: نَعَم، في يَومِ السَّبت.

b Ergänzen Sie nun die Wochentage aus Nr. 1 a.

أَيّامُ الأُسبوع

(يَومُ) الأَحَد ________ ________ ________ ________ ________ ________

2 a Sagen Sie, was Samira am Wochenende gemacht hat.

1 في صَباحِ السَّبت (ذَهَبَ) إلى المَسبَح.
2 (أجابَ) عَلى بَريدِها الإلِكترونِيّ.
3 (أكَلَ) في المَطعَم مَعَ صَديقات.
4 (طَلَبَ) بِطاقَة طائِرَة إلى لَندَن بَعدَ الظُّهر.
5 (شاهَدَ) فِلمًا في السّينِما في المَساء.
6 في صَباحِ الأَحَد (رَوَّحَ عَن نَفسَها في سَريرِها).
7 (حَضَّرَ) طَعامًا لِعائِلَتِها قَبلَ الظُّهر.
8 (تَحَدَّثَ) مَعَ العائِلَة بَعدَ الظُّهر.
9 (تَشاجَرَ) مَعَها كُلَّ المَساء.
10 (ذَهَبَ) إلى السَّرير في الحادِيَة عَشَر.

b Was hat Samira noch gemacht? Beschreiben Sie das Foto.

____

____

تَحَدَّثَ، يَتَحَدَّثُ — taḥādaṯ(a), yataḥādaṯ(u) s. unterhalten
كانَ، يَكونُ — kān(a), yakūn(u) sein
لا / ما ... بَتاتًا — lā / mā ... batātan überhaupt nicht
حَدَثَ، يَحدُثُ — ḥadaṯ(a), yaḥduṯu geschehen, lossein
عيد ج أَعياد — ᶜīd; aᶜyād Feiertag, Fest
آخَر م أُخرى ج أُخَر — āḫir, uḫrā; uḫar anders
زَبون ج زَبائِن — zabūn; zabā'in Kunde
غَضِبَ، يَغضَبُ — ġaḍib(a), yaġḍab(u) s. aufregen
طَلَبَ، يَطلُبُ — ṭalab(a), yaṭlub(u) *hier:* verlangen
مَوعِد ج مَواعيد — mawᶜid; mawāᶜīd Termin
مُباشَرَةً — mubāšaratan sofort, direkt
مُدير ج ون — mudīr; mudīrūn Direktor, Leiter
غَد — ġad folgender Tag

تالٍ — tālin folgend
لا / ما ... أَحَد — lā / mā... aḥad niemand, keiner
تَلَقّى، يَتَلَقّى — talaqqā, yatalaqqā bekommen, erhalten
بَريد إلِكترونِيّ — barīd iliktruniyy E-Mail
بَريد — barīd Post
إلِكترونِيّ — iliktrūniyy elektronisch
أَجابَ عَلى، يَجيبُ — aǧāb(a) ᶜalā, yaǧīb(u) antworten auf
مُستَحيل — mustaḥīl unmöglich
رَنَّ ج يَرِنُّ — rann(a), yarinn(u) klingeln
هاتِف ج هَواتِف — hātif; hawātif Telefon
عادِيًّا — ᶜādiyyan normal
يا لَتَعاسَتُكَ! — yā lataᶜāsatuka, lataᶜāsatuki Du Arme(r)!
رَوَّحَ، يُرَوِّحُ عَن نَفس — rawwaḥ(a), yurawwiḥ(u) ᶜan nafs s. erholen
نِهايَةُ الأُسبوع — nihayatu -l-usbūᶜ Wochenende

3 Assia kommt nach Hause und berichtet Ihrem Ehemann, was in ihrer Abwesenheit geschehen ist. Doch einiges muss sie falsch verstanden haben ... Was stimmt nicht? Machen Sie Notizen. ◎44

____

____

____

____

____

____

____

____

____

____

4 Ergänzen Sie das fehlende Verb in der Vergangenheitsform.

Plural		Dual	
________	نَحنُ	________	نَحنُ
عَمِلتُم	أنتُم	عَمِلتُما	أنتُما
عَمِلتُنَّ	أنتُنَّ	عَمِلتُما	أنتُما
عَمِلوا	هُم	عَمِلا	هُما
عَمِلنَ	هُنَّ	عَمِلَتا	هُما

5 Beantworten Sie die Fragen mit لا oder ما.

Beispiel:

هَل تُريد شَيئًا؟ ← لا، لا أُريد شَيئًا.

1 هَل رَأَيت أَحَدًا؟

2 هَل تَتَكَلَّمُ الفُصحى؟

3 هَل تُحِبُّ العَرَق؟

4 هَل تَأكُلون مَعَنا في الظُّهر؟

5 هَل وَصَلَ أَحَد صَباحَ اليَوم؟

6 هَل شَرِبَ الأَطفالُ كاكاو؟

7 هَلِ اشتَرَيت فُستانًا جَديدًا؟

8 هَل تَحَدَّثت مَعَ آسية عَن عَمَلِها؟

9 هَل حَدَثَ شَيء؟

10 هَل تَلَقَّى بَريدًا إلِكترونِيًّا كَثيرًا؟

6 Erzählen Sie einander, was Sie letzte Woche und am Wochenende gemacht haben.

يَوم عادِيّ في حَياة عامِل C

1 a Hören Sie den Tagesablauf von Familie Suleiman und notieren Sie alle Uhrzeiten. ◎45

b Tragen Sie nun die Uhrzeiten links in die Tabelle ein. Hören Sie dann noch einmal und ergänzen Sie die Tätigkeiten der einzelnen Familienmitglieder.

الأَب	الأُمّ	الأَطفال	في السّاعَة...
إِستَيقَظَ / ___	___	___	___
___	قامَت / أَيقَظَتِ الأَطفال	___	___
تَناوَلوا الفُطور مَعًا			___
أَوصَلَ الأَطفال إِلى المَدرَسة	___	___	___
	___	___	الثامِنَة وَثُلث
أَكَلَ	___	___	___
رَجَعَ إِلى العَمَل	___	___	___
___	ذَهَبَت لِإِحضارِ الأَطفال	___	___
___	___	قاموا بِواجِباتِهِم	___
___	___	___	السّابِعَة
أَرقَدا الأَطفال		___	___
غَسَلا الأَواني		___	___
شاهَدا الأَخبار		___	___
رَقَدا		___	___

2 **Lesen Sie den Text und erzählen Sie anschließend, warum der Tag der Familie Suleiman anstrengend war.**

كَكُلّ يَوم اِستَيقَظت السّاعَة السّادِسَة وَالنِّصف وَحَضَّرتُ الفُطور لِلعائِلَة. في السّابِعَة قامَت زَوجَتي وَأَطفالُنا حينَما كُنت في الحَمّام. بَعدَ ذَلِكَ تَناوَّلنا الفُطور مَعًا مُدَّة نِصف ساعَة. ثُمَّ اعتَنَت زَوجَتي بِالأَطفال. وَفي الثّامِنَة أَوصَلتُ الأَطفال إِلى المَدرَسَة وَفي نَفسِ الوَقت ذَهَبَت زَوجَتي إِلى السّوق. وَصَلت إِلى المَعمَل في الثّامِنَة وَالثُّلث وَبَدَأتُ العَمَل مُباشِرَة. عَمِلت حَتّى الظُّهر وَأَكَلت مَعَ الزُّمَلاء في مَطعَمِ المَعمَلِ مُدَّة ساعَة. ثُمَّ رَجَعنا إِلى العَمَل بَعدَ الغَداء وَعَمِلنا حَتّى السّادِسَة. زَوجَتي ذَهَبَت لِإِحضارِ الأَطفال في السّاعَة الخامِسَة وَبَعدَ ما أَتوا إِلى البَيت ساعَدَتهُم في فُروضِهِم. في السّابِعَة حَضَّرَت زَوجَتي العَشاء. بَعدَ العَشاء أَرقَدنا الأَطفال (في الثّامِنَة) وَغَسَلنا الأَواني لِأَنَّ لَيسَ عِندَنا غَسّالَة صُحون. ثُمَّ شاهَدنا الأَخبار في التِّلِفِزيون وَرَقَدنا في العاشِرَة وَالنِّصف. كانَ اليَوم مُتعِبًا...

يَوم عائِلَة سُلَيمان كانَ مُتعِبًا لِأَنَّ...

- Arabisch kennt offiziell keine unregelmäßigen Verben. Einige Verben weisen jedoch Besonderheiten auf und müssen daher auswendig gelernt werden.
- Im Perfekt geht es um Verben mit ى، ي، و oder šadda am Wortende:
  اِعتَنى، يَعتَني (اِعتَنَيت)؛ أَحَبَّ، يُحِبُّ (أَحبَبت).
- Im Imperfekt handelt es sich um Verben mit ي، و، ء، ا am Wortanfang:
  اِستَيقَظَ، يَستَيقِظُ؛ أَرقَدَ، يُرقِدُ؛ وَصَلَ، يَصِلُ
  sowie um Verben mit ى، ي، و oder šadda am Wortende:
  اِعتَنى، يَعتَني (يَعتَنون)؛ أَحَبَّ، يُحِبُّ (يُحبَبنَ).
- Darüber hinaus sind Verben, deren Grundform einen langen Vokal enthält, ebenfalls unregelmäßig:
  باعَ، يَبيعُ؛ قالَ، يَقولُ

3 **Setzen Sie die Verben in den Plural.**

Beispiel:

أعطَيت صورَة جَميلَة. ← أعطَينا صورَة جَميلَة.

1 قالَت ماذا فَعلَت في المَدرَسَة.

2 عَملَت كَثيرًا جِدًّا اليَوم.

3 قَرَأَ قِصَصًا عَن تاريخ العَرَب.

4 أنا كَتَبت جُمَلاً صَعبَة.

5 أنتِ لَعِبت بِالكُرَة مَعَ صَديقاتِك.

6 إستَيقَظَت اِبنَتي في الثّامِنَة وَالثُّلث.

7 أنا قُمت في السّادِسَة.

8 هَل اِستَحمَمتَ اليَوم؟

9 إعتَنَت المُعَلِّمَة بِالأطفال.

10 بَدَأَ العَمَل في التّاسِعَة بِالضَّبط.

4 **Füllen Sie den Terminkalender aus. Fragen Sie sich anschließend gegenseitig, was Sie gestern gemacht haben.**

________	14.00	________	التاريخ
________	15.00		
________	16.00	________	8.00
________	17.00	________	9.00
________	18.00	________	10.00
________	19.00	________	11.00
________	20.00	________	12.00
________	21.00	________	13.00

بَدَأَ، يَبدَأُ bada'(a), yabda'(u) etw. anfangen

غَداء ġadā' Mittagessen

ذَهَبَ لِإحضار ḏahab(a) li-iḥḍār abholen

بَعدَ ما baʿda mā nachdem

أرقَدَ، يُرقِدُ arqad(a), yurqid(u) ins Bett bringen

غَسَلَ الأواني، يَغسِلُ ġasal(a) -l-awānī, yaġsil(u) abwaschen

غَسّالَة صُحون ġassālat ṣuḥūn Spülmaschine

خَبَر ج أخبار ḫabar; aḫbār Nachricht

رَقَدَ ج يَرقُدُ raqad(a), yarqud(u) s. schlafen legen, einschlafen

مُتعِب mutʿib anstrengend

فَرض ج فُروض farḍ; furūḍ Aufgaben

إستَيقَظَ، يَستَيقِظُ istayqaẓ(a), yastayqiẓ(u) aufwachen

قامَ، يَقومُ qām(a), yaqūm(u) aufstehen

أيقَظَ، يوقِظُ ayqaẓ(a), yūqiẓ(u) wecken

تَناوَلَ، يَتَناوَلُ tanāwal(a), yatanawal(u) zu s. nehmen

مَعًا maʿan zusammen

إعتَنى بِـ، يَعتَني iʿtanā bi-, yaʿtanī s. kümmern um

أوصَلَ، يوصِلُ awṣal(a), yūṣil(u) jdn. fahren

حينَما ḥīnamā während *Konj.*

نَفس nafs gleich

وَقت ج أوقات waqt; awqāt Zeit

مَعمَل ج مَعامِل maʿmal; maʿāmil Fabrik

مُدَّة ج مُدَد mudda während

Redemittel

Über die Schulzeit sprechen

في المَدرَسَة أَحبَبتُ الجُغرافيا وَلٰكِنّي ما أَحبَبتُ عِلمَ الحَياة بَتاتًا. قَرَأنا كَثيرًا مِنَ القِصَصِ المُهِمَّة.

Über Vergangenes sprechen

أَمس ذَهَبنا إِلى السّينما وَبَعدَ ذٰلِكَ أَكَلنا في المَطعَم.
ما عَمِلت صَباح أَمس لِأَنّي كُنت مَريضًا.

Über den Tagesablauf berichten

قُمت في السّابِعَة وَاستَحمَمت بَعدَ الفُطور وَذَهَبت إِلى المَعمَل. عَمِلت حَتّى السّادِسَة وَرَقَدت في العاشِرَة.

Über den Arbeitstag berichten

عَمِلنا اليَوم كَثيرًا جِدًّا: وَصَلَ زَبائِن كَثيرون في الصَّباح وَبَعدَ الظُّهر رَنَّ الهاتِف وَما اِستَطاعت أَن أُجيب عَلى البَريدِ الإِلكتروني.

Die Wochentage

(يَوم) الاِثنَين
(يَوم) الثُّلاثاء
(يَوم) الأَربِعاء
(يَوم) الخاميس
(يَوم) الجُمعَة
(يَوم) السَّبت
(يَوم) الأَحَد

Grammatik

Vergangenheitsform

Das Perfekt		
Singular	Dual	Plural
كَتَبتُ	كَتَبنا	كَتَبنا
كَتَبتَ	كَتَبتُما	كَتَبتُم
كَتَبتِ	كَتَبتُما	كَتَبتُنَّ
كَتَبَ	كَتَبا	كَتَبوا
كَتَبَت	كَتَبَتا	كَتَبنَ

Verben mit Präpositionen

كَـ	عَلى	بِـ	إِلى
عَمِل	أَجاب	لَعِبَ	إِحتاج
		إِعتَنى	نَظَرَ

Verben mit ا, و am Anfang

Imperfekt	Perfekt
أَعتَني يَعتَنون	إِعتَنى
أَصِلُ يَصِلون	وَصَلَ

Verben mit ا, ي, و, ى, ء am Ende

Imperfekt	Perfekt
يَعتَني	إِعتَنى إِعتَنَيت

Verneinungen

ما...	لا...
ما... شَيء	لا... شَيء
ما... أَحَد	لا... أَحَد
ما... بَتاتًا	لا... بَتاتًا
ما عَمِلَ أَمس.	لا يَعمَلُ الآن.
ما فَعَلَت شَيئًا.	لا يَفعَل شَيئًا.
ما رَأَيتَ أَحَدًا.	لا أَرى أَحَدًا.
ما تَكَلَّموا بَتاتًا.	لا نَتَكَلَّم بَتاتًا.

العَرَبِيَّة وَالعَرَب

Fremdwörter im Arabischen
Hocharabisch gehört zu den konservativsten Sprachen: Verglichen mit den indogermanischen Sprachen ist die Anzahl der Fremdwörter sehr gering. Dennoch war und ist die arabische Schriftsprache nicht frei von Fremdeinflüssen. Als Arabisch noch keine Weltsprache war, stand es in Konkurrenz mit anderen arabischen Dialekten, anderen semitischen Sprachen (Aramäisch), sowie mit Sprachen anderer Sprachfamilien (Persisch), die die Sprache konstant bereicherten und veränderten. Heute noch entwickelt sich die Hochsprache durch den enormen Druck der Sprachen der Kolonialmächte, die übergeordnete Rolle des Englischen und durch die arabischen Dialekte, die weiterhin als Umgangsprache fungieren und wesentlich leichter fremdsprachliche Elemente übernehmen. Die moderne Welt und ihr unaufhaltsamer Fortschritt zwangen die Schriftsprache dazu, neue Formen zu übernehmen (إِلكترون *Elektron*, ميكانيكا *Mechanik*, أكسِجين *Sauerstoff*).

Diese Fremdwörter weisen häufig interessante Merkmale auf, die sowohl die Aussprache, als auch die Schrift und die Grammatik betreffen. Da Fremdwörter meistens mündlich übertragen wurden, berücksichtigen sie in der Regel die ursprüngliche Aussprache (فِلم *Film*, سينما *Kino* aus Engl. *cinema*). Manchmal entstanden aber auch Dubletten (إفريقيا / أفريقيا *Afrika*, طاوِلَة / طاولَة *Tisch*). Auch in der Schrift sind solche Dubletten nicht selten (فيلم / فِلم *Film*, شيكولاتَة / شوكولاتَة *Schokolade*). Die Anpassung an das arabische Schriftsystem kann zunächst überraschen: Wer könnte ahnen, dass ein arabisches Ohr in einigen europäischen Wörtern den Laut ط bzw. ق hört? Dennoch werden häufig die Laute [ta, to, tu] mit ط wiedergegeben (بَنطَلون Hose) und Wörter wie *Technik* lauten تِقنِيَّة.

Interessant ist aber vor allem, mit welcher Selbstverständlichkeit Fremdwörter sich der arabischen Grammatik bis zur Unkenntlichkeit angepasst haben. Meistens werden Adjektive mit Hilfe der Nisba-Form von fremdsprachlichen Substantiven abgeleitet (إِلكتروني، ميكانيكِيّ), einige Wörter bilden einen gebrochenen Plural (فِلم ج أفلام), andere einen gesunden Plural auf ات (باصات). Es entstanden sogar neue Verben (تَلفَنَ، يُتَلفِنُ *telefonieren*; تَلفَزَ، يُتَلفِزُ *fernsehen*).

Im Falle einer Entlehnung trifft man häufig auf Paare mit derselben Bedeutung, was die arabische Sprache einerseits variationsreich, andererseits für Lernende schwierig macht. So heißt zum Beispiel *Tisch* sowohl طاوِلَة (vgl. It. *tavola*) als auch مِنضَدَة (bzw. مائِدَة), *Telefon* تِلِفون bzw. هاتِف.

Zuletzt muss erwähnt werden, dass jeder Dialekt mit Fremdwörtern anders umgeht. Der Einfluss von Französisch und den Berbersprachen im Maghreb sowie der englischen Sprache in der restlichen arabischsprachigen Welt hat Spuren hinterlassen. So ist Algerisch für jemanden ohne Französischkenntnisse kaum zu verstehen. Viele Algerier wiederum haben Probleme die öffentlich-rechtlichen Sender zu verstehen, die nur in Hochsprache senden. Marokkanisch überrascht durch die Fülle an Wörtern aus den Berbersprachen (كُسكُس aus *seksu*). Nehmen Sie also den باص im Mashreq und den أوتوبيس, كار oder حافيلة im Maghreb!

Personen beschreiben | über Mode und Lebensstile sprechen
Entwicklung von Mentalitäten beschreiben

12 أَمس وَاليَوم

Was sind Ihrer Meinung nach die Unterschiede zwischen den Menschen und dem Leben auf dem Land und in der Stadt. Ordnen Sie die Adjektive in die Tabelle.

ريفِيّ | سَهل | صَعب | دينيّ | تَقليدِيّ | مَدَنِيّ | قَومِيّ | لَطيف | خَدوم | مُتَعَجرِف | مُسئِم | رائِج

الحَياة وَالنّاس في المُدُن	الحَياة وَالنّاس في القُرى

A اِختِلافات وَمُجانَسات

1 **a Hören Sie den Text. Welche Kleidungstücke werden genannt?** ◎ 46

كَثير مِن الأَشياء تَغَيَّرَت في عالَمِ العَرَب مُنذُ الاِستِقلال. مَثَل عَلى هَذا التَّغيُّر يَخُصُّ الموضَة. في الماضِيّ كانَ النّاس يَسكُنون في القُرى وَكان عَمَلُهُم صَعبًا وَمَلابِسُهُم كانَت بَسيطَة: كانَ الرِّجال يَرتَدون السِّروال مَعَ قَميص مِنَ القُطُن أَو الجَلابِيَّة وَأَحيانًا طَربوش. كانَتِ النِّساء يَرتَدين الفُستان أَو الجَلابِيَّة. السِّروال هُوَ بَنطَلون شَرقِيّ تَقليدِيّ فَهُوَ واسِع وَسَهل جِدًّا. الجَلابِيَّة ثَوب واسِع يَرتَديهِ الرِّجال وَالنِّساء. إِنَّ نِساء كَثيرات كُنَّ يَرتَدين الحِجاب. إِنَّ الحِجابُ اِختَلَف مِن بَلَد لِآخَر. لَما كانَ أَهلُ الرّيف يَرتَدون مَلابِس عَرَبِيَّة تَقليدِيَّة كانَ أَهلُ المَدينَة يَرتَدون البَدلَة مَعَ الكَرافَت وَالنِّساء يَرتَدين التَّنّورَة القَصيرَة وَالبُلوزَة وَتَرَكن الحِجاب.
اليَوم لا يَخُصُّ الاِختِلافُ المُدُن وَالقُرى وَحدُها بَل الأَجيال.

b Beschreiben Sie die Kleidung in der Stadt und auf dem Land.

ماضِيّ	māḍiyy	vergangen, Vergangenheit
فَ	fa-	etwa: und, also
اِرتَدى، يَرتَدي	(i)rtadā, yartadī	tragen, etw. anziehen
سِروال ج سَراويل	sirwāl, sarāwīl	Hose
قَميص ج قُمصان	qamīṣ, qumṣān	Hemd
قُطُن	quṭun	Baumwolle
جَلّابِيَّة ج ات	ğallābiyya; ğallābiyyāt	Dschellaba
طَربوش	ṭarbūš	Fez (Hut)
ثَوب ج ثِياب	ṯawb; ṯiyāb	Kleid, Gewand
حِجاب ج حُجُب	ḥiğāb; ḥuğub	Kopftuch
اِختَلَف، يَختَلِف	(i)ḫtalaf(a), yaḫtalif(u)	s. unterscheiden
بَدلَة ج بِدَل	badla; bidal	Anzug
تَرَك، يَترُك	tarak(a), yatruk(u)	(ver)lassen
بَل	bal	sondern
جيل ج أَجيال	ğīl; ağyāl	Generation
سَهل/بَسيط	sahl/basīṭ	leicht, einfach, praktisch
أَهل الرّيف	ahl ar-rīf	Landbevölkerung
تَقليدِيّ	taqlīdiyy	traditionell
مَدَنِيّ	madaniyy	städtisch, Stadtbewohner
قَومِيّ	qawmiyy	national(istisch)
خَدوم ج ون	ḫadūm; ḫadūmūn	hilfsbereit
مُتَعَجرِف ج ون	mutaᶜağrif; mutaᶜağrifūn	stolz, hochnäsig, arrogant
مُسئِم ج ون	mus'im; mus'imūn	langweilig
رائِج	rā'iğ	belebt
اِختِلاف ج ات	(i)ḫtilāf; (i)ḫtilāfāt	Unterschied
مُجانَسَة ج ات	muğānasa; muğānasāt	Ähnlichkeit
تَغَيَّر، يَتَغَيَّر	taġayyar(a), yataġayyar(u)	s. verändern
مَثَل ج أَمثال	maṯal; amṯāl	Beispiel
تَغَيُّر ج ات	taġayyur; taġayyurāt	Veränderung
خَصَّ، يَخُصّ	ḫaṣṣ(a), yaḫuṣṣ(u)	betreffen
قَريَة ج قُرى	qarya; qurā	Dorf

2 **Suchen Sie in dem Text alle Verben heraus und füllen Sie die Tabelle aus.**

Gegenwärtige Handlung	Vergangene Handlung	
	Gewohnheit, Handlung im Verlauf	einmalige, abgeschlossene Handlung
___	___	___
___	___	___
___	___	___
___	___	___

- In der Gegenwartsstufe unterscheidet man nicht zwischen den Aktionsarten: Das Imperfekt drückt sowohl einmalige Handlungen in ihrem Verlauf (أَقرَأ الآن *ich lese gerade*), als auch regelmäßige Handlungen (أَقرَأ كَثيرًا *ich lese viel*) aus.
- In der Vergangenheitsstufe wiederum muss zwischen diesen Aktionsarten unterschieden werden. Das Perfekt drückt somit einmalige, abgeschlossene Handlungen aus (قَرَأتُ الكِتاب *ich habe das Buch gelesen*), während die zusammengesetzte Form كانَ + Imperfekt Gewohnheiten (كُنت أَقرَأ كَثيرًا *ich las viel*), Wiederholungen (كُنت أَقرَأ غالِبًا *ich las häufig*) bzw. Handlungen in ihrem Verlauf (كُنت أَقرَأ كِتابًا *ich las ein Buch*) ausdrückt. Die Verlaufsform von *sein* in der Vergangenheit ist كانَ allein.
- Bei der Verlaufsform der Vergangenheit steht das Substantiv im Nominativ zwischen كانَ und dem Imperfekt, das Personalpronomen entweder vor كانَ oder abwesend. Beide Verbformen müssen konjugiert werden: كانَتِ الطّالِبات يَقرَأنَ كَثيرًا / (هُنَّ) كُنَّ تَقرَأنَ كَثيرًا.
  كانَ wird wie قالَ konjugiert.
- Die Verneinung steht vor dem Imperfekt: كانَتِ الطّالِبات لا تَقرَأنَ كَثيرًا.

3 **Vervollständigen Sie die Sätze mit der Verlaufsform der Vergangenheit.**

1 _____ النّاس _____ (اِرتَدى) مَلابِس تَقليديّة.
2 (هُم) _____ _____ (سَكَنَ) في قُرى صَغيرَة.
3 (هُم) _____ _____ (عَمِلَ) صَعبًا.
4 _____ النِّساء _____ (اِرتَدى) الحِجاب.
5 _____ الأَطفال لا _____ (لَعِبَ) غالِبًا.
6 (هُم) _____ _____ (ساعَدَ) والِديهِم.
7 قَليل مِنهُم _____ _____ (ذَهَبَ) إِلى المَدرَسَة.
8 إِنَّ الرَّجُل _____ _____ (اِرتَدى) البَدلَة.
9 إِنَّ النِّساء _____ _____ (اِرتَدى) التَّنّورَة القَصيرَة وَالبلوزَة.
10 إِنَّ النّاس _____ (كانَ) دينِيّين.

4 **Setzen Sie die richtige Form von dem Verb *sein* ein und beantworten Sie die Fragen verneinend.**

Beispiel:

هَل ______ والِداكَ هُنا اليَوم؟ ← هَل والِداكَ هُنا اليَوم؟ لا، لَيسا هُنا اليَوم.

هَل ______ جَدّاكَ مِن الرّيفِيَّين؟ ← هَل كانَ جَدّاكَ مِنَ الرّيفِيِّين؟ لا، ما كانا مِنَ الرّيفِيِّين.

1 هَل ______ أَخوكَ الآن في مَعمَلِهِ؟

2 هَل ______ النّاس لُطَفاء في الماضِيّ؟

3 هَل أَنتِ ______ اليَوم في البَيت؟

4 هَل أَنتُم ______ في الجامِعَة أَمس؟

5 هَل ______ قَريَتُهُما صَغيرَة أَم كَبيرَة؟

6 هَل ______ المَعمَل قُرب مَحَطَّةِ القِطار؟

7 هَل ______ بَدلَتي هُنا؟

8 هَل ______ التَّلاميذ جَيِّدين في الماضِيّ؟

9 هَل ______ المَطعَم في وَسَطِ المَدينَة؟

10 هَل ______ هَذا السِّروال ضَيِّق جِدًّا؟

- Das deutsche Verb *sein* wird unterschiedlich ausgedrückt. Hier eine kleine Zusammenfassung:

sein			
Gegenwart		Vergangenheit	
bejaht	verneint	bejaht	verneint
–	لَيسَ	كانَ	ما كانَ

لَيسَ		
Singular	Dual	Plural
لَستُ	لَسنا	
لَستَ	لَستُما	لَستُم
لَستِ	لَستُما	لَستُنَّ
لَيسَ	لَيسا	لَيسوا
لَيسَت	لَيسَتا	لَسنَ

- Das deutsche Verb *haben* existiert im Arabischen als solches nicht, es wird durch Präpositionen wiedergegeben.

haben				
Gegenwart		Vergangenheit		
bejaht	verneint	bejaht	verneint	
عِندَ	لَيسَ عِندَ	كانَ عِندَ	ما كانَ عِندَ	= besitzen
لِـ	لَيسَ لِـ	كانَ لِـ	ما كانَ لِـ	
مَعَ	لَيسَ مَعَ	كانَ مَعَ	ما كانَ مَعَ	= bei s. haben

5 Fragen Sie einander, was Sie jetzt (bei sich) haben und was Sie früher hatten. Lassen Sie sich dabei von folgenden Themen inspirieren

المَلابِس | وَسائِلُ النَّقل | البَيت | العَمَل | العائِلَة | أَشياء يَومِيَّة

6 Hören Sie zu und machen Sie Notizen. Was hat sich in den letzten Jahren in Raschids Stadt verändert? 47

____

____

B بَينَ الماضيّ والمُستَقبَل

1 Hören und lesen Sie den Text und stellen Sie sich vor, wie das Leben in den 40 – 50ern war. 48

إنَّ الحَياةُ اليَوم مُختَلِفَة في عَهدِنا هَذا. وَهَل هِيَ أَفضَل؟ كَثير مِن الأَشياء تَغَيَّرَت مُنذُ الاِستِقلال عَنِ الدُّوَلِ الاِستِعمارِيَّة الأوروبِيَّة في الأَربَعينات وَالخَمسينات وَرَغمَ ذَلِكَ يَبقي بَعضُها كَما في الماضِيّ. مَثَلاً كانَتِ القَومِيَّة تَقوم بِدَور كَبير قَبلَ الاِستِقلال لِمُقاوَمَة الاِستِعمار وَبَعدَهُ لِإنشاءِ الدُّوَلِ الوَطَنِيَّة. وَالقَومِيَّة تَقوم بِدَور كَبير في عَهدِنا هَذا.

في البُلدانِ العَرَبِيَّة وَفي أوروبا كانَتِ الكَثرَة الكَثيرَة مِنَ النّاس تَسكُنُّ في القُرى حَتّى نِهايَةِ الحَربِ العالَمِيَّة الثّانِيَة. بَعدَ ذَلِكَ تَوَسَّعَتِ المُدُن وَتَرَكَ جُزء كَبير مِن النّاس القُرى وَسَكَنوا في المُدُن. مَعَ إنشاءِ المُدُن وَبَدءِ العولَمَة جاءَت موضات جَديدَة طَوَّرَتِ الشَّرق...

2 Suchen Sie im Text alle Ereignisse und notieren Sie, wann sie geschehen sind.

Ereignis	Zeit

3 Vergleichen Sie mit dem Leben in Ihrem Land in den 40 – 50ern.

في بَلَدي ما كانَت الحَياة سَهلَة أَيضًا لِأَنَّ ...

4 **Stellen Sie nun Vermutungen auf, wie das arabische Leben jetzt auf dem Lande und in den Städten ist.**

Die Partikel قَد steht häufig vor dem Imperfekt, um die Möglichkeit der Handlung auszudrücken. Sie wird entweder nicht oder mit *vielleicht* übersetzt.

قَد يَعمَلُ النّاس في المَعامِل في المُدُن وَلكِن...

في عَهدِنا هَذا	fī ᶜahdinā hāḏā	heutzutage
أَفضَل	afḍal	besser
مُنذُ	munḏu	seit
دَولَة ج دُوَل	dawla; duwal	Staat
اِستِعمارِيّ	(i)stiᶜmāriyy	kolonial(istisch)
أَربَعينات	arbaᶜīnāt	vierziger Jahre
خَمسينات	ḫamsīnāt	fünfziger Jahre
قَومِيَّة	qawmiyya	Nationalidentität, Nationalgefühl, Nationalismus, Nationalität
مُقاوَمَة	muqāwama	Widerstand
اِستِعمار	(i)stiᶜmār	Kolonialisierung, Kolonialismus
إِنشاء	inšā’	Entwicklung
مُحافِظ ج ون	muḥāfiẓ; muḥāfiẓūn	konservativ
تَبَوَّأَ الحُكم، يَتَبَوَّأُ	tabawwa’(a) -l-ḥukm, yatabawwa’(u)	an die Macht kommen
ريف ج أَرياف	rīf; aryāf	Feld, Land
مِثلُ	miṯlu	wie
لَجَأَ، يَلجَأُ	laǧa’(a), yalǧa’(u)	s. zurückziehen
كَلام	kalām	Wort, Sprechen
مُتَطَرِّف ج ون	mutaṭarraf; mutaṭarrafūn	radikal
عاشَ، يَعيشُ	ᶜāš(a), yaᶜīš(u)	leben
ما / لا ... أَبَدًا	ma / la... abadan	nie(mals)
اِستَطاعَ، يَستَطيعُ	(i)staṭāᶜa; yastaṭīᶜ(u)	können
وَطَنِيّ	waṭaniyy	national
حَرب ج حُروب	ḥarb; ḥurūb	Krieg *f.*
تَوَسَّعَ، يَتَوَسَّعُ	tawassaᶜ(a), yatawassaᶜ(u)	s. vergrößern
جُزء الكَثرة مِن ج أَجزاء الكَثيرة	ǧuz’ al-kaṯra min; aǧzā’ al-kaṯīra	der größte Teil von
سَكَنَ، يَسكُنُ	sakan(a), yaskun(u)	*hier:* s. niederlassen
بَدء ج أَبداء	bad’, abdā’	Beginn
جاءَ ج يَجيءُ	ǧā’(a), yaǧī’(u)	kommen
طَوَّرَ، يُطَوِّرُ	ṭawwar(a), yuṭawwir(u)	verändern
عولَمَة	ᶜūlama	Globalisierung
كَما	kamā	wie *bei Vergl.*
ثَمانينات	ṯamānīnāt	achtziger Jahre
حَرَكَة ج ات	ḥaraka; ḥarakāt	Bewegung
مُهاجِر ج ون	muhāǧir; muhāǧirūn	Migrant
تَخَوَّفَ مِن ، يَتَخَوَّفُ	taḫawwaf(a) min, yataḫawwaf(u)	fürchten um
خَسارَة ج خَسائِر	ḫasāra; ḫasā’ir	Verlust
اِكتَشَفَ، يَكتَشِفُ	(i)ktašaf(a), yaktašif(u)	entdecken
تَقليد ج تَقاليد	taqlīd; taqālīd	Tradition
تِسعينات	tisᶜīnāt	neunziger Jahre
أَصبَحَ، يُصبِحُ	aṣbaḥ(a), yuṣbiḥ(u)	werden
حِزب ج أَحزاب	ḥizb; aḥzāb	Partei

5 **Hören und lesen Sie nun den zweiten Teil des Textes über die Achtziger und Neunziger. Unterstreichen Sie alle neuen Wörter.** 49

...في الثّمانينات قامَت حَرَكَة قَومِيَّة جَديدَة بَينَ المُسلِمين في الدُّوَلِ العَرَبِيَّة وَالمُهاجِرين في أَمريكا وَأوروبا. إنَّ بَعضُهُم تَخَوَّفوا مِن خَسارَة قَومِيَّتِهِم وَاكتَشَفَ أَخَرون تَقاليدَهُم الشَّعبِيَّة مِن المَلابِس وَالدّين. في التِسعينات أَصبَحَ العالَم مُتَدَيِّنًا وَالأَحزابُ المُحافِظَة تَبَوَّأَتِ الحُكم. في الرّيف وَفي المُدُنِ اِرتَدى النّاسُ الكَثيرونَ المَلابِسِ التَّقليدِيَّة وَالدّينِيَّة. في الغَرب قَليل مِنَ المُهاجِرين لَجَأوا إلى الدّين وَأَصبَحَ كَلامُهُم مُتَطَرِّفًا. وَمَن لَم يَعيش أَبَدًا في الغَرب لا يَستَطيع أَن يَفهَمَ شَيئًا مِن هَذا...

6 **Vergleichen Sie mit dem, was in Ihrem Land in den Achtzigern und Neunzigern geschah.**

Die Partikel قَد steht häufig vor dem Perfekt, um die Gewissheit der Handlung zu betonen. Sie wird entweder nicht oder mit *schon, bereits* übersetzt.

في بَلَدي قَد تَبَوَّأ حِزب مُحافِظُ الحُكم في الثَّمينينات أَيضًا.

7 **Erklären Sie den letzten Satz des Textes.**

C صُوَرُ الأَمس وَاليَوم

1 a **Schauen Sie sich die Bilder und Farben an und lesen Sie die neuen Wörter. Welche treffen auf Sie zu?**

ذو لَحيَة

ذو شارِب

أَصلَع ج صُلع

يَرتَدي نَظارَة

رَشيق ج رِشاق

سَمين ج سِمان

طَويل ج طِوال

قَصير ج قِصار

أَسوَد م سَوداء ج سود

رَمادِيّ

أَصهَب ج صَهباء ج صُهب

أَشقَر م شَقراء ج شُقر

بُنِّيّ

رَمادِيّ

أَخضَر م خَضراء ج خُضر

أَزرَق م زَرقاء ج زُرق

b Beschreiben Sie jetzt die drei Personen so genau wie möglich.

c Hören Sie nun die Beschreibungen auf dem Polizeirevier. Wer war der Täter? 50

2 Beschreiben Sie nun einen anderen Kursteilnehmer. Ihr/e Nachbar/in rät, um wen es sich handelt.

3 Beschreiben Sie die Bilder so genau wie möglich: Wie lebten Menschen früher und wie leben sie jetzt. Was hat sich verändert?

Redemittel

Personen beschreiben

هِيَ طَويلَة جِدًّا وَعيناها زَرقاوان وَتَرتَدي الحِجاب.
هُوَ قَصير وَسَمين. شَعرُهُ أَسوَد وَعَيناهُ سَوداوان. لَيسَ لَهُ لِحيَة.

Über Kleidungsstücke sprechen

في الماضِيّ كُنت أَرتَدي سَراويل واسِعَة وَقُمصان وَردِيَّة وَاليَوم أَرتَدي البَدلَة مَع الكَرافَتَّة.

Über Lebensstile sprechen

في القُرى ما كانَتِ الحَياة سَهلَة. كانَ النّاس يَقومون باكِرًا جِدًّا وَيَعمَلون حَتّى اللَّيل.
عِندَما أَصبَحَ العَمَل غَير كاف في القُرى اِنتَقَلوا إِلى المُدُن وَاِكتَشَفوا حَياة جَديدَة وَلَكِن صَعبَة أَيضًا.

Die Entwicklung der Mentalitäten beschreiben

مُنذُ التِّسعينات يَقومُ الدّين بِدَور كَبير في حَياةِ العَرَبِ اليَومِيَّة. تَرتَدي النِّساء في أوروبا وَالدُّوَل العَرَبِيَّة الحِجاب. وَلَكِن شاهَدنا هَذا التَغَيُّر عِندَ الأَوروبِيّن وَالأَمريكِيّين أَيضًا.

Grammatik

Verlaufsform der Vergangenheit

كانَ + Imperfekt
كانَت بَناتي لا تَرتَدِنَ الحِجاب.

Perfekt und Verlaufsform der Vergangenheit im Vergleich

Gewohnheit / Wiederholung (Verlaufsform der Vergangenheit)	Einmalige Handlung (Perfekt)
كُنت أَذهَب إِلى المَدرَسَة عَلى الأَقدام (كُلّ يَوم). كانَ الرِّجال يَلعَبون بِالأَوراق في المَساء.	ذَهَبت إِلى المَدرَسَة عَلى الأَقدام (صَباح اليَوم).

Die Partikel قَد

قَد + Imperfekt (Wahrscheinlichkeit)	قَد + Perfekt (Sicherheit)
قَد يَصِل عُمَر مَساءَ اليَوم (إِن شاءَ الله).	قَد وَصَل عُمَر مَساءَ أَمس (أَنا رَأَيتُهُ).

Das Verb لَيسَ *nicht sein*

Singular	Dual	Plural
لَستُ	لَسنا	
لَستَ	لَستُما	لَستُم
لَستِ	لَستُما	لَستُنَّ
لَيسَ	لَيسا	لَيسوا
لَيسَت	لَيسَتا	لَسنَ

Wiedergabe von *sein*

Gegenwart		Vergangenheit	
bejaht	verneint	bejaht	verneint
-	لَيسَ	كانَ	ما كانَ

Wiedergabe von *haben*

Gegenwart		Vergangenheit	
bejaht	verneint	bejaht	verneint
عِندَ	لَيسَ عِندَ	كانَ عِندَ	ما كانَ عِندَ
لِـ	لَيسَ لِـ	كانَ لِـ	ما كانَ لِـ
مَعَ	لَيسَ مَعَ	كانَ مَعَ	ما كانَ مَعَ

العَرَبِيَّة وَالعَرَب

Arabische Kleiderordnung
Wie immer, wenn es sich um Kleidung handelt, spielt die Mode eine wichtige Rolle. In der arabischen Welt war sie seit jeher geographisch und sozial bedingt. Ungefähr seit dem Ende des 19. Jh. kam ein kulturelles Novum dazu: Hosen بَنطَلون, Hemden قَميص und Jacketts جيكيت wurden mit der Kolonialisierung in der arabischen Welt eingeführt. Bis dahin trugen die Menschen traditionelle Kleider, die heute nach wie vor neben den „europäischen" zu sehen sind.

Die traditionelle Hose سِروال ist eine sehr breite Hose, die oben und unten fest gebunden wird; sie wird von Frauen und Männern getragen, gilt aber inzwischen in vielen Regionen als bäuerlich. Ansonsten tragen Männer und Frauen ein langes, gerades Kleid mit oder ohne Gürtel, das verschiedene Namen hat: جَلاّبِيَّة، قُفطان، دَشداشَة.
Auch die traditionellen Kopfbedeckungen wurden von der europäischen Mode verdrängt, kommen aber seit der Unabhängigkeit zurück. Männer (vor allem in der ländlichen Bevölkerung) tragen die schwarz-weißen bzw. rot-weißen كوفِيَّة, die die palästinensische Bevölkerung berühmt machte. Reichere Männer, wie etwa Emirs der arabischen Halbinsel, tragen die شَملَة, ein weißes Tuch, das mit einer schwarzen, roten oder weißen Schnur festgehalten wird. Auch immer noch sehr beliebt ist die طاقِيَّة, eine Art flache Mütze, sowie der (ursprünglich türkische) Fez طَربوش. Den Turban عِمامَة tragen nur religiöse Würdeträger und Männer, die die Pilgerfahrt nach Mekka absolviert haben.

Frauen tragen verschiedene Arten von Kopftüchern, welche die Haare bedecken حِجاب, manchmal aber auch Teile des Gesichts, das gesamte Gesicht oder den gesamten Körper بُرقُع. Diese islamische Frauenbekleidung ist dennoch nicht immer Symbol hoher Religiosität: Viele junge Frauen tragen auch das Kopftuch als Reaktion auf die europäische Mode und um zu versuchen, die eigene Identität und Kultur zu bewahren.

Urlaub planen | im Hotel einchecken | Informationen über die Hotelanlage / den Urlaubsort einholen | seinen Lebenslauf beschreiben

13 عيشَة تَرَف

Hören Sie den Dialog und kreuzen Sie an, ob die Aussagen richtig oder falsch sind. ◎ 51

	صَحيح	خَطأ
السَّيِّد ريدفورد في بِريطانيا العُظمى الآن.	☐	☐
عائِلَتُهُ الآن في الفُنْدُق.	☐	☐
عِندَهُ غُرفَتان رَقَم ٤٩٤ وَرَقم ٤٩٥.	☐	☐
في الفُنْدُق حَمّام.	☐	☐
في الفُنْدُق يوجَد مَحَلّ لِلمُجَوهَرات.	☐	☐
جَنبَ الفُنْدُق يوجَد ميناءُ اليُخوت.	☐	☐

Hören Sie noch einmal und schreiben Sie alle Elemente auf, die für einen Urlauber wichtig sind. ◎ 51

____

____

Würde Ihnen dieses Hotel gefallen? Warum?

عُطلَة فاخِرَة A

1 **Lesen Sie den Text.**

وَصلَت عائِلَة ريدفورد مِن بريطانيا العُظمى إلى الفُندُقِ ذي خَمسَةِ نُجوم الَّذي حَجَزَتهُ قَبلَ أَربَعَةِ شُهور. التّاكسي الَّذي أَخَذَتهُ العائِلَة أَنزَلَهُم أَمامَ بابِ الفُندُقِ الآن. يَدخُلونَ الفُندُقَ الآنَ وَالسَّيِّد ريدفورد يَقول:

- مَساءُ الخَير! اِسمي جون ريدفورد وَهَذِهِ زَوجَتي ماري وَأَطفالُنا توماس وَماثيو. حَجَزنا غُرفَتَين لِأُسبوعَين.

▷ مَساءُ النّور، سَيِّد ريدفورد. أَهلاً وَسَهلاً. عِندَكُم حَجز لِغُرفَتَين رَقم ٤٩٥ وَرَقم ٤٩٦. هُما في الطّابَقِ الرّابِع. يَصِل حالاً أَحَدُ العامِلين فَيَأخُذُ حَقائِبَكُم وَيَقودُكُم إِلى الغُرفَتَين. هَذانِ المِفتاحان لَكُم.

- هَل في هَذا الفُندُق مَسبَح؟

▷ طَبعًا يا سَيِّدي. هُوَ في خارِجِ الفُندُق عَلى اليَمين وَكَذَلِكَ يوجَد في الدّاخِل حَمّام في الطّابِقِ الثّالِث وَكازينو في الطّابِقِ الأَوَّل.

- وَأَينَ يوجَدُ المَطعَم؟

▷ المَطعَم يوجَد في الطّابِقِ السّادِس. يُطِلُّ عَلى الشَّرم وَميناء اليُخوت. طَبّاخُنا مِنَ المُشاهير في هَذا البَلَد.

- وَهَل يوجَد هُنا دَكاكين أَيضًا؟

▷ نَعَم، يوجَد دُكّان لِلمَلابِس في الطّابِقِ الأَرضِيّ وَمَحَلٌّ لِلمُجوهَرات جَنبَهُ. طَبعًا، تَستَطيع أَن تَدفَع بِبِطاقَةِ الاِعتِماد دائِمًا.

- شُكرًا جَزيلاً.

▷ لا شُكرَ عَلى واجِب.

بريطانيا العُظمى	b(i)rīṭānya -l-ᶜuẓmā	Großbritanien
فُندُق ج فَنادِق	funduq; fanādiq	Hotel
ذو، ذا، ذي	ḏū, ḏā, ḏī	*etwa:* Besitzer
نَجمَة ج نُجوم	nağma; nuğūm	Stern
الَّذي ج الَّذينَ	allaḏī; allaḏīn(a)	*Relativpronomen m.*
الَّتي ج اللاتي	allatī ; allātī	*Relativpronomen f.*
حَجَزَ، يَحجَزُ	ḥağaz(a), yaḥğaz(u)	buchen
أَنزَلَ، يُنزِلُ	anzal(a); yunzil(u)	aussteigen lassen
باب ج أَبواب	bāb; abwāb	Tür, Tor
دَخَلَ، يَدخُلُ	daḫal(a), yadḫul(u)	betreten
رَقم ج أَرقام	raqm; arqām	Nummer
حَجز	ḥağz	Reservierung
طابِق ج طَوابِق	ṭābiq; ṭawābiq	Etage
مِفتاح ج مَفاتيح	miftāḥ; mafātīḥ	Schlüssel

في الخارِج	fi -l-ḫāriğ	draußen
في الدّاخِل	fi -d-dāḫil	drinnen
كازينو ج كازينوهات	kāzīnū; kāzīnūhāt	Kasino
أَطَلَّ عَلى، يُطِلُّ	aṭall(a) ᶜala, yuṭill(u)	gehen zu
يَخت ج يُخوت	yaḫt; yuḫūt	Jacht
طَبّاخ ج ون	ṭabbāḫ; ṭabbāḫūn	Koch
مَشهور ج مُشاهير	mašhūr; mušāhīr	berühmt
طابِق أَرضِيّ	ṭābiq arḍiyy	Erdgeschoss
مَحَلُّ المُجوهَرات	maḥallu -l-muğawharāt	Schmuckladen
مَحَلّ ج ات	maḥall; maḥallāt	Laden
دَفَعَ، يَدفَعُ	dafaᶜ(a), yadfaᶜ(u)	bezahlen
بِطاقَة اِعتِماد	biṭāqat iᶜtimād	Kreditkarte
دائِمًا	dā'iman	immer
مَحَلُّ العُطور	maḥallu -l-ᶜuṭūr	Parfümerie

2 Sagen Sie, was es in dem 5-Sterne-Hotel der Familie Redford alles gibt.

في الفُنْدُق يوجَد مَسبَح...

3 Was gibt es in einem 2-3-Sterne-Hotel nicht?

في فُنْدُق ذي ثَلاثَة نُجوم لا يوجَد ميناء يُخوت...

4 Sagen Sie, was es im Hotel „Amir as-Sahra“ alles gibt.

في فُنْدُق «أميرُ الصَّحراء»...

مَحَلُّ العُطور

5 **Bringen Sie die Etappen der Reise des Herrn Redford in die richtige Reihenfolge.**

- ☐ روَّحَ عَن نَفسِهِ عَلى الشّاطِئ الخاصّ.
- ☐ دَفَعَ الرِّحلَة بِبِطاقَةِ الاِعتِماد.
- ☐ حَجَزَ الرِّحلَة.
- 1 ذَهَبَ إلى مَكتَبِ الرِّحلات.
- ☐ نَظَرَ إلى جَدوَلِ الرِّحلات.
- ☐ دَخَلَ الفُندُق.
- ☐ ذَهَبَ إلى المَطار.
- ☐ ذَهَبَ بِالتّاكسي إلى الفُندُق.
- ☐ أخَذَ مِفتاحَه.

6 **Spielen Sie zu zweit die Szene am Hotelempfang nach: informieren Sie sich über das Hotel, die Zimmer, die Stadt usw.**

7 **Vervollständigen Sie die Sätze mit dem passenden Relativpronomen.**

1 الفُندُق ____ يوجَد بِجانِبِ فُندُقِنا غالٍ جِدًّا.
2 أبوابُ الجامِعِ ____ جَميلَة قَديمَة جِدًّا.
3 الطَّبّاخَة ____ تَعمَل في فُندُقِنا مِنَ الهِند.
4 كانَ هَذا السِّياسِيّ ____ مُحافِظ جِدًّا مُهَندِسًا.
5 صالَة لِلُّعب ____ في الطّابِقِ العاشِر صَغيرَة.
6 السُّيّاح ____ يَصِلون في أَغُسطُس مُتَعَجرِفون.
7 مَحَلُّ المُجَوهَرات ____ في وَسَطِ المَدينَة غالي.
8 كُلُّ الزَّبائِنِ ____ يَصِلون إلى الفُندُق مِن المَشاهير.
9 اليُخوت ____ تَصِل إلى هَذا الميناء طَويلَة.
10 لَيسَتِ القُرى ____ في هَذا البَلَد غَنِيَّة.

	Singular	Dual	Plural
maskulin	الَّذي	اللَّذانِ / اللَّذَينِ	الَّذينَ
feminin	الَّتي	اللَّتانِ / اللَّتَينِ	اللاتي = اللَواتي

Das Relativpronomen steht immer unmittelbar nach seinem Bezugswort und wird damit in Zahl und Geschlecht angeglichen (im Dual wird es ebenfalls im Fall angeglichen.)

المَرأة الَّتي تَتَكَلَّمُ الفُصحى تَعمَل مَعي.
المَرأتان اللَّتان تَتَكَلَّمان مَعَ المُدير مُتَرجِمَتان.
النِّساءُ اللاتي لا يَتَكَلَّمنَ العَرَبِيَّة ذَهَبنَ أمس.
الرَّجُلُ الَّذي يَتَكَلَّمُ الفُصحى يَعمَل مَعي.
الرَّجُلان اللَّذان يَتَكَلَّمان مَعَ المُدير لَطيفان.
الرِّجال الَّذين لا يَتَكَلَّمونَ العَرَبِيَّة مِن فَرَنسا.

8 **Vervollständigen Sie das Bild frei und fragen Sie sich gegenseitig, auf welcher Etage sich was in Ihrem Hotel befindet.**

مَسبَح | حَمّام | مَطعَم | مَحَلُّ المُجوهَرات | دُكّان لِلمَلابِس | بَنك | مَكتَبُ الرِّحلات | كازينو | غُرفَتي | مَقهى | بار.

10. ______
9. ______
8. ______
7. ______
6. ______
5. ______
4. ______
3. ______
2. ______
1. ______

١	أوَّل م أولى	٦	سادِس م سادِسَة
٢	ثانٍ / الثّاني م ثانِيَة	٧	سابِع م سابِعَة
٣	ثالِث م ثالِثَة	٨	ثامِن م ثامِنَة
٤	رابِع م رابِعَة	٩	تاسِع م تاسِعَة
٥	خامِس م خامِسَة	١٠	عاشِر م عاشِرَة

- Bis auf eine Ausnahme (1.) werden die Ordinalzahlen bis 10 nach dem gleichen Schema gebildet: Der erste Konsonant wird mit Alif vokalisiert und der zweite mit kasra. Die 6 erhält eine Extraform (سادِس).
- Alle Ordinalzahlen sind Adjektive und werden demnach dem Substantiv nachgestellt und mit ihm in Zahl, Geschlecht, Fall und Bestimmtheit angeglichen.

B طَبيبُ الشَّيخ

1 **Hören Sie den Dialog und notieren Sie alles, was Sie über den Arzt und den Scheich erfahren.** 52

الصَّيد بِالصَّقر

- ◀ السَّلامُ علَيكُم سَيِّد شميدت.
- ◁ وَعلَيكُمُ السَّلام.
- ◀ أنتَ تَعيش في الإمارات مُنذُ سَنَة وَتَعمَل عِندَ شَيخ. هَل تَستَطيع أن تَشرَح لَنا كَيف حَدَث ذَلِك؟
- ◁ بِكُلِّ سُرور. دَرستُ الطِّبّ في النِّمسا وَبَعدَ الدِّراسَة بَحَثت عَن عَمَل فَوَجَدتُ وَظيفَة في مُستَشفى كَبير. إنّي كُنت أعمَل كَثيرًا جِدًّا وَلَكِن ما كانَ المال يَكفي... ثُمَّ رَأيت إعلانًا في جَريدَة. كانَ شَيخ إماراتيّ يَبحَث عَن طَبيب أوروبيّ خُصوصِيّ لِعائِلَتِهِ. أجابت عَلى الإعلان وَذَهَبت بَعدَ شَهرَين إلى أبو ظَبي.
- ◀ مَن هُوَ هَذا الشَّيخ؟
- ◁ عِندَهُ شَرِكَة بِترول كَبيرَة وَهُوَ غَنِيّ جِدًّا: عِندَهُ بَيت يُشابِه قَصرًا مِن قُصورِ الصَّحراء. فيهِ ١٣ غُرفَة نَوم وَحَديقَة عَظيمَة وَمَسبَح وَمَلعَب تِنِس وَخُيول عَرَبِيَّة وَخَدَم كَثير. الشَّيخ يَجمَع أيضًا سَيّاراتِ السِّباق وَيُحِبُّ الصَّيد بِالصَّقر. عائِلَتُهُ كَبيرَة: لَهُ ٤ أبناء وَ٣ بَنات لِطاف جِدًّا وَهُم لا يَذهَبون إلى المَدرَسَة بَل يَدرُسون في البَيت مَعَ مُدَرِّسين خُصوصِيّين.
- ◀ وَهَل تَستَطيع أن تَقول كَيفَ المَعيشَة هُناكَ؟
- ◁ المَعيشَة مَعَ العائِلَة وَخَدَمِ الشَّيخ جَيِّدة: حينَما يَمرَض أو يَنجَرِح أحَد أُطَبِّبَهُ وَفي باقي الوَقتِ أتَعَلَّمُ الطِّبَّ البَيطَريّ لِأعتَني بِالصُّقور وَالخُيول. غالِبًا يُبَدِّلُ الشَّيخُ الطَّبيب مِن فَترَة لِأُخرى وَأُريد أن أتَحَسَّن في العَمَل لِأبقَى عِندَهُ.

2 Bilden Sie Relativsätze.

Beispiele:

شاهَدت فِلمًا. كانَ الفِلم مُهِمًّا. ← كانَ الفِلم الّذي شاهَدتُهُ مُهِمًّا.

أَحتاج إِلى أشياء لِلعَشاء. هَذِهِ الأَشياء كَفَت في السَّيّارَة. ← كَفَتِ الأَشياء الّتي أَحتاج إِلَيها لِلعَشاء في السَّيّارَة.

1 يَكسِب طَبيبُ الشَّيخ مالاً كَثيرًا. مِن هَذا المال يَشتَري هَدايا لِعائِلَتِهِ.

2 وَجَدتُ شِقَّة في القاهِرَة. كانَت هَذِهِ الشَّقَّة غالِيَة جِدًّا.

3 أَبحَث عَن مِفتاحي. هُوَ صَغير.

4 رَأَت جَميلَة إِعلانًا مُهِمًّا. قَرَأَتِ الإِعلان مُباشَرَةً.

5 في الجَريدَة إِعلانات كَثيرَة. هَذِهِ الجَريدَة مِن بَريطانيا العُظمى.

6 أَطفالُ الشَّيخ قاموا بِواجِباتِهِم. كانَتِ الواجِبات صَعبَة.

7 زارَ السُّيّاح قُصورًا. كانَت هَذِهِ القُصور عَظيمَة جِدًّا.

8 يَجمَعُ الشَّيخ سَيّارات. هِيَ سَيّاراتُ السِّباق.

9 يَعتَني الطَّبيبُ البَيطَرِيّ بِصُقورِ الشَّيخ. الصُقور مَجروحَة.

10 يَسكُنُ الطَّبيب في غُرفَة عَظيمَة. هِيَ تُطِلّ عَلى مَلعَب التِّنِس.

Ist das Relativpronomen nicht Subjekt im Relativsatz, so wird das Bezugswort als Personalendung wiederholt. Es steht:

- nach dem Verb (das Relativpronomen ist direktes Objekt des Verbs):
  الرَّجُل الّذي رَأَيناهُ جاءَ مِنَ النِّمسا.
  Der Mann, den wir gesehen haben, kommt aus Österreich.
- nach der Präposition:
  الرَّجُل الّذي تَكَلَّمنا مَعَهُ جاءَ مِنَ النِّمسا.
  Der Mann, mit dem wir gesprochen haben, kommt aus Österreich.

إِعلان ج ات	iᶜlān; iᶜlānāt	Anzeige
خُصوصِيّ	ḫuṣūṣiyy	privat
غَنِيّ ج أَغنياء	ġaniyy; aġniyā’	reich
شابَهَ، يُشابِهُ	šābah(a), yušābih(u)	ähneln
قَصر ج قُصور	qaṣr; quṣūr	Schloss, Palast
صَحراء ج صَحارى	ṣaḥrā’; ṣaḥārā	Wüste, Sahara
عَظيم ج عُظَماء	ᶜaẓīm; ᶜuẓamā’	riesig, riesengroß
مَلعَب تِنِس	malᶜab tinis	Tennisplatz
خَيل ج خُيول	ḫail, ḫuyūl	Pferd
شَرَحَ ج يَشرَحُ	šarah(a); yašrah(u)	erklären
النِّمسا	an-nimsā	Österreich
دِراسَة ج ات	dirāsa; dirāsāt	Studium
بَحَثَ عَن، يَبحَثُ	bahaṯ(a) ᶜan, yabhaṯ(u)	suchen
وَجَدَ، يَجِدُ	wağad(a), yağid(u)	finden
وَظيفَة ج وَظائِف	waẓīfa; waẓā’if	Stelle
كَفى، يَكفي	kafā, yakfī	(aus)reichen
مال	māl	Geld
رَأى، يَرى	ra’ā, yarā	sehen

3 **Sagen Sie, an welchem Tag der Arzt was gemacht hat.**

Beispiel:

بَحثَ الطَّبيب عَن عَمَل. (١٢) ← بَحثَ الطَّبيب عَن عَمَل في الثّاني العَشـرَ.

1 قـرَأَ إعلانـًا في الجَريدَة. (١٣)
2 أجابَ عَلى الإعلان. (١٤)
3 تَلَقّى رِسالَة مِنَ الشَّيخ. (١٨)
4 ذَهَبَ إلى أَبو ظَبي. (١٩)
5 زارَ قَصرَ الشَّيخ. (٢٠)
6 تَعَرَّفَ على عائِلَةِ الشَّيخ. (٢١)
7 جُرِحَ ابنُ مِن أبناءِ الشَّيخ. (٢٢)
8 لَعِبَ التِّنِس مَعَ الشَّيخ. (٢٣)
9 قَرَأَ كِتابًا عَنِ الطِّبِ البَيطَري. (٢٦)
10 شَرَحَ لِلصَّحافِيّ قِصَّتَه. (٣٠)

١١	حادِيَ عَشَرَ م حادِيَةَ عَشرَة
١٢	ثانيَ عَشَرَ م ثانِيَةَ عَشرَة
١٣	ثالِثَ عَشَرَ م ثالِثَةَ عَشرَة
١٤	رابِعَ عَشَرَ م رابِعَةَ عَشرَة...
٢٠	عِشرون (العِشرون)
٢٣	ثالِث وَعِشرون م ثالِثَة وَعِشرون...
١٠٠	مِئَة
١٠٠٠	أَلف

Für die Zehner (außer 10) gibt es keine Ordinalzahl. Man verwendet die Grundzahl (gegebenenfalls mit dem Artikel). Zehner, Hunderter usw. sind geschlechtsindifferent.

4 **Überlegen Sie sich nun drei wichtige Daten aus ihrem Leben und erzählen Sie Ihrem Nachbarn, was an diesem Tag passiert ist.**

___

___

___

طَبَّبَ، يُطَبِّبُ ṭabbab(a), yuṭabbib(u) verarzten
باقٍ bāqin restlich
طِبّ بَيطَرِيّ ṭibb bayṭariyy Tiermedizin
بَدَّلَ، يُبَدِّلُ baddal(a), yubaddil(u) ersetzen, austauschen
فَترَة fatra Zeitraum
تَحَسَّنَ، يَتَحَسَّن taḥassan(a), yataḥassan(u) s. verbessern
بَقِيَ، يَبقى baqiya, yabqā (übrig)bleiben
خَدَم ḫadam Hauspersonal
جَمَعَ، يَجمَعُ ǧamaᶜ(a), yaǧmaᶜ(u) sammeln
سِباق sibāq Rennen
صَيد ṣayd Jagd, Fischen
صَقر ج صُقور ṣaqr; ṣuqūr Falke
مَعيشَة maᶜīša Leben
مَرِضَ، يَمرَضُ mariḍ(a), yamraḍ(u) erkranken
اِنجَرَحَ، يَنجَرِحُ (i)nǧaraḥ(a), yanǧariḥ(u) s. verletzen

مِنَ الأَزمَة إِلى التَّرَف C

1 **Lesen Sie den Text und beantworten Sie die Frage.** 53

بَعدَ أَزمَةِ النَّفط اِغتَنَت بَعضُ البُلدانِ المُصَدِّرَة لِلنَّفط مِثلُ الإمارات العَرَبِيَّة المُتَّحِدَة كَثيرًا. كَسَبَت كَثيرًا مِنَ المال وَما كانَتِ اليَدُ العامِلَة الوَطَنِيَّة تَكفي وَلِذَلِك وَجَبَ استيرادُ اليَدُ العامِلَة مِن آسيَة. في التِّسعينات بَدَأَت وِرَش عَمَل كَبيرَة مَثَلاً في رَيّ جُزء مِن الصَّحراء وَتَحويلِهِ إِلى ساحَة لِلجولف. في أَوَّلِ سَنَواتِ القَرنِ الحادي وَالعِشرين بَدَأَ مَشروع فَريد في مِنطَقَةِ بابِهِ: وَهُوَ بِناء جُزُر اِصطِناعِيَّة قُربَ ساحِلِها. المَشروعُ الأَوَّل كانَ مَجموعَة جُزُر تُشابِه نَخلَة عَظيمَة. يَبنون عَلَيها فَنادِق وَبُيوت فاخِرَة. المَشروعُ التّالي هُوَ مَجموعَة جُزُر تُجانِس قارّاتِ الأَرض. القيمَة لِلجَزيرَة فيما بَينَ ١٠ وَ٤٥ مِليونًا دولار.

ماذا فَعَلت لَو كُنت غَنِيًّا وَسَكَنت في بَيت عَلى جَزيرَة مِن هَذِهِ الجُزُر؟

Beispiel:

لَو سَكَنت عَلى جَزيرَة مِن هَذِهِ الجُزُر لَذَهَبت كُلّ يوم إِلى البَحر.

2 **Verbinden Sie die Sätze.**

هَل تَعرِف هَذا البَلَد	غالِيَة جِدًّا.
هُوَ بَلَد	أَعرِفُهُ جَيِّدًا.
يوجَد فيهِ مَشاريع مُهِمَّة	اسمُهُ الإمارات العَرَبِيَّة المُتَّحِدَة؟
يَبنون جُزُرًا	فَريدَة في نَوعِها.
يَبنون عَلَيها بُيوتًا	تَتَغَيَّر جُغرافيا.
يَبنون أَيضًا فَنادِق	تُشابِه نَخلَة أَو قارّاتِ الأَرض.

Wenn das Bezugswort unbestimmt ist, steht kein Relativpronomen:

Der Name des Mannes, der in England wohnt, ist Mahmud.	اِسمُ الرَّجُل الَّذي يَسكُن في إِنكِلتِرّا مَحمود.
Ein Mann, der in England wohnt, ist Engländer.	رَجُل يَسكُن في إِنكِلتِرّا إِنكليزيّ.
Der Koran ist ein Buch, das ich oft lese.	القُرآن كِتاب أَقرَأُه غالِبًا.
Hischam ist ein Arzt mit dem ich studiert habe.	هِشام طَبيب دَرَستُ مَعَهُ.

3 **Bilden Sie die Relativsätze.**

Beispiel:

بَعدَ أَزمَةِ النَّفط اغتَنَت بَعضُ البُلدان المُصَدِّرَة لِلنَّفط. حَدَثَتِ الأَزمَة في السَّبعينات.

← بَعدَ أَزمَةِ النَّفط الَّتي حَدَثَت في السَّبعيناتِ اغتَنَت بَعضُ البُلدان المُصَدِّرَة لِلنَّفط.

1 وَصَّلَت يَد عامِلة. هَذِهِ اليَدُ العامِلَة جاءَت مِنَ الهِند خاصَّةً.

2 كَسَبَ العُمّالُ المُهاجِرون مالاً. أَرسَلوا جُزء مِن هَذا المال إِلى عائِلَتِهم مَعَ ذَلِكَ.

3 أَصبَحَتِ الإِماراتُ العَرَبِيَّة المُتَّحِدَة غَنِيَّة جِدًّا. الإِماراتُ العَرَبِيَّة المُتَّحِدَة دَولَة مُصَدِّرَة لِلنَّفط.

4 بَدَأَت وِرَش عَمَل كَبيرَة في التِّسعينات. بَينَها يوجَد وِرَش عَمَل لِرَيّ جَزء مِنَ الصَّحراء.

5 رُوَيتِ الصَّحراء. بَنوا فيها ساحَة لِلجولف.

6 وَجَبَ استيراد رَمل كَثيرًا وَبُنِيَت جُزُر اِصطِناعِيَّة في البَحر. شابَهَتِ الجُزُر نَخلَة عَظيمَة

7 بَنى المُهَندِسون فَنادِق وَبُيوت عَلَيها. هِيَ فَنادِق وَبُيوت فاخِرَة.

8 أَحَبَّ السُّيّاحُ المَشروع. وَصَلَ سُيّاح كَثيرون إِلى الإِمارات مُنذُ ذَلِكَ الوَقت.

9 في السَّنَواتِ الماضِيَّة بَدَأَت دَولة الإِمارات بِناء مَجموعَة جُزُر جَديدَة. هَذِهِ المَجموعَة تُشابِه قارّاتِ الأَرض.

10 لِلأَسَف، لا أَستَطيع أَن أَشتَري جَزيرَة. قيمَة الجَزيرَة فيما بَينَ ١٠ وَ٤٥ مِليونًا دولار.

أَزمَة ج ات	azma; azmāt	Krise
نَفط	nafṭ	Erdöl
اِغتَنى، يَغتَني	(i)ġtanā, yaġtanī	s. bereichern
مُصَدِّر ج ون	muṣaddar; muṣaddarūn	exportierend
مُتَّحِد	muttaḥid	vereinigt
كَسَبَ، يَكسِبُ	kasab(a), yaksib(u)	verdienen
يَد عامِلَة	yad ʿāmila	Arbeitskraft
يَد ج أَيّادي	yad; ayyādī	Hand *f.*
عامِل ج عُمّال	ʿāmil; ʿummāl	Arbeiter
اِستيراد	(i)stīrād	Importation
وَرشَة ج وِرَش	warša; wiraš	Baustelle
رَيّ	rayy	Bewässerung
تَحويل	taḥwīl	Implementierung
ساحَة لِلجولف	sāḥa li-l-gūlf	Golfplatz
مَشروع ج مَشاريع	mašrūʿ; mašārīʿ	Projekt
حادي وَعِشرون	ḥādī wa-ʿišrūn	21.
فَريد	farīd	einzigartig
فَريد في مِنطَقَة بابِهِ	farīd fī minṭaqat bābihi	einzigartig in seiner Art
بِناء	binā'	Bau
جَزيرَة ج جَزائر/جُزُر	ǧazīra; ǧazā'i/ǧuzur	Insel
صَنعِيّ	ṣanʿiyy	künstlich
مَجموعَة ج ات	maǧmūʿa; maǧmūʿāt	Gruppe
نَخلَة ج نَخيل	naḫla; naḫīl	Palme
فاخِر	fāḫir	Luxus-
قارَّة ج ات	qarra; qarrāt	Kontinent
أَرض	arḍ	Erde *f.*
دولار ج ات	dūlār; dūlārāt	Dollar
لَو + Perfekt	law	wenn + *Konj.*
أَرسَلَ، يُرسِلُ	arsal(a), yursil(u)	schicken
مَعَ ذَلِكَ	maʿa ḏalika	trotzdem
رَوى، يَروي	rawā; yarwī	bewässern
رَمل ج رِمال	raml; rimāl	Sand

Redemittel

Urlaub planen

ذَهبت إلى مَكتَبِ الرِّحلات ونظَرتُ هُناك إلى جَدولِ الرِّحلات. بَعدَ ذَلِك حَجزت رِحلَة ودَفَعت بِبِطاقَةِ الاِعتِماد. ثُمَّ ذَهبت إلى المَطار ورُحت إلى الشّاطئ.

im Hotel einchecken

وَصَلت إلى الفُندُق وطَلَبت مِفتاحي. قالَ لي السَّيِّد أينَ غُرفَتي. قالَ أيضًا إنَّ في الفُندُق مَسبَح ومَطعَمان ومَحَلٌّ لِلمُجَوهَرات.

Informationen über die Hotelanlage/ den Urlaubsort einholen

هَل في الفُندُق مَحَلٌّ لِلمُجَوهَرات؟
هَل تُطِلُّ الغُرفَة عَلى ميناءِ اليُخوت؟
أينَ الحَمّام / المَسبَح / دُكّانُ العُطور؟

Über seinen Lebenslauf sprechen

دَرَستُ الطِّبّ ٧ سَنَوات وبَعدَ الدِّراسَة بَحَثتُ عَن عَمَلاً فَوَجَدتُ وَظيفَة في مُستَشفى كَبير كَطَبيب أطفال. ثُمَّ كَتَبتُ إعلانًا في جَريدَة. كانَت شَرِكَة بِترول تَبحَث عَن طَبيب لِيَعمَل مَعَ مُهَندِسيها. أجابَت عَلى الإعلان وَأرى مُديرَ الشَّرِكَة.

Grammatik

Das Relativpronomen

	Plural	Dual	Singular
m.	الَّذين	اللَّذان / اللَّذَينِ	الَّذي
f.	اللاَّتي = اللَّواتي	اللَّتان / اللَّتَينِ	الَّتي

Relativsätze mit bestimmtem Bezugswort

الرَّجُل الَّذي يَتَكَلَّمُ الفُصحى يَعمَل مَعي.
المَرأة الَّتي رَأيتُها لَطيفَة جِدًّا.
النّاس الَّذين عَمِلت مَعَهُم مِنَ الكُوَيت.

Relativsätze mit unbestimmtem Bezugswort

هَذِهِ صورَة جَميلَة جِدًّا.
تَنظُرونَ الآن إلى صورَة اشتَرَيتُها في العُطلَة.
في هَذِهِ الصّورَة تَرى قَصرًا عَظيمًا في الصَّحراء.

Die Ordinalzahlen bis 19

أوَّل م أولى	حادي عَشَرَ م حادِيَةَ عَشرَة
ثانٍ م ثانيَة	ثانيَ عَشَرَ
ثالِث م ثالِثَة	ثالِثَ عَشَرَ
رابِع م رابِعَة	رابِعَ عَشَرَ
خامِس م خامِسَة	خامِسَ عَشَرَ
سادِس م سادِسَة	سادِسَ عَشَرَ
سابِع م سابِعَة	سابِعَ عَشَرَ
ثامِن م ثامِنَة	ثامِنَ عَشَرَ
تاسِع م تاسِعَة	تاسِعَ عَشَرَ
عاشِر م عاشِرَة	عِشرون

Die Ordinalzahlen ab 20

حادي وَعِشرون م حادِيَة وَعِشرون
ثاني وَعِشرون م ثانِيَة وَعِشرون
ثَلاثون...

العَرَبِيَّة وَالعَرَب

Wer sind die Araber?

Gerne wird in der Presse von *den Arabern* gesprochen und als *Europäer* bekommt man schnell den Eindruck, es gäbe tatsächlich eine einheitliche, homogene arabische Gruppe. Eine solche Gruppe gibt es jedoch nicht: Definiert man die Araber als Einwohner arabischer Länder, so gibt es ca. 300 Millionen Araber (und die unzähligen Minderheiten werden somit vergessen). Spricht man von der arabischen Sprache als gemeinsamen Nenner, sind es immerhin etwa 250 Millionen Menschen.

Die Araber selbst haben sich nie als homogene Einheit gefühlt und der Name العَرَب ist eher eine praktische Bezeichnung, wie wir eben *die Europäer* sind. Ethnisch betrachtet haben die heutigen Araber nur noch wenig mit den ursprünglichen gemeinsam. Die Neunziger, als Dekade der Genetik hat eine Fülle von Studien hervorgebracht, die zeigen wollten, welche Völker miteinander genetisch verwandt sind. Die Ergebnisse wurden durch die politische Brisanz der Ergebnisse nicht selten kritisiert oder gar abgelehnt. Vor allem eine genetische Verwandtschaft mit den Juden und den Kurden machte jegliche objektive Aussage diesbezüglich letztendlich unmöglich.

Historisch betrachtet, werden arabische Nomaden zunächst in einer assyrischen Inschrift (853 v. Chr.) erwähnt. In späteren assyrischen Quellen ist von *Arabi*, *Arabu* oder *Urbi* die Rede, die im Norden der arabischen Halbinsel wohnten. Römische und lateinische Schriftsteller bezeichnen wiederum alle Bewohner dieser Halbinsel sowie der ostägyptischen Wüste als Araber. Eine geschriebene arabische Sprache taucht bereits im 4. Jh. n. Chr. auf. Mit Mohammed werden als Araber die Beduinen der Wüste als eindeutige Abtrennung zur städtischen Bevölkerung genannt und zur Zeit der islamischen Eroberungen sind alle Araber, die aus der arabischen Halbinsel stammen oder deren Vorfahren aus dieser Region stammen. Mit der Blütezeit der islamischen Welt in der mediterranen Welt und in Zentralasien, spielen arabische Sprache und islamische Religion eine zentrale Rolle: Die Araber sind Arabischsprecher bzw. Muslime. Im 8.-9. Jh. bekommt das Wort eine soziale Dimension und bezeichnet wieder die Beduinen und andere nomadisierende Völker. Im osmanischen Reich nennt man *Araber* die Beduinen, während die arabischsprachige Bevölkerung *Söhne der Araber* genannt wird.

Die genaue Herkunft des Wortes ᶜarab ist unklar. Genannt werden verschiedene semitische Wurzel: *Westen* (vgl. ar. غَرب *Westen*); *düsteres Land*, *Steppe* (vgl. hebr. arabha); abhar *reisen*, *weiterziehen*.

Auch religiös sind die Araber keine einheitliche Gruppe: Die Mehrheit sind Muslime (مُسلِمون) unterschiedlicher Konfessionen (mehrheitlich Sunniten سُنِّيّون, verschiedene schiitische Gemeinden شيعِيّون, Aleviten عَلَوِيّون, Drusen دُروز), ca. 8 % der Araber sind Christen (مَسيحِيّون), überwiegend aus altorientalischen Kirchen (Assyrisch, Koptisch, Syrisch-Orthodox, Maronitisch, usw.), und die jüdischen Araber (يَهود) spielten bis in unserer Zeit eine wichtige dennoch häufig vernachlässigte Rolle.

über die Zukunft sprechen | Träume und Wünsche beschreib | Zeitung lesen

14 أَحلام وَأَمانيّ

Erinnern Sie sich noch an Ihre Kindheit? Wovon haben Sie geträumt?

أَرادت أَن	أَسكُن في ... أَعمَل كَـ... أَكون ... أَتَـعَلَّم / أَدرُس ... أَتَـكَلَّم ... أَتَـزَوَّج مِن ...

Welche Träume / Wünsche haben Sie jetzt? Fragen Sie einander.

أَيّ أَحلام أَو أَماني لَـدَيكَ الآن؟
أُريد أَن أَشتَـري فيراري...

Haben Sie einige dieser Träume verwirklicht? Welche?

ماذا تَـحَقَّق مِنَ الأَحلام؟

Beispiel:

أَرادت أَن أَسكُن في العاصِمَة وَأَسكُنُ فيها مُنذُ ٥ سَنَوات.

A أَحلام أَطفالِنا

1 **Lesen Sie, welche Träume die Kinder haben. Hatten Sie die gleichen?**

ماذا سَوفَ تفعَل حينَما تُصبح كبيرًا؟

1 سَوفَ أَكون مَلِكًا في بَلَدي. سَوفَ أَسكُن في قَصر وَغُرفَة نَومي سَوفَ تَكون في بُرج.

2 سَوفَ أَعمَل كَطَبيب بَيطَريّ وَسَوفَ أَعتَني بِكُلِّ الحَيوانات المَجروحَة مِثلُ الكِلاب أَو القِطَط وَالأُسود.

3 سَوفَ أُغَنّي في الرّاديو وَالتِّلِفِزيون. سَوفَ أَكون مَشهورَة وَغَنِيَّة.

4 سَوفَ أَكسِب أَلف يورو في اليَوم. وَسَوفَ أَتزَوَّج مِن سَلمى.

5 سَوفَ أَطوف حَول العالَم. سَوفَ أَذهَب إلى أَمريكا الجَنوبيَّة لِأَنَّ لي خالَة تَسكُن في الأَرجَنتين. سَوفَ أَذهَب أَيضًا إلى أُستراليا لِأُشاهِد حَيوانَ الكَنغَر.

6 سَوفَ أَكون طَبيبَة في أَفريقيا وَسَوفَ أُساعِدُ الأَطفال الَّذين يَموتون جوعًا.

7 سَوفَ أَبني أَبار في بَلَدي لِيَشرَب كُلّ إنسان.

حُلم ج أَحلام	ḥulm; aḥlām	Traum
أُمنِيَّة ج أَمانيّ	umniyya; amāniyy	Wunsch, Sehnsucht
مَلِك ج مُلوك	malik; mulūk	König
بُرج ج أَبراج	burǧ; abrāǧ	Turm
كَلب ج كِلاب	kalb; kilāb	Hund
قِطَّة ج قِطَط	qiṭṭa; qiṭaṭ	Katze
مَجروح ج ون	maǧrūḥ; maǧrūḥūn	verletzt
أَسَد ج أُسود	asad; usūd	Löwe
غَنَّى، يُغَنّي	ġannā, yuġannī	singen
راديو	rādyō	Radio
أَلف ج آلاف	alf; ālāf	Tausend
تَزَوَّجَ مِن، يَتَزَوَّج	tazawwaǧ(a) min, yatazawwaǧ(u)	heiraten
جَنوبِيّ	ǧanūbiyy	südlich, Süd-
خال ج أَخوال	ḫāl; aḫwāl	Onkel *mütterlicherseits*
خالَة ج ات	ḫāla; ḫālāt	Tante *mütterl.*
الأَرجَنتين	al-arǧantīn	Argentinien
طافَ، يَطوف	ṭāf(a), yaṭūf(u)	spazieren gehen, herumkommen
كَنغَر ج ات	kanġar; kanġarāt	Känguru
ماتَ ج يَموتُ	māt(a), yamūt(u)	sterben an
جوع	ǧūᶜ	Hunger
بِئر ج آبار	bi'r; ābār	Brunnen
إنسان ج ناس	insān; nās	Mensch
واقِعِيّ	wāqiᶜiyy	realistisch
غَير	ġayr	nicht, un-
مُتَفائِل ج ون	mutafā'il; mutafā'ilūn	optimistisch
مُضحِك	muḍḥik	lustig, lächerlich
طُفولِيّ	ṭufūliyy	kindisch

2 Wie finden Sie diese Träume? Warum?

في رَأيِّ الحُلمُ الرّابِع طُفوليّ لِأَنَّ...

واقِعيّ؟ | غَير واقِعيّ؟ | مُتَفائِل؟ | مُضحِك؟ | طُفوليّ؟

3 Sagen Sie es im Futur.

Beispiel:

أَذهَبُ اليَوم إِلى القاهِرَة. ← سَوفَ أَذهَب غَدًا إِلى القاهِرَة.

1 يُغَنّي ياسِر في التِّلِفِزيون اليَوم.
2 تَزَوَّج زُهَير مِن مُنى اليَوم.
3 لا يَتَكَلَّمُ المَلِكُ اليَوم في الرّاديو.
4 أُرسِل رِسالَة مُهِمَّة إِلى خالي اليَوم.
5 تَكسِبُ البُلدانُ المُصَدِّرَة لِلنَّفط كَثيرًا مِن المال.
6 يَشرَحُ المُعَلِّمُ الدَّرسَ الأَوَّل اليَوم.

- Um zukünftige Handlungen auszudrücken, kann man das Imperfekt verwenden:

يَذهَب ياسِر إِلى القاهِرَة غَدًا.
Jasser fährt morgen nach Kairo.

- Um die zukünftige Bedeutung hervorzuheben, kann aber auch ein Futur gebildet werden. Es besteht aus der Partikel سَوفَ und dem Imperfekt:

سَوفَ يَذهَب ياسِر إِلى القاهِرَة غَدًا.
Jasser wird morgen nach Kairo fahren.

سَوفَ لا يَذهَب ياسِر إِلى القاهِرَة غَدًا.
Jasser wird nicht morgen nach Kairo fahren.

Das Futur von *sein* ist يَكون bzw. سَوفَ يَكون:

(سَوفَ) أَكون في القاهِرَة غَدًا.
Morgen werde ich in Kairo sein.

4 Lesen Sie die Zahlen.

١٣٥	٣٩٢	٨٤٦	٢٥١	٧٢٤
١٤٠١	١٧٢٢	١١٦٣	١٩١٥	١٥٧٠
٦١٣	٥٦٠	٩٠٨	٤٨٩	٠٧٧
١٣٥٧	١٢٤٦	١٠٩٧	١٦٨٤	١٨٣٨

- Die Hunderter bestehen aus der femininen Form der Zahl (Grundzahl ohne tā marbūṭa und mit ḍamma als Hilfsvokal) und مِئَة (Hundert) außer 200 (Dual von مِئَة). Beide Schreibweisen von „hundert" werden gleich ausgesprochen ([mi'a]).
- Zusammengesetzte Zahlen werden mit Hilfe von wa- zwischen jeder Grundzahl gebildet:

١٩٨٤ أَلف وَتِسعُمِئَة وَأَربَعَة ثَمانون

١٠٠ مِئَة = مِائَة [mi'a]	٦٠٠ سِتُّمِئَة
٢٠٠ مِئَتان	٧٠٠ سَبعُمِئَة
٣٠٠ ثَلاثُمِئَة	٨٠٠ ثَمانُمِئَة
٤٠٠ أَربَعُمِئَة	٩٠٠ تِسعُمِئَة
٥٠٠ خَمسُمِئَة	١٠٠٠ أَلف

5 **a Vervollständigen Sie die Tabelle mit den fehlenden Zeitangaben.**

المُستقبَل	الحاضِر	الماضِيّ
______	اليَوم	أَمس
في الأُسبوع التّالي	في هَذا الأسبوع	______
______	في هَذا الشَّهر	______
______	______	في السَّنَة الماضِيَّة
في القَرنِ التّالي	______	______

b Bilden Sie nun mit verschiedenen Zeitangaben Sätze über sich.

____
____
____
____
____
____
____
____

6 **Bilden Sie Sätze mit den Verben in der richtigen Zeit wie im Beispiel.**

Beispiel:

اِشتَرى - ياسين - سَيّارة سِباق حَمراء - غَدًا. ← سَوفَ يَشتَري ياسين سَيّارة سِباق حَمراء غَدًا.

1 اِعتَنى - مُراد - بِحَيَوانات مَجروحَة - في آسيا - في المُستَقبَل.
2 تَزَوَّجَ - جَميلَة - مِن رَجُل - غَنيّ - بَعدَ ١٠ سَنَوات.
3 ماتَ - قِطَّة - فاطِمَة - صَباح أَمس.
4 اِغتَنى - البُلدانُ المُصَدِّرَة لِلنَّفط - في الثَّمانينات.
5 تَعَلَّم - كُلُّ النّاس - الصّينيَّة - الآن.
6 ما اِرتَدى - البَنات - مَلابِس تَقليدِيَّة - عَلى العُموم.
7 زارَ - مُصطَفى - جَدَّيهِ - في نِهايَةِ الأُسبوع التّالِيَة.
8 نَظَرَ - كَريم - وَلَيلى - الكَنغَر - في أُستراليا - في العُطلَة التّالِيَة.
9 رَوَّحَ عن أَنفُسِهِم - سامي وَعائِلَتُهُ - عَلى المَسبَح - في الفُندُق ذي خَمسَة نُجوم - في يوليو.
10 كَتَبَ - الأُستاذ مَمونيّ - كِتابًا - عَنِ المَشاكِل القَومِيَّة في بَلَدِهِ - في السَّنَة الماضِيَّة.

وَبِـما يَحلُـمُ الكِبار؟ B

1 Wovon träumen die Menschen? Hören Sie zu und machen Sie Notizen (54-57)

1 ______

2 ______

3 ______

4 ______

1 لَـو كُنت غـنِيَّةً لأَرادت أَن أَطوف حَول العالَـم. لِلأَسَف أُسافِرُ الآن نادِرًا جِدًّا لِذَلِكَ أَوَدُّ أَن أَزورَ بُلدانـًا وَمُدُنـًا.

2 بَعدَ عِدَّة سَنَوات سَأكون مُتَقاعِدًا وَأَرجِعُ إِلى وَطَني الَّذي بَنَيت فيهِ بَيتـًا. سَأُنفِق وَقتي لِلكَلام مَعَ أَصدِقائي. عَمِلت كَثيرًا كُلَّ عُمري فَأَوَدّ أَن أُرَوِّح عَن نَفسي.

3 أَوَدّ أَن أَتى إِلى أوروبا لِلعَمَل. في بَلَدي لا يوجَد عَمَلاً بَتاتـًا لِلشُّبّان. في أُوروبا سَوفَ أَجِدُ عَمَلاً وَمَدفوعَ الآجر جَيِّدًا حالاً وَحينَما سَوفَ أَعمَل وَأَكسِب رِزقي سَوفَ تَصِل زَوجَتي.

4 أَعمَل كُلّ يَوم مَعَ النّاس وَفي نِهايَّةِ الأُسبوع أَعتَني بِأَطفالي. عِندي ٣ أَطفال: عُمرُ الأَوَّل ١١ سَنَـة وَعُمرُ الثّاني ٨ سَنَوات وَعُمرُ الثّالِثَة ٣ سَنَوات. أَحلُم بِحَياة هادِئَة. سَوفَ أَذهَب إِلى جَزيرَة قَفرَة وَأَنظُر إِلى البَحر كُلَّ اليَوم...

2 **Vervollständigen Sie die Sätze mit dem Verb im Konjunktiv.**

Beispiel:

يَتَعَلَّمُ الطُّلاّبُ العَرَبِيَّةَ لِـ_____ (عَمِلَ) في دَولَةٍ عَرَبِيَّةٍ.

← يَتَعَلَّمُ الطُّلاّبُ العَرَبِيَّةَ لِيَعمَلوا في دَولَةٍ عَرَبِيَّةٍ.

1 أَعمَلُ كَثيرًا لِـ_____ (كَسَبَ) مالاً كَثيرًا.

2 يَقرَأُ الأوروبِيّونَ القُرآنَ لِـ_____ (فَهِمَ) المُسلِمين.

3 يُريدُ المَلِكُ أَن _____ (أَحَبَّهُ) النّاس.

4 هَل تَستَطيعينَ أَن _____ (جاءَ) غَدًا؟

5 يَجِبُ عَلى نَبيل أَن _____ (ذَهَبَ) إِلى المَكتَب.

6 طَلَبَ المُعَلِّمُ أَن _____ (قامَ) التَّلاميذ بِواجِباتِهِم.

Singular	Dual	Plural
أَكتُبَ	نَكتُبَ	نَكتُبَ
تَكتُبَ	تَكتُبا	تَكتُبوا
تَكتُبي	تَكتُبا	تَكتُبنَ
يَكتُبَ	يَكتُبا	يَكتُبوا
تَكتُبَ	تَكتُبا	يَكتُبنَ

Wir kennen bereits das (Indikativ) Imperfekt, mit welchem u. a. Handlungen in der Gegenwartsstufe ausdrückt werden. Nach bestimmten Konjunktionen (لِـ *damit, um … zu*; أَن *dass*) wird ein anderer Modus des Imperfekts verwendet: der Konjunktiv. Er wird direkt vom Indikativ abgeleitet, indem die (meist stummen) Endungen leicht angepasst werden:

- ḍamma wird zu fatḥa: أَكتُبَ (أَنا)
- ـانِ wird zu ـا: تَكتُبا (أَنتُما)
- ـونَ wird zu ـوا (das Alif ist stumm): يَكتُبوا (هُم)
- ـينَ wird zu ـي: تَكتُبي (أَنتِ)
- ـنَ bleibt erhalten: تَكتُبنَ (أَنتُنَّ).

3 **Ergänzen Sie die Sätze frei.**

1 أَتَعَلَّمُ العَرَبِيَّةَ لِـ...

2 في نِهايَةِ الأسبوعِ أُريد أَن...

3 غَدًا يَجِب عَلَيَّ أَن...

4 بَعدَ غَدٍ أَستَطيع أَن...

5 في نِهايَةِ الأُسبوعِ الماضِيّ أَرادت أَن...

6 في الأَسبوعِ الماضِيّ استَطاعتُ أَن...

7 في الأَسبوعِ التّالي يَجِب عَلَيَّ أَن...

8 في الشَّهرِ التّالي أُريد أَن...

نادِرًا nādiran selten
وَدَّ، يَوَدُّ wadd(a), yawadd(u) s. wünschen
وَطَن ج أَوطان waṭan; awṭān Heimat, Vaterland
أَنفَقَ، يُنفِقُ anfaq(a), yunfiq(u) ausgeben, verbringen
وَقت ج أَوقات waqt; awqāt Zeit
كَلام kalām Unterhaltung
شاب ج شُبّان šāb; šubbān Jugendlicher, Jugend
مَدفوع الأَجَر madfūᶜu l-ağr Lohnzahlung
رِزق rizq täglich Brot, Lebensunterhalt
عُمر ᶜumr Alter
حينَما ḥīnamā wenn
هادِئ hādi' ruhig
قَفر qafr menschenleer
كُلَّ اليَوم kulla -l-yawm den ganzen Tag
عِدَّة ᶜidda(t) zahlreiche

C الأَحلام وَالواقِع

1 Lesen Sie die Überschriften einiger Zeitungsartikel und sagen Sie, welche die Politik (السَّياسَة), die Umwelt (البيئَة), Europa (أوروبا) bzw. den mittleren Osten (الشَّرق الأَوسَط) betreffen.

يَخُصُ العُنوانُ الأَوَّلُ السِياسَة وَأوروبا.

لبنان والمغرب ليست دول اوروبية ولكن إسرائيل ستستطيع أن ترشح نفسها تبعا للرئيس الإيطاليّ.

الطوفان في جنوب الصحراء، التصحر في الأمكنة الأخرى... أيّ مستقبل لأفريقيا والشرق الأوسط؟

١٩٨٧ : الاتحاد الأوروبيّ يقول "لا" للمغرب. ٢٠٠٧ : الرئيس الفرنسيّ يقول "نعم" للمشاركة مع البلدان المتوسطة

شبه الجزيرة العربيّة تفكر في المستقبل: هل توجد حياة بعد النفط؟

الطاقات الجديدة: الشمسيّة والمائيّة والريح!

ما هي الديمقراطيّة العربيّة؟

2 a Suchen Sie in den Überschriften Wörter mit Nisba-Endung und sagen Sie, aus welchen Wörtern sie abgeleitet wurden.

Beispiel:

أوروبِـيّ ← أُوروبا "Europa"

b Können Sie von anderen Wörtern der Überschriften eine Nisba-Form ableiten? Machen Sie Vorschläge und ihr/e Kursleiter/in sagt Ihnen, ob Ihre Wortschöpfungen existieren.

Beispiel:

اِتّحاد ← اِتّحادِيّ „Bundes-, Unions-"

3 Suchen Sie sich eine Überschrift aus und finden Sie so viele Wörter wie möglich, die Ihrer Meinung nach in dem Artikel stehen könnten.

4 Schreiben Sie mit diesen Wörtern eine kleine Geschichte und die Klasse versucht zu erraten, welche Überschrift Sie inspiriert hat.

5 **Ergänzen Sie سَوفَ durch سَـ.**

1 في السَّنَـة التّـالِيَة سَوف يَـرشَحُ الاِتِّـحاد الأوروبيّ دَولَـة جَديدَة.

2 في العامِ التّالي سَوفَ أُنفِق مالاً قَليلاً.

3 هَل سَوفَ تَستَطيعون أَن تَـأتون غَدًا؟

4 مَن سَوف يُفكِّر فيها في الأُسبوعِ التّالي؟

5 سَوفَ تَنتَشِرُ الدّيمُقراطِيَّة في شِبهُ الجَزيرَة العَرَبِيَّة إن شاءَ الله.

6 في المُستَقبَل سَوف تَقومُ الطّاقاتُ الجّديدَة بِدَور كَبير.

7 سَوفَ يَتَحَدَّث رُؤساء الدُّوَلُ العَرَبِيَّة عَن حُلولِ الأَزمَة.

8 سَوفَ تَكونُ الطّاقَة الشَّمسيَّة الحَلّ لِمُشكِلَةِ الطّاقةِ في المَغرِبِ العَرَبيّ.

9 هَل سَوفَ يَبقون الشُّبّان هُنا رَغمَ الأَزمَة؟

10 لا سَوفَ يَقومُ الذّين بِدَور كَبير في السَّنَوات التّالِيَة في هَذا البَلَد.

> Um das Futur zu bilden, kann neben سَوفَ + (Indikativ) Imperfekt ebenfalls die Vorsilbe سَـ an das Verb im (Indikativ) Imperfekt angehängt werden:
> سَوفَ أَذهَب = سَأَذهَبُ.
> Diese Form kann nicht verneint werden:
> هَل سَتَذهَب غَدًا؟ لا، سَوفَ لا أذهَب.

6 **Beantworten Sie die Fragen im Futur und ersetzen Sie das Objekt durch ein Pronomen.**

Beispiel:

هَل بِعت سَيّارَتَكِ؟ ← لا، سَأَبيعُها في الشَّهرِ التّالي.

1 هَل قَرَأت هَذا الكِتاب؟

2 هَل كَتَبتُم إلى الأَساتِذَة؟

3 هَل قُلت لِوالِدَيكِ إنَّكِ سَوف تَرجِعين إلى البَيت مَساءَ اليَوم؟

4 هَل رَجَع أَحمَد مِن رِحلَة عَمَلِهِ؟

5 هَل بِعتُم شِقَّتَكُم؟

6 هَل وَضَعَت مُنى الصُّحون عَلى الطّاوِلَة؟

7 هَل تَكَلَّمت مَعَ صَديقِكِ؟

8 هَل شاهَدوا العاطِلون عَنِ العَمَلِ الإعلاناتِ الجَديدَة؟

9 هَل ذَهَبا إلى المَكتَبَة؟

10 هَل اِستَطاعتُما أَن تَتَكَلَّما مَعَ الرَّئيس؟

ديمُقراطِيَّة	dīmūqrāṭiyya	Demokratie
طاقَة ج ات	ṭāqa; ṭāqāt	Energie
حَلّ ج حُلول	ḥall; ḥulūl	Lösung
شَمسيّ	šamsiyy	Sonnen-
مائِيّ	mā'iyy	Wasser-
ريح	rīḥ	Wind
طوفان	ṭūfān	Überschwemmung
تَصَحُّر	taṣaḥḥur	Desertifikation, Wüstenbildung
عُنوان ج عَناوين	ᶜunwān; ᶜanāwīn	*hier:* Überschrift
الاِتِّحادُ الأوروبيّ	al-ittiḥādu -l-ūrūbiyy	die Europäische Union
رَئيس ج رُؤَساء	ra'īs; ru'asā'	Präsident
مُشارَكَة	mušāraka	Teilnahme, Beteiligung
مُتَوَسِّطيّ	mutawassiṭiyy	mittel-
البَحر المُتَوَسِّط	al-baḥr al-mutawassiṭ	Mittelmeer
رَشَحَ، يَرشَحُ	rašaᶜ(a), yaršaᶜ(u)	integrieren
نَفس	nafs	selbst
تَبَعًا لِـ	tabaᶜan li-	nach, entsprechend
شِبه جَزيرَة	šibh ǧazīra	Halbinsel
فَكَّرَ في، يُفَكِّرُ	fakkar(a) fī, yufakkir(u)	denken

Redemittel

Zukünftige Handlungen ausdrücken

سَوفَ لا أَذهَب إلى العَمَل غَدًا وَأَبقي في البيت. سَأُشاهِدُ التِّلِفِزيون كُلَّ اليَوم وَآكُل في المَطعَم.

(unvokalisierte) Zeitungsüberschriften lesen und verstehen

ما هي الديمقراطيّة العربيّة؟

Träume und Wünsche ausdrücken

لَو كُنت مُغَنِّيَة غَنِيَّة لَطُفت حَولَ العالَم.
تَوَدّ أَن تَشتَري سَيّارَة جَديدَة.
يُريد مُحسِن أَن يَكون طَبيبًا بَيطَرِيًّا لِيُساعِد الحَيَوانات المَجروحَة.

Grammatik

Das Futur mit سَوفَ + Imperfekt

سَوفَ يَذهَب ياسِر إلى القاهِرَة غَدًا.
(سَوفَ) أَكون في القاهِرَة غَدًا.

Die Verkürzung mit سَـ + Imperfekt

سَيَذهَب ياسِر إلى القاهِرَة غَدًا.
سَأَكون (= أَكون) في القاهِرَة غَدًا.

Die Verneinung mit سَوفَ (+ لا) + Imperfekt

سَوفَ لا يَذهَب ياسِر إلى القاهِرَة غَدًا.
(سَوفَ) لا أَكون في القاهِرَة غَدًا.

Die Hunderter

١٠٠	مِئَة (= مِائَة [mi'a])	٦٠٠	سِتُّمِئَة
٢٠٠	مِئَتان	٧٠٠	سَبعُمِئَة
٣٠٠	ثَلاثُمِئَة	٨٠٠	ثَمانُمِئَة
٤٠٠	أَربَعُمِئَة	٩٠٠	تِسعُمِئَة
٥٠٠	خَمسُمِئَة	١٠٠٠	أَلف

Die Zahlen bis 1999

١٩٨٤ أَلف وَتِسعُمِئَة وَأَربَعَة وَثَمانين

Wortbildungen mit Nisba-Endung

أوروبا ← أوروبِيّ	رَئيس ← رَئيسِيّ
ماء ← مائِيّ	الدّيمُقراطِيَّة

Zeitangaben

الماضِيّ	الحاضِر	المُستَقبَل
أَمس	اليَوم	غَدًا
في الأُسبوعِ الماضِيّ	في هَذا الأُسبوع	في الأُسبوعِ التّالي
في الشَّهرِ الماضِيّ	في هَذا الشَّهر	في الشَّهرِ التّالي
في السَّنَة الماضِيَّة	في هَذِهِ السَّنَة	في السَّنَة التّالِيَة
في القَرنِ الماضِيّ	في هَذا القَرن	في القَرنِ التّالي

Der Konjunktiv

يَتَعَلَّمُ الطُّلّابُ العَرَبِيَّة لِيَعمَلوا في دَولَة عَرَبِيَّة.
يَجِبُ عَلَيكِ أَن تَذهَبي إلى المَكتَب.

Singular	Dual	Plural
أَكتُبَ	نَكتُبَ	نَكتُبَ
تَكتُبَ	تَكتُبا	تَكتُبوا
تَكتُبي	تَكتُبا	تَكتُبنَ
يَكتُبَ	يَكتُبا	يَكتُبوا
تَكتُبَ	تَكتُبا	يَكتُبنَ

العَرَبِيَّة وَالعَرَب

Arabische Wörter im Deutschen

Als eine der wichtigsten Hochkulturen des Mittelalters hat die arabisch-islamische Zivilisation in Europa sichtbare Spuren hinterlassen. Es überrascht also nicht, dass eine nicht geringe Anzahl an Wörtern aus dem Arabischen kommt. Die arabische Sprache diente während der Besatzung Südeuropas als Vektor der Wissenschaften und Techniken durch die gesamte damals bekannte Welt.

Die römisch-katholische Kirche verlor in den besetzten Gebieten an Einfluss und der Fortschritt hielt Einzug. So wurden altgriechische Meister wie Aristoteles wieder entdeckt, ins Arabische übersetzt und später in andere europäische Sprachen. Ohne die Araber wären zum Beispiel Philosophie und Medizin in Europa nicht das, was sie später wurden.

Wörter aus dem Bereich der Chemie und der Alchemie (الكيمياء *die Chemie*) wie *Alkohol* (الكُحل Antimonpulver, geistige Essenz), *Balsam* (بَلسَم), Haschisch (حَشيش *Gras*), Sirup (شَراب *Getränk*) *Zucker* (سُكَّر über das Persische aus dem Sanskrit ist mit Saccharose verwandt) sind nicht mehr wegzudenken.

Andere Wissenschaften wie die Mathematik und die Astronomie wurden noch stärker durch arabische Entlehnungen bereichert: *Ziffer* (صِفر Null), *Aldebaran* (الدَّبَران der Nachfolgende, weil er den Plejaden am Himmel zu folgen scheint).

Das Wort *Algebra* (الجَبر) bedeutet ursprünglich Zusammenfügen gebrochener (Knochen-)Teile und entstammt dem Titel des berühmten Werkes des persischen Mathematikers Al-Chwarizmi (الخوارِزمي) aus dem wiederum *Algorithmus* abgeleitet wurde): كِتابُ المُختَصَر في حِسابِ الجَبر وَالمَقَبَلَة Rechnen durch Ergänzung und Ausgleich.

Auch in der Pflanzen- und Tierwelt haben die arabischen Wissenschaftler ihre Spuren hinterlassen: *Borretsch* (أَبو عَرَق Vater des Schweißes), *Giraffe* (زَرافَة), *Kaffeebohne* (بُنُّ القَهوَة), *Sesam* (سِمسِم), *Gazelle* (غَزال), *Artischocke* (خَرشوف), *Aubergine* (باذِنجان) u.v.a.m.

Andere Arabismen folgten der Seidenstraße (طَريقُ الحَرير) und gaben Gegenstände des täglichen Lebens ihren Namen: *Karaffe* (غِراف), *Matratze* (مَطرَح Bodenkissen), *Kaffee* (قَهوَة), *Sofa* (صُفَّة).

über Freizeitaktivitäten sprechen | Sportarten beschreiben | Zeitungsartikel in der Rubrik Sp… lesen

15 روحًا وَجَسَدًا

Wohin gehen Sie in Ihrer Freizeit? Fragen Sie sich gegenseitig.

أَذهَب إلى...

Was machen Sie sonst in Ihrer Freizeit?

الأوبرا

الحَفلة الموسيقيّة

المَتحَف

المَعرِض

____

____

A وَقتُ الفَراغ

1 **a Lesen Sie den Text und beschriften Sie die Bilder.**

بَعضُنا يُحِبّ ألاّ يَفعَل شَيئًا في وَقت فَراغِه أَو يُشاهِدُ التّلِفِزيون كُلَّ المَساء. أُخَر مِنّا يَعتَنون إمّا بِبَيتِهِم أَو حَديقَتِهِم أَو عائِلَتِهِم. المُفَكِّرون يَذهَبون إِلى المَسرَح أَو الأوبِرا بَيدَ أَن الرِّياضِيّون يُمارِسون كُرَةَ القَدَم أَو التِّنِس.

هُنا بَعضُ المُقتَرَحات لَما يُمكِن أَن تَفعَلوهُ في أَوقات فَراغِكُم. أَيّ تَفعَل وَمَتى؟

أَستَمِع إِلى...

أَعزِف عَلى آلَة طَرَب.

____

____

____

____

b Beantworten Sie nun die letzte Frage des Textes.

في وَقت فَراغي...

مُفَكِّر ج ون	mufakkir; mufakkirūn	Intellektueller
بَيدَ أَن	bayda an	während *Gegensatz*
رِياضِيّ ج ون	riyāḍiyy; riyāḍiyyūn	sportlich, Sportler
مارَسَ، يُمارِسُ	māras(a), yumāris(u)	ausüben, (be)treiben
كُرَةُ القَدَم	kuratu -l-qadam	Fußball
قَدَم ج أَقدام	qadam; aqdām	Fuß *f.*
مُقتَرَح ج ات	muqtaraḥ; muqtaraḥāt	Vorschlag
مَسرَح ج مَسارِح	masraḥ; masāriḥ	Theater
مَتحَف ج مَتاحِف	matḥaf; matāḥif	Museum
أوبِرا	ūbirā	Oper
حَفلَة موسيقِيَّة	ḥafla mūsīqiyya	Konzert
مَعرِض ج مَعارِض	maʿriḍ; maʿāriḍ	Ausstellung
أَلاّ (= أَن لا)	allā (= an lā) dass … nicht …	
وَقت فَراغ	waqt farāġ	Freizeit
آخَر م أُخرى ج أُخَر	āḫar, uḫrā; uḫar	anders
إمّا... أَو	imma... aw	entweder oder

2 **Fragen Sie sich gegenseitig, wie oft Sie folgende Aktivitäten machen und kreuzen Sie an.**

أفعَل هَذا...

	نادِرًا	بَينَ وَقت وَآخَر	غالِبًا	لا أفعَل هَذا أبَدًا.
1 كَم مَرَّة تَستَمِع(ين) إلى الموسيقى؟	☐	☐	☐	☐
2 كَم مَرَّة تَعزِف(ين) آلَة طَرَب؟	☐	☐	☐	☐
3 كَم مَرَّة تَلعَب(ين) عَلى الكُمبيوتِر؟	☐	☐	☐	☐
4 كَم مَرَّة تَقرَأ/تَقرَئين؟	☐	☐	☐	☐
5 كَم مَرَّة تَستَقبِل(ين) أصدِقائِك؟	☐	☐	☐	☐
6 كَم مَرَّة تَعتَني(ن) بِحَديقَتِك؟	☐	☐	☐	☐
7 كَم مَرَّة تَعتَني(ن) بِعائِلَتِك؟	☐	☐	☐	☐
8 كَم مَرَّة تُمارِسُ(ينَ) الرِّياضَة؟	☐	☐	☐	☐
9 كَم مَرَّة تَذهَب(ين) إلى المَسبَح؟	☐	☐	☐	☐

3 **Fragen Sie Ihre Nachbarin bzw. Ihren Nachbarn, wann sie/er was macht.**
Schreiben Sie ihre/seine Antworten auf und berichten Sie anschließend der Klasse.
Verwenden Sie dabei die unteren Zeitangaben und die Zeitangaben aus Nr. 2.

1 مَتى تُحَضِّرُ(ينَ) الطَّعام؟
2 مَتى تَذهَب(ين) إلى الحَفلَة الموسيقِيَّة ؟
3 مَتى تَذهَب(ين) إلى المَتحَف؟
4 مَتى تُشاهِد(ين) التِّلِفِزيون؟
5 مَتى تَقرَأ(ين) كِتابًا؟
6 مَتى تُمارِسُ(ين) الرِّياضَة؟
7 مَتى تَدرُسُ(ينَ) العَرَبِيَّة؟
8 مَتى تَستَقبِل(ين) أصدِقاء؟
9 مَتى تَذهَب(ين) إلى الأوبِرا؟
10 مَتى تَلعَبُ(ينَ) كُرَةَ القَدَم؟

Für punktuelle Handlungen können folgende Zeitangaben verwendet werden:

gestern Morgen	صَباح أمس
heute Morgen	صَباحَ اليَوم
morgen früh	صَباح غَدٍ
gestern Abend	مَساء أمس
heute Abend	مَساءَ اليَوم = في مَساءِ اليَوم
morgen Abend	مَساء غَدٍ

Für regelmäßige Handlungen können folgende Zeitangaben verwendet werden:

morgens	صَباحًا
(= am Morgen)	= في الصَّباح
vormittags	قَبلَ الظُّهر
mittags	ظُهرًا = في الظُّهر
nachmittags	بَعدَ الظُّهر
abends	مَساءً = في المَساء
tagsüber	نَهارًا = في النَّهار
nachts	لَيلاً = في اللَّيل

4 **Hören Sie die Interviews. Was machen diese Personen in ihrer Freizeit und wann?** 58

____

____

____

____

____

5 **Konjugieren Sie die Verben.**

- Einige Konjunktionen verlangen den Konjunktiv. Wir kennen bereits أَن *dass*. Es steht nach Verben des Forderns (طَلَبَ), Hoffens (أَمَلَ), Befürchtens (خافَ) und nach den Modalverben: أَرادَ *wollen*, أَمكَنَ / اِستَطاعَ *können*, وَجَبَ عَلى *müssen* und سَمَحَ لِـ *erlauben*. أَن und لا kontrahiert zu أَلاّ.
- Weitere Konjunktionen, die den Konjunktiv verlangen sind: كَي / لِـ / لِكَي *damit, um … zu* sowie حَتّى *so dass, bis*, قَبلَ أَن *bevor*.

1 يَطلُبُ المُعَلِّم أَن (قامَ) التَّلاميذ بِواجِباتِهِم.
2 أَخاف أَن كَريمَة (ما أَتى) مَساء غَدٍ...
3 يَتَعَلَّمُ الطُّلّابُ العَرَبِيَّة (لِـ - عَمِلَ) في شَرِكاتِ البِترول.
4 هَل تَأمُلين أَن (اِستَطاعَ) أَن (وَصَلَ) إِلَينا؟
5 أُريد أَن (أَكَلَ) شَيئًا.
6 سَأَشتَري كُلَّ الأَشياء قَبلَ أَن (حَضَّرَ) العَشاء.
7 هَل يُمكِنُكَ أَن (أَعطى) أُمَّكَ هَذِهِ الرِّسالَة؟
8 يَجِب أَن (أَنتِ - مارَسَ) الرِّياضَة غالِبًا.
9 هَل سَتَعمَلُ حَتّى (رَجَعَ) المُدير؟
10 أَسمَحُ لِأَطفالي أَن (شاهَدَ) التِّلِفِزيون بَينَ وَقت وَآخَر.

6 **Setzen Sie die richtige Konjunktion ein.**

Die deutsche Konjunktion *dass* kann unterschiedlich übersetzt werden:

- إِنَّ (+ Subst. im A / Possessivendung) steht nach Verben der direkten bzw. indirekten Rede (قالَ),
- أَن (+ Vb im Konjunktiv) nach Verben des Forderns, Hoffens, Befürchtens und den Modalverben;
- أَنَّ (+ Subst. *im A* / Possessivendung) nach Verben des Feststellens (سَمِعَ، رَأى).

1 هَل قُلت لَكَ ____ مُحَمَّدًا يَذهَب مَعَنا إِلى الحَفلَة المُوسيقِيَّة؟
2 أُمُّهُ ما سَمِحَت لَهُ ____ يَذهَب مَعَنا.
3 يَجِب ____ يَبقى في البَيت.
4 أَعرِف ____ سَيَعتَني بِأُختِهِ الصَّغيرَة.
5 يُمكِنُكَ ____ تُرسِل لَهُ بَريدًا إِلِكترونِيًّا.
6 سَمِعت ____ تُمارِسين كَثيرًا مِنَ الرِّياضَة مُنذُ سَنَة.
7 هَل تَخاف ____ (لا) تَصِل رِسالَتُك في وَقتِها؟
8 رَأَيت ____ كُنت تَشتَغِل كَثيرًا في حَديقَتِكَ!
9 قالَتِ الطَّبيبَة ____ الأَطفال لَيسوا مُرضاء.
10 لا يُريدون ____ يَذهَبوا إِلى المَدرَسَة فَقَط.

7 **Ersetzen Sie سَوفَ لا + Imperfekt durch لَـن + Konjunktiv.**

Um das Futur zu verneinen, kennen wir bereits die umgangssprachliche Form سَوفَ لا + Imperfekt (Indikativ). Grammatikalisch korrekter und schriftlich obligatorisch wird die Form لَـن + Konjunktiv.

لَـن يَذهَبوا إلى المَدرَسَة =
سَوفَ لا يَذهَبون إلى المَدرَسَة.

1 سَوفَ لا أذهَب إلى المَسرَح مَعَكُم.
2 سَوفَ لا يُريد أن يَصِل إلَـيهِم.
3 سَوفَ لا تَـعرِفين أينَ الأوبِـرا.
4 سَوفَ لا تَـرون نوري فَـإنَّهُ سَوفَ لا يَعمَل في الأُسبوعِ التّـالي.
5 سَوفَ لا نُـشاهِدُ إلى التِّـلفِزيون لِأنَّـنا سَوفَ لا يَكون عِندَنا الوَقت.
6 سَوفَ لا يُمارِسونَ الرِّياضَة في نِهايَةِ الأُسبوع هَذِهِ.

فِضِـيّ fiḍiyy Silber-, silbern
دَورَة ج ات dawra; dawrāt Wettbewerb
لُـعبَة ج ألعاب luᶜba; alᶜāb Spiel
بِـسَبَبِ bisabab(i) wegen
إصابَة ج ات iṣāba; iṣābāt Verletzung
مَركَز markaz Platz
أخير ج ون aḫīr; aḫīrūn letzter
رَغم raġma trotz
خَـسارَة ج خَـسائِر ḫasāra; ḫasā'ir Niederlage
حَطَّمَ، يُحَطِّمُ ḥaṭṭam(a), yuḥaṭṭim(u) schlagen
رَقم قِياسِيّ raqam qiyasiyy Rekord
حَقَّقَ، يُحَقِّقُ ḥaqqaq(a), yuḥaqqiq(u) erreichen
مُرَشَّح ج ون muraššaḥ; muraššaḥūn Kandidat
فَـوز fawz Sieg
هَزَمَ، يَهزِمُ hazam(a), yahzim(u) siegen
جائِزَة ج جَوائِز ǧā'iza; ǧawā'iz Auszeichnung
أكبَر م كُـبرى akbar, kubrā größ(t)er
فازَ بِ، يَفوزُ fāz(a) bi, yafūz(u) gewinnen
كَرَّمَ، يُكَرِّمُ karram(a), yukarrim(u) ehren
وِسامَة ج أوسِمَة wisāma; awsima Auszeichnung
سَبَقَ أن sabaq(a) an schon (etwas tun)

فَـوقَ العادَة fawqa -l- ᶜāda überdurchschnittlich
عادَة ᶜāda Gewohnheit
عَدّاء ᶜaddā' Läufer
وُلِدَ wulid(a) er wurde geboren
حاصِل ḥāṣil *etwa* Sieger (*wörtl.* der Holer)
ميدالِيَّة ج ات mīdāliyya; mīdāliyyāt Medaille
ذَهَبِـيّ ḏahabiyy Gold-, golden
عَدو ᶜadū Lauf
حَصَلَ عَلى، يَحصُلُ ḥaṣal(a) ᶜalā, yaḥṣul(u) holen
كَأس ج كُـؤوس ka's; ku'ūs *hier:* Pokal
شَـباب šabāb Jugend
بُرونزِيّ b(u)rūnziyy Bronze-
شارَكَ في، يُشارِكُ šārak(a) fī, yušārik(u) teilnehmen an
لِأَوَّل مَرَّة li'awwal marra zum ersten Mal
مَرَّة ج ات marra; marrāt Mal
مُحتَرِف ج ون muḥtarif; muḥtarifūn Profi-, professionell
مُسابَقَة ج ات musābaqa; musābaqāt Rennen, Lauf

B لِتَحيَ الرِياضَة!

1 **Lesen Sie den Artikel über Hischam el-Guerrouj und notieren Sie, wann er was gewann.**

رِياضِيّ فَوقَ العادَة

الاثنين 8 تشرين الأول / أكتوبر ..200

الرِّباط. هِشام الكَروج عَدّاء مَغربِيّ، وُلِد في 14 سِبتَمبر عام 1974 في مَدينَة بِركان. وَالحاصِل عَلى الميداليَّة الذَهَبِيَّة في سِباق 5000 وَ1500 مِتر عَدو عام 2004 في أثينا. أَوَّل ميداليَّة عالَمِيَّة حَصَلَ عَلَيها الكَروج كانَت في كأسِ العالَمِ لِلشَّباب عام 1992 في سِيول وَقَد حَصَلَ فيها عَلى الميداليَّة البُرونزِيَّة في سِباق 5000 مِتر عَدو. وَفي عام 1994 شارَكَ الكَروج لِأَوَّل مَرَّة في سِباقاتِ المُحتَرِفين. وَفيها حَصَلَ عَلى الميداليَّة الفِضِيَّة في مُسابَقَة 15000 مِتر عَدو.

وَفي دَورَةِ الألعابِ الأوليمبِيَّة حَصَلَ عَلى المَركَز الأخير بِسَبَب إصابَتِه. وَرَغمَ هَذِهِ الخَسارَة حَصَل الكَروج 1998 في أثينا وَ1999 في إشبيلِيَة عَلى كأسِ العالَم في سِباق 1500 مِتر. في 14 يوليو 1997 حَطَّمَ الكَروج الرَّقمَ القِياسِيّ في سِباق 1500 مِتر عَدو، وَهُوَ الرَّقم الَّذي حَقَّقَهُ الجَزائِرِيّ نور الدّين مُرسِلي. قَبلَ أوليمبِيّات عام 2000 كانَ الكَروج المُرَشَّحَ الأَوَّل لِلفَوز في سِباق 1500 مِتر وَلَكِنَّهُ هُزِمَ.

وَلَكِن في عامَي 2001 وَ2003 حَصَلَ الكَروج عَلى كأسِ العالَم في سِباق 1500 مِتر عَدو. وَفي كأسِ العالَم في باريس عام 2004 حَصَلَ عَلى المَركَزِ الثّاني. وَأَخيرًا في عام 2004 في أثينا حَقَّقَ الكَروج حُلمَهُ وَحَصَلَ عَلى الجائِزَة الكُبرى في سِباق 1500 مِتر. لِيُصبِح أَوَّل عَدّاء بَعدَ الفِنلَندِيّ بافو نورمي عام 1924 الَّذي فازَ بِميداليَّة سِباقَين في مُسابَقَة واحِدَة وَقَد كَرَّمَهُ المَلِك مُحَمَّدُ السّادِس بِأَكبَر أَوسِمَةِ الدَّولَة عام 2004.

Das Wort أَلف steht

- im Genitiv Plural nach den Zahlen 3–10: ٣٠٠٠ ثَلاثَة آلاف [talātat ālāf]
- im unbestimmten Akkusativ Singular nach 11–99: ١١٠٠٠ أَحَدَ عَشَرَ أَلفًا
- und im Genitiv Singular nach مِئَة: ١٠٠٠٠٠ مِئَة أَلف

١٠٠٠	أَلف	٦٠٠٠	سِتَّة آلاف	١١٠٠	أَحَدَ عَشَرَ أَلفًا
٢٠٠٠	أَلفان	٧٠٠٠	سَبعَة آلاف	١٩٨٤	أَلف وَتِسعُمِئَة وَأَربَعَة وَثَمانون.
٣٠٠٠	ثَلاثَة آلاف	٨٠٠٠	ثَمانِيَة آلاف	٢٠٠٨	أَلفان وَثَمانِيَة
٤٠٠٠	أَربَعَة آلاف	٩٠٠٠	تِسعَة آلاف	١٩٨٣٧٥	مِئَة وَثَمانِيَة وَتِسعون أَلفًا وَثَلاثُمِئَة وَخَمسَة وَسَبعون.
٥٠٠٠	خَمسَة آلاف	١٠٠٠٠	عَشَرَة آلاف		

2 **Lesen Sie die Zahlen**

٢٤٦٨	١٣٥٧
٨٩٣٩	٧٥١٠
٥٠٨٣	٣٦٩١
٩٢٧٦	٤٨٣٢
٦١٠٥	١٠٧٢٤

يونيو ٢٠٠٦						
الجمعة	الخميس	الأربعاء	الثلاثاء	الإثنين	الأحد	السبت
٢	١	٣١	٣٠	٢٩	٢٨	٢٧
٩	٨	٧	٦	٥	٤	٣
١٦	١٥	١٤	١٣	١٢	١١	١٠
٢٣	٢٢	٢١	٢٠	١٩	١٨	١٧
٣٠	٢٩	٢٨	٢٧	٢٦	٢٥	٢٤

3 **Beantworten Sie die Fragen verneinend.**

Beispiel:

هَل ذَهَبت إلى المَسبَح أمس؟ ← لا، لَم أذهَب.

1 هَل مارَستِ الرِّياضَة اليوم؟
2 هَل لَعِبت كُرَةَ القَدَم في الأُسبوعِ الماضِيّ؟
3 هَل فازَت تونِس بِكُرَةِ القَدَم؟
4 هَلِ مارَسَ كُلّ أطفالِك كُرَةَ اليَد؟
5 هَل لَعِبتِ التِّنِس مَعَ ريم أمس؟
6 هَل عَرَفت مَن فازَ البُطولَة العالَمِيَّة هَذِهِ السَّنَة؟
7 هَل سَبَق أن مارَستَ الجودو؟
8 هَل سَبَق أن مارَستُم كُرَةَ الطّائِرَة؟
9 هَل سَبَق أن لَعِبتِ الجولف؟
10 هَل سَبَق أن مارَسوا الكاراتيه؟

- Der dritte und letzte Modus des Imperfekts ist der Apokopat. Er wird ebenfalls vom Indikativ abgeleitet.
- ḍamma fällt weg: أكتُب (أنا)
- ـانِ wird zu ـا: تَكتُبا (أنتُما)
- ـونَ wird zu ـوا: يَكتُبوا (هُم)
- ـينَ wird zu ـي: تَكتُبي (أنتِ)
- ـنَ bleibt erhalten: تَكتُبنَ (أنتُنَّ).

Singular	Dual	Plural
أكتُب	نكتُب	نكتُب
تكتُب	تكتُبا	تكتُبوا
تكتُبي	تكتُبا	تكتُبنَ
يكتُب	يكتُبا	يكتُبوا
تكتُب	تكتُبا	يكتُبنَ

- لَم + Apokopat verneint ein Verb in der Vergangenheit. Die Verneinung ما + Perfekt wird eher mündlich, لَم + Apokopat eher schriftlich verwendet.
- لَم + Apokopat + بَعدُ bedeutet *noch nicht* und antwortet auf die Frage mit سَبَقَ أن + Perfekt ***schon***.

4 **Suchen Sie sich ein für Sie wichtiges Datum. Die anderen Teilnehmer stellen Ihnen Fragen mit هَل, um zu erraten, was damals passiert ist. Antworten Sie dabei mit ganzen Sätzen.**

Beispiel:

- تاريخ مُهِمّ في حَياتي كانَ 1968.
- هَل تَزَوَّجتِ في 1968؟ - لا، لَم أتَزَوَّج في 1968.
- هَل بَدَأتِ العَمَل في 1968؟ - نَعَم! في 1968 بَدَأتُ العَمَل.

C مَلِكَةُ الرِّياضات؟

1 **Lesen Sie den Text und sagen Sie, was Sie über die arabische Champions League erfahren haben.**

أوقات صَعبَة لِكُرَةِ القَدَم العَرَبِيَّة

الدُّحة - دَوريّ أبطالِ العَرَب لِكُرَةِ القَدَم يَحمِل هَذا اللَّقَب مُنذُ مَوسِم عام ٢٠٠٣/٢٠٠٤. المُمَوَّلُ الرَّئيس لِهَذا الدَّوريّ هُوَ الشَّيخ صالِح كامِل صاحِب راديو وَتِلِيفِزيون ART وَهُوَ المَسؤول عَن إِذاعَة مُبارَياتِه.
الفائِزُ الأَوَّل في هَذا الدَّوريّ يَحصِل عَلى ٦ مَلايين رِيال سَعودِيّ أَي حَوالي ٢ مِليون دولار أَمريكِيّ. عام ٢٠٠٧ حَصَلَ فَريق سَتيف عَلى جائِزَة الدَّوريّ، عام ٢٠٠٦ حَصَلَ الرَّجاء البَيضاوِيّ عَلى جائِزَة الدَّورِيّ وَفي عام ٢٠٠٥ حَصَلَ عَلَيها نادي الإِتِّحاد السَّعودِيّ.
لِلأَسَف تَتَّجِه مُعظَم أَندِيَة كُرَةِ القَدَم إِلى مُسابَقاتِ الإِتِّحادِ الكُرَوِيّ الآسيَوِيّ في آسيا وَالإِتِّحاد الأَفريقِيّ في أَفريقيا. لِذَلِكَ سَيُصبِح مِنَ الصَّعب عَلى دَورِيّ أَبطالِ العَرَب في المُستَقبَل المُنافَسَة مَعَ الدَّوراتِ الأُخرى لِذَلِكَ سَيَكون صَعب عَلى دَوريّ أَبطال العَرَب المُحافَظَة عَلى المُستَوى الفَنِيّ وَالحُصول عَلى أَندِيَة قَوِيَّة في مُسابَقاتِه.

دَوريّ	dawriyy	Liga
بَطَل ج أَبطال	baṭal; abṭāl	Held, Champion
حَمَلَ، يَحمِلُ	ḥamal(a), yaḥmil(u)	tragen
لَقَب ج أَلقاب	laqab; alqāb	(Nach-) Name
مَوسِم ج مَواسِم	mawsim; mawāsim	Saison, Jahreszeit
مُمَوَّل ج ون	mumawwal; mumawwalūn	Sponsor
رَئيس	ra'īs	*hier:* Haupt-
صاحِب ج أَصحاب	ṣāḥib; aṣḥāb	Besitzer
مَسؤول عَن	mas'ūl ʿan	verantwortlich für
مَسؤول ج ون	mas'ūl; mas'ūlūn	Verantwortlicher
إِذاعَة ج ات	iḏāʿa; iḏāʿāt	Sendung
مُباراة ج مُبارَيات	mubārāt; mubārayāt	(Fußball-)Spiel
فائِز ج ون	fā'iz; fā'izūn	Gewinner, Sieger
فَريق ج فُرَقاء	farīq; furaqā'	Gruppe, Team
نادي ج أَندِيَة	nādī; andiya	Klub
إِتِّحاد ج ات	ittiḥād; ittiḥādāt	Bund, Verein(igung)
إِتَّجَهَ، يَتَّجِه	ittaǧah(a); yattaǧih(u)	s. begeben
مُعظَم	muʿẓam	die meisten …
إِتِّحاد كُرَوِيّ	ittiḥād kurawiyy	Fussballverein
مُنافَسَة	munāfasa	Konkurrenz
صُعوبَة ج ات	ṣuʿūba; ṣuʿūbāt	Schwierigkeit
مُحافَظَة عَلى	muḥāfaẓa ʿalā	Erhalt(ung)
مُستَوى	mustawā	Niveau
فَنِيّ	fanniyy	technisch
حُصول	ḥuṣūl	*hier etwa:* Anlocken
قَوِيّ	qawiyy	stark

2 Hören Sie diese Personen. Was denken sie über Fußball? 57

عَلى كُرَةِ القَدَم	لِكُرَةِ القَدَم	شَخص
________________	________	١
________________	________	٢
________________	________	٣
________________	________	٤

3 Und Sie? Was mögen Sie an diesem Sport und was nicht? Fragen Sie einander.

4 Treiben Sie sonst Sport? Warum?

5 Sagen Sie es mit einer anderen Verneinung.

1 ما تَحَدَّثت مَعَ مُحَمَّد صَباحَ اليَوم. ____________________
2 ما كانَ في المَكتَب. ____________________
3 ما كُنت أذهَب إلى الجامِع أبَدًا. ____________________
4 ما أرادَت أن تَصِل. ____________________
5 سَوفَ لا نَلعَبُ مَعَكُم كُرَةَ القَدَم! ____________________
6 مَن ما رَأى هَذا الفِلم؟ ____________________
7 سَوفَ لا يَعمَلان غَدًا. ____________________
8 أمس ما كانا طَيِّبَين. ____________________
9 سَوفَ لا أستَطيع أن أشتَري هَدِيَّتَكِ. ____________________
10 ما مارَسَ الجودو هَذِهِ السَّنَة. ____________________

Verben werden im Arabischen unterschiedlich verneint

Vergangenheit		Gegenwart	Zukunft
ما كان + Imperfekt: ما كانَ الرِّياضِيّ يَذهَب إلى موسكو أبَدًا.	ما + Perfekt: ما ذَهَبَ الرِّياضِيّ إلى موسكو.	لا + Imperfekt: لا يَذهَبُ الرِّياضِيّ إلى موسكو.	سَوفَ لا + Imperfekt: سَوفَ لا يَذهَبُ الرِّياضِيّ إلى موسكو.
كان لا + Imperfekt: كانَ الرِّياضِيّ لا يَذهَب إلى موسكو أبَدًا.	لَم + Apokopat: لَم يَذهَب الرِّياضِيّ إلى موسكو.		لَن + Konjunktiv: لَن يَذهَبَ الرِّياضِيّ إلى موسكو.

Redemittel

Über Freizeit und Aktivitäten sprechen

نَذهَب إِلى الحَديقَة بالدَّرّاجَة في نِهايَةِ الأُسبوع لِأَنّنا نُحِبُّ الهُدوء. لِذَلِكَ نَقرَأ كَثيرًا في البَيت وَنَعتَني بِأَزهارِنا.
لا نُشاهِدُ التِّلِفزيون كَثيرًا لِأَنَّنا نَذهَب إِلى الأوبِرا مَساءً أو إِلى المَسرَح.

Grammatik

Zeitangaben (regelmäßige Handlungen)

صَباحًا	=	في الصَّباح
قَبلَ الظُّهر		
ظُهرًا	=	في الظُّهر
بَعدَ الظُّهر		
مَساءً	=	في المَساء

Zeitangaben (punktuelle Handlungen)

صَباح أَمس	=	في صَباح أَمس
صَباحَ اليَوم	=	في صَباح اليَوم
صَباح غَدٍ	=	في صَباح غَدٍ
مَساء أَمس	=	في مَساء أَمس
مَساءَ اليَوم	=	في مَساءِ اليَوم
مَساء غَدٍ	=	في مَساء غَدٍ

Konjunktionen mit Konjunktiv:

أَن (أَن + لا = أَلّا)	حَتّى
لِكَي /لِـ / كَي	قَبلَ أَن

Verben mit أَن:

Verben des Forderns (طَلَبَ),
Verben des Hoffens (أَمَلَ),
Verben des Befürchtens (خافَ)
Modalverben:
أَرادَ، اِستَطاعَ / أَمكَنَ، وَجَبَ عَلى، سَمَحَ لِـ

Verben mit أَنَّ (+ Subst. im A / Possessivendung): Verben des Feststellens (سَمِعَ، رَأى).

Über Sport sprechen

أُمارِس كُرَةَ القَدَم في إِتِّحاد كُرَوِيّ صَغير. لَيسَ مُستَوى فَريقِنا جَيِّدًا جِدًّا وَلَكِن نَلعَب لِلتَّسلِيَة. نِهايَةَ الأُسبوع هَذِهِ لَن نَلعَب بَل نُشاهِدُ المُباراة في التِّلِفزيون. سَيَكونَ الفائِز فَريق سِتيف، أَعرِف هَذا!

Verben mit إِنَّ (+ Subst. im A / Possessivendung): Verben der direkten bzw. indirekten Rede (قالَ)

لَن + **Konjunktiv** = سَوفَ لا + **Indikativ:**

لَن يَذهَبوا إِلى المَدرَسَة = سَوف لا يَذهَبون إِلى المَدرَسَة.

Zahlen über 1000

١٠٠٠	أَلف
٢٠٠٠	أَلفان
٣٠٠٠	ثَلاثَة آلاف
٤٠٠٠	أَربَعَة آلاف
...	...
١٩٨٣٧٥	مِئَة وَثَمانِيَة وَتِسعون أَلف وَأَربَعمِئَة وَخَمسَة وَسَبعون.

Der Apokopat

Plural	Dual	Singular
نَكتُب	نَكتُب	أَكتُب
تَكتُبوا	تَكتُبا	تَكتُب
تَكتُبنَ	تَكتُبا	تَكتُبي
يَكتُبوا	يَكتُبا	يَكتُب
يَكتُبنَ	تَكتُبا	تَكتُب

- لَم + Apokopat = ما + Perfekt:
- لَم + Apokopat + بَعدُ bedeutet *noch nicht* und antwortet auf die Frage mit سَبَقَ أَن + Perfekt *schon*.

العَرَبِيَّة وَالعَرَب

Film und Musik in der arabischen Welt
Neben dem westlichen Kino findet man seit mehr als 80 Jahren eine sehr dynamische und hochqualitative Kinoindustrie in der arabischen Welt. In Ägypten begegnet man immer wieder Youssef Chahine (يوسف جبريل شاهين).

Youssef Chahine

Dieser Regisseur hat alle Genres des Kinos bedient: Musicals, Komödien, historische Epen, Dramen … Seinen politisch umstrittenen Filmen wird häufig vorgeworfen, Ägypten in einem schlechten Licht darzustellen. Es gelingt ihm jedoch, arabische Traditionen mit sozialer Kritik zu verbinden und dennoch populäres Kino zu gestalten: Hauptbahnhof (باب الحَديد 1958) ist der Film, der im ägyptischen Fernsehen am häufigsten gezeigt wird. Für seinen Film „Alexandria … warum?" (إسكندرية ... ليه؟) erhielt Chahine 1978 den silbernen Bären und den Spezialpreis der Jury in Berlin. 1997 bekam er die goldene Palme in Cannes. Beinahe jeder namhafte Regisseur Ägyptens hat bei und von ihm gelernt: Yousry Nasrallah (يسري نصر الله), Daoud Abdel Sayed (داود عبد السيد), oder Atef El-Tayeb (عاطف الطيب). Der Schauspieler Omar Sharif (عمر الشريف) wurde 1954 durch ihn bekannt.
Andere bedeutende arabische Regisseure sind der Algerier Mohammed Lakhdar Hamina sowie die Tunesier Ferid Boughedir und Moufida Tlatli. Für seinen Sechsteiler „Chronik der Jahre der Glut" (أحداث سِنين الجَمر) erhielt Hamina 1975 die goldene Palme in Cannes. Die Filme stellen den Algerischen Krieg nicht als Bruch sondern als logische Folge in der algerischen Geschichte dar.

Omar Sharif

Ferid Boughedir (فريد بوغدير) saß als erster Maghrebiner 1991 in der Cannes-Jury und die Regisseurin Moufida Tlatli (مفيدة التلاتلي), die 2001 ebenfalls Jurymitglied in Cannes war, erhielt 1994 für „Das Schweigen des Palastes" (صمت القصور) den Goldenen Tanit in Karthago und die Istanbuler Goldene Tulpe.
Zuletzt ist das junge palästinensische Kino zu erwähnen, das 2006 mit dem Film „Paradise now" (الجنّة الآن) international anerkannt und mit dem Golden Globe Award ausgezeichnet wurde. Davor hatte Michel Khleifi (ميشال خليفي) mit seiner „Hochzeit in Galiläa" (عُرسُ الجَليل) diesem jungen, engagierten Kino einen Namen gemacht.

Die arabische Musik ist so vielfältig, dass es kaum möglich wäre, alle Stile aufzuzählen. Die klassische arabische Musik ist eine gesungene Dichtung und entwickelte sich im 8. Jh. zu einer hohen Kunst. Durch die Verwendung von Halb- und sogar Vierteltönen, sowie den Verzicht auf Polyphonie unterscheidet sie sich stark von der westlichen klassischen Musik. Verwendet werden Instrumente wie die Kurzhalslaute (عود), eine Art Zither mit 72 Saiten (قَنون), die Rababa (رَبابَة), eines der ältesten Streichinstrumente überhaupt, das aus einer halben Kokosnuss oder einem Schildkrötenpanzer und einer Saite besteht, die Längsflöte (ناي), eine Trommelart, die Darbukka bzw. Tabla (طَبل).

Darbukka

Längsflöte

Berühmte Sänger des 20. Jh. wie Mohammed Abdel Wahab (محمد عبد الوهاب) und Umm Kulthum (أم كلثوم) in Ägypten, Fairuz (فيروز) im Libanon erfreuen sich heute noch großer Beliebtheit.

Im frühen 20. Jh. entstand in Algerien und Marokko der Rai (راي), der von Jung und Alt gern gehört wird. Im Rai beschwert sich der Sänger bei seinem Verstand über die Gefühle, die ihn zu den falschen Entscheidungen geleitet haben. Sänger wie (Cheb) Khaled (شاب خالد) und Cheb Mami (شاب مامي) machten ihn dann in den 1980er Jahren international bekannt, indem sie den ursprünglichen Stil mit poppigen Rhythmen vermischten. Dies machte die Sänger zur Zielscheibe der algerischen Fundamentalisten und der Rai lebte im französischen Exil weiter.
Ebenso wie in Europa hat sich die Popmusik in den letzten Jahren rasant entwickelt. Hier steht immer wieder der ägyptische Sänger Amr Diab auf den Top Ten der arabischen Hitparaden. Er ist sowohl im arabischen Sprachraum als auch in Lateinamerika sehr beliebt. Seine Lieder wurden bereits ins Türkische und Griechische übersetzt und mit ihm entstand ein neuer Musikstil, der mediterrane Musik, orientalische und spanische Rhythmen miteinander vereint.

Fairuz

Cheb Khaled

Amr Diab

Wiederholung 3

مِنَ الفُصحى إِلى اللَّهَجات

Mabrūk! Sie haben nun eine gute Basis auf Hocharabisch und verstehen sicherlich sowohl leichte Zeitungsartikel als auch einfache Gespräche. Vielleicht möchten Sie aber auch mit den Leuten kommunizieren, die zwar Arabisch sprechen, aber das Hocharabisch nicht so gut beherrschen. Die arabischen Dialekte sind zwar z.T. sehr unterschiedlich, dennoch gibt es einige Elemente, die das Verstehen eines jeden Dialektes erleichtern und es ermöglichen, ziemlich schnell einen bestimmten Dialekt auch selbst zu sprechen.

dialektale Aussprache

- Nur wenige Buchstaben werden regional anders gesprochen:

	Maghreb.	Äg.	Ostdial.	Golfar.
ث	[t]/[ṯ]	[t]	[s]	[ṯ]/[f]
ج	[ʒ]	[g]	[dʒ]	[dʒ]/[y]
ذ	[d]/[ḏ]	[d]	[z]	[d]/[ḏ]
ظ	[ḍ]/[ẓ]	[z]	[z]	[ẓ]
ق	[g]/[q]	[']/[q]	[g]/[']	[g]/[ʒ]
ك	[k]/[k]	[k]	[k]	[tʃ]

- Außerdem verschwinden Diphthonge: [ay] = [ē] (el-bēt „das Haus“) und [aw] = [ō] (el-yōm „heute“).
- Prinzipiell ist kein Verlass auf kurze Vokale: مِصرِيّ heißt auf Ägyptisch [maṣrī].
- Alle Wörter beginnen mit einem Konsonanten bzw. Hamza (ma 'ismek? „wie heißt du?“ kef el-ḥāl? „wie geht's?)
- Hilfsvokale und Fallendungen fallen weg (hal es-seyyara el-almaniyya sariᶜa? „ist das deutsche Auto schnell?“ el-muᶜallim el-maṣrī „der ägyptische Lehrer“)

dialektale Schreibweise

Dialekte werden nur selten mit dem arabischen Alphabet geschrieben. Um die Aussprache wiedergeben zu können, mussten z.T. neue Buchstaben erfunden werden:

پ	[p] (Mashreq)
چ	[ʒ] (Ägypten)
ݝ	[g] (Libanon)
ڤ	[v] (Tunesien)
ڨ	[g] (Tunesien)

Meistens werden die Dialekte dennoch mit lateinischen Buchstaben geschrieben. Seit der Internet-Revolution chattet man fleißig auf Arabisch, allerdings mit einem erweiterten lateinischen Alphabet: Einige arabische Buchstaben werden durch Zahlen wiedergegeben, die Länge der Vokale durch Verdoppelung:

3	ع	aa	ا
5	خ	uu	و
7	ح	ii	ي

dialektale Grammatik

Die Grammatik der Dialekte ist wesentlich einfacher als die des klassischen Arabischen, variiert aber z.T. von einer Stadt zur anderen. Dennoch gibt es allgemeingültige Züge.

- Die Fälle fallen weg, nur der unbestimmte Akkusativ auf [an] bleibt erhalten (et-tilmīz el-jedīd ištarā qalaman fi -d-dukken el-kebīr „der neue Schüler hat einen Stift im großen Laden gekauft“).
- Die Endungen für den Dual sind ـَين (el-ᶜēnēn „die (2) Augen)“ und für den maskulinen gesunden Plural ـِين (el-muᶜallimīn „die Lehrer“) in allen Fällen, wobei der Dual nur für Körperteile, Zeitangaben und Maße verwendet wird.
- Im Indikativ bleibt nur der Apokopat übrig, das Perfekt bleibt erhalten (tatakallamī al-ᶜarabiya? „sprichst du (f.) Arabisch?).

- Die Verneinung ist meistens mā… š(i) „nicht“ in allen Zeiten (mā amšīš/ mā mašāš „ich laufe/lief nicht“).
- Die Possessivendungen werden ebenfalls anders gesprochen: Der Dual ist unüblich, im Plural fallen die femininen Formen weg und es gibt keinen Verbindungsvokal:

nach Vokalen	nach Konsonanten	
-ya	-ī	ـي
-ak	-ak	ـك
-ik	-ik	ـك
-ū	-ū	ـه
-hā	-hā	ـها
-nā	-nā	ـنا
-kom	-kom	ـكم
-kom	-kom	ـكنّ
-hum	-hum	ـهم
-hum	-hum	ـهنّ

- Die Zahlen verlangen den Plural zwischen 2 und 9, den Singular ab 10.

wāḥid	ḥda^{c}aš	
iṯnēn (zūǧ)	ṯna^{c}aš	^{c}ašrīn
ṯlāta	ṯlaṭṭa^{c}aš	ṯlātīn
arb^{c}a	arba^{c}aṭa^{c}aš	arb^{c}īn
ḫamsa	ḫamsṭa^{c}aš	ḫamsīn
sitta	siṭṭa^{c}aš	sittīn
sab^{c}a	saba^{c}ata^{c}aš	sab^{c}īn
ṯmānya	ṯamānṭa^{c}aš	ṯmānīn
tis^{c}a	tisa^{c}aṭa^{c}aš	tis^{c}īn
^{c}ašra		miyya
		alf

Das größte Problem der Dialekte bleibt dennoch zunächst unüberwindbar: die Vokabeln. Oft werden sie die Wörter und die Satzstruktur erkennen, und dennoch den Satz nicht verstehen können. Es bleibt Ihnen also eine Alternative: Fragen Sie, ob Ihr Gegenüber auch Hocharabisch kann, oder lernen Sie seinen Dialekt!

المغربية	الجزائرية	التونسية	الليبية	المصرية	الأردنية	السورية	العراقية	العربية الفصحى
دابا	ضورك	توا	توّة	دلوئتى	هَلأّ, هسا	هَلأّ، هسا	هسة	الآن
تكلم, هْدَر	أهْدَر	اتكلم	تكلم	تكلم	إحكى	حكى	احچي	تكلم
اشنو؟ شنو؟	واش؟	شنوا؟ وِشيا	شنو؟ ايش؟ ويش؟	إيه؟	أيش؟	شو؟	شنو؟	ماذا؟
باغي، يَبْغِي	يَبْغِي، اِيحَبْ	يحب	يبي، يريد، يبغي	عاوز، عايز	بدُّو	بدُّو	يريد	يريد
بالزّاف	بزاف	برشة	واجد، هلبة	كتير، أوى				كثير
قطه، مشه	قطة	قطوسة	قطّوسة، بسه، قط	وُطّه	بسة	بسينة	بزونه	قطة
طوموبيل	طوموبيل	كرهبه	سيارة، كرهبه	عربيّه				سيّارة
قرعة		دبّوزة		إزازه				قارورة

لعبة الكويز

هٰذِهِ اللُّعبة سَهلَة جِدًّا:

1 تَلعَب مَعَ جارِكَ.
2 اللاّعِبُ الأَوَّل يَختار مَوضوعًا وَثَمَنًا.
3 اللاّعِبُ الثّاني يُلقي سُؤالاً عَلَيهِ.
4 إِذا أَجاب صَحيحًا فَكَسَبَ الثَّمَن. إِذا لَم يَجيب صَحيحًا فَلَم يَكسُبهُ.
5 ثُمَّ يَلعَبُ اللاّعِبُ الثّاني وَيَختار مَوضوعَهُ وَثَمَنَهُ.
6 في نِهايَةِ اللُّعبة فازَ اللاّعِبُ الَّذي كَسَبَ أَكثَرَ المال.

كَسَبتُ:

____
____
____
____
____
____

الأَحوال	الكَلِمات	عالَمُ العَرَب	القَواعِد
500	500	500	500
400	400	400	400
300	300	300	300
200	200	200	200
100	100	100	100

اللاّعِبُ الأوَّل

500

القَواعِد: أُريد أن (قَرَأ) الأطفال هَذا الكِتاب. (يَقرَؤوا)

عالَمُ العَرَب: هَل تَعرِف 5 رُؤَساء عَرَب؟

الكَلِمات: هَل تَستَطيع أَن تَعطي 5 كَلِمات عَن كُرَةِ القَدَم؟

الأَحوال: ماذا كُنت تَفعَل في المَدرَسَة؟ 5 أَمثال مِن فَضلِك!

400

القَواعِد: نَقول „ما كَتَبتُم“ لَكِنّا نَكتُب „....“؟ (لَم تَكتُبوا)

عالَمُ العَرَب: هَل تَستَطيع أَن تَعطي 4 أَطعِمَة عَرَبِيَّة؟

الكَلِمات: هَل تَستَطيع أَن تَعطي 4 قِطَع أَثاث؟

الأَحوال: ماذا يُحِبُّ الأَطفال أَن يَفعَلوا؟ 4 أَمثال مِن فَضلِك!

300

القَواعِد: ما اسمُ السَّنَوات بَينَ 1980 و1989؟ (الثَّمانينات)

عالَمُ العَرَب: هَل تَعرِف 3 لَهَجات عَرَبِيَّة؟

الكَلِمات: هَل تَستَطيع أَن تَعطي 3 أَنواع خُضراوات؟

الأَحوال: في الشّارِع تُريد أَن تَتَكَلَّم لِشَخص لا تَعرِفُهُ. ماذا تَقول لَهُ؟ (أَخ/خال/عَمّ أَو أُخت/خالَة/عَمَّة أَو حَجّ/حَجَّة)

200

القَواعِد: السَّيّارَة + السِّباق = ...؟ (سَيّارَةُ السِّباق)

عالَمُ العَرَب: هَل تَعرِف بَلَدَين عَرَبِيَّين في آسيا؟

الكَلِمات: لِلكَلِمَة مَكتَب 3 مَعانٍ في العَرَبِيَّة. هَل تَعرِفُها؟ (Schreibtisch, Arbeitszimmer, Büro)

الأَحوال: ما لَون قَميصِكَ وَسِروالِكَ؟

100

القَواعِد: أُشاهِد + فِلم =

عالَمُ العَرَب: ما اسمُ عاصِمَة مِصر؟ (القاهِرَة)

الكَلِمات: هَل تَستَطيع أَن تَعطي كَلِمَة أُخرى لِكَلِمَة بَنطَلون؟ (سِروال)

الأَحوال: أَنتَ في مَحَلّ لِلمَلابِس وَتُريد أَن تَشتَري شَيئًا. ماذا تَقول؟

اللاّعِبُ الثّاني

500

القَواعِد:	اليَوم يَشتَرون كُتُبًا. وَأمس؟ (اِشتَرَوا)
عالَمُ العَرَب:	هَل تَعرِف 5 عَرَب مُشاهير؟
الكَلِمات:	هَل تَستَطيع أن تَعطي 5 مُقتَرَحات لِنِهايَةِ الأُسبوع؟
الأَحوال:	أنت في مَكتَب رِحلات. ماذا تَفعَل؟ 5 أمثال مِن فَضلِك!

400

القَواعِد:	ما كانَ الطَّقس جَميلاً أمس. وَاليَوم؟
عالَمُ العَرَب:	ماذا في مَدينَة عَرَبِيَّة؟ 4 أمثال مِن فَضلِك!
الكَلِمات:	هَل تَستَطيع أن تَعطي 4 كَلِمات عَنِ السِّياسَة؟
الأَحوال:	ماذا تَفعَل قَبلَ بَدءِ العَمَل؟ 4 أمثال مِن فَضلِك!

300

القَواعِد:	أَعرِف رَجُلاً ... يَعمَل مَعَكِ. (أَعرِف رَجُلاً يَعمَل مَعَكِ.)
عالَمُ العَرَب:	3 بُلدان وَعاصِمَتُهُم يَحمِلون نفس اللَّقَب. هَل تَعرِفُها؟ (الجَزائِر وَتونِس وَالكُوَيت)
الكَلِمات:	هَل تَستَطيع أَن تَعطي 3 أَنواع طاقات؟ (طاقَة شَمسِيَّة، طاقَة مائِيَّة وَطاقَةُ الريح)
الأَحوال:	ما هُوَ تاريخُ اليَوم؟

200

القَواعِد:	12 + كِتاب = ...؟ (12 كِتابًا)
عالَمُ العَرَب:	هَل تَعرِف بَلَدَين عَرَبِيَّين في أَفريقيا؟
الكَلِمات:	هَل تَستَطيع أَن تَقول ما هي الجَلاّبِيَّة؟ (ثَوب واسِع يَرتَديهِ الرِّجال وَالنِّساء)
الأَحوال:	ما لَون عَينَيك وَشَعرِك؟

100

القَواعِد:	أَربَعَة/رابِع، خَمسَة/خامِس وَلَكِن سِتَّة/...؟ (سادِس)
عالَمُ العَرَب:	في أَيَّة مَدينَة بَنَوا الجُزُر الَّتي تُشابِه نَخلَة؟ (دُبَي)
الكَلِمات:	هَل تَستَطيع أَن تَعطي كَلِمَة أُخرى لِلكَلِمَة مَعيشَة؟ (حَياة)
الأَحوال:	أَنتَ في مَكتَبَة وَتُريد أَن تَشتَري شَيئًا. ماذا تَقول؟

Lektion 1, C5, Seite 17

5 **Nehmen Sie nun eine Rolle ein und fragen Sie sich gegenseitig nach Ihrem Namen, Ihrer Nationalität und Ihrem Herkunftsland (Rolle B und D s. S. 17).**

A	
Vorname:	
Nationalität:	
Herkunftsland:	

B	
Vorname:	Yāsmīn
Nationalität:	Tunesierin
Herkunftsland:	Tunesien

C	
Vorname:	
Nationalität:	
Herkunftsland:	

D	
Vorname:	Sinān
Nationalität:	Libyer
Herkunftsland:	Libyen

Lektion 3, A1, Seite 31

1 **Spielen Sie zu zweit folgende Situationen: 2 Student(inn)en lernen sich am Anfang des Semesters kennen und unterhalten sich (Ihr/e Nachbar/in schlägt Seite 31 auf).**

ṭālib(a) 1	ṭālib(a) 2	muᶜallim(a)
	ياسمين - لُبنان	
	نور - اَلكُوَيت	ياسين - سوريا
	بِلال - تونِس	نور - اَلكُوَيت
	مايا - ليبيا	

Lektion 9, B2, Seite 102

2 **Erkundigen Sie sich nach den fehlenden Informationen über die Zugfahrt (Ihr / e Nachbar / in schlägt Seite 102 auf).**

قيمَة	ساعَة الإِياب	ساعَة الذِّهاب	مِن - إِلى	
	في السّاعَة الرّابِعَة		الأُقصُر - أَسوان	1
٥٠ دِرهَمًا		في السّاعَة الثّامِنَة		2
	في السّاعَة الثّانيَة عَشَرَة	في السّاعَة الحادِيَة عَشَرَة		3
٢٠ جِنيه			الإِسكَندَرِيَّة - القاهِرَة	4

Grammatiküberblick

Adjektive

- Adjektive werden wie Substantive behandelt. Die meisten sind veränderlich. Die feminine Form lautet auf ـَة im Singular und ات im Plural, der maskuline Plural kann gesund auf ون oder gebrochen sein.
- Der **Sachplural** des Adjektivs ist **feminin Singular**. بُيوت كَثيرة

unbestimmtes Adjektiv

	feminin		maskulin (gesund)		maskulin (gebrochen)	
	Singular	Plural	Singular	Plural	Singular	Plural
Nom	كَبيرَة	كَبيرات	كَثير	كَثيرون	لَطيف	لِطاف
Akk	كَبيرَة	كَبيرات	كَثيرًا	كَثيرينَ	لَطيف	لِطافًا
Gen	كَبيرَة	كَبيرات	كَثير	كَثيرينَ	لَطيف	لِطاف

bestimmtes Adjektiv

	feminin		maskulin (gesund)		maskulin (gebrochen)	
	Singular	Plural	Singular	Plural	Singular	Plural
Nom	الكَبيرَة	الكَبيراتُ	الكَثيرُ	الكَثيرون	اللَّطيفُ	اللِّطافُ
Akk	الكَبيرَة	الكَبيراتِ	الكَثيرَ	الكَثيرينَ	اللَّطيفَ	اللِّطافَ
Gen	الكَبيرَة	الكَبيراتِ	الكَثيرِ	الكَثيرينَ	اللَّطيفِ	اللِّطافِ

- Adjektive in **prädikativer Stellung** werden mit ihrem Bezugswort in Geschlecht und Zahl angeglichen (هُنَّ جَيِّدات وَهُو جَيِّد أَيضًا). Sie sind **unbestimmt** und entweder im Nominativ, wenn es kein Verb gibt (هُم جَيِّدون), oder im Akkusativ (هُم لَيسوا جَيِّدين).
- Adjektive in **attributiver Stellung** werden mit ihrem Bezugswort in **Geschlecht, Zahl, Fall und Bestimmtheit** angeglichen (المُعَلِّمونَ المِصرِيّون يَعمَلون مَعَ مُديرَة جَديدَة). Sie werden immer nachgestellt.
- Beziehen sie sich auf das erste Glied einer Genitivverbindung, so müssen sie dieser nachgestellt werden und tragen den Artikel (طاوِلَةُ الصّالونِ الكَبيرَة).

Farbadjektive

	maskulin	feminin	Plural
weiß	أبيَض	بَيضاء	بيض
schwarz	أسوَد	سَوداء	سود
gelb	أصفَر	صَفراء	صُفر
rot	أحمَر	حَمراء	حُمر

	maskulin	feminin	Plural
blau	أزرَق	زَرقاء	زُرق
grün	أخضَر	خَضراء	خُضر
braun	أسمَر	سَمراء	سُمر
blond	أشقَر	شَقراء	شُقر

Unregelmäßige Adjektive

Einige Adjektive bilden ein unregelmäßiges Femininum: أخَر م أُخرى ج آخَر.

Adverbien

- Adverbien werden von Substantiven und Adjektiven abgeleitet, indem die Endung ـًا angehängt wird (جَيِّد ← جَيِّدًا / صَباح ← صَباحًا) oder durch Hinzufügung einer Präposition (بِالضَّبط). Einige gibt es nur in adverbialer Form (هُنا، أمس).
- Adverbien werden ihrem Bezugswort (Adjektiv, Adverb, Verb, Satz) nachgestellt: هِيَ جَميلَة جِدًا.
تَعمَل كَثيرًا جِدًا.
أُحِبُّها جِدًا.
هَل تُحِبُّونَ الشّاي الأَخضَر بِالنَعناع أيضًا؟
- Sie drücken aus: den Ort (هُنا; s. auch Ortsangaben), die Zeit (اليَوم; s. auch Zeitangaben), die Quantität (قَليلاً), die Art (جَيِّدًا), eine Behauptung (طَبعًا).

Artikel

- Es gibt **keinen unbestimmten Artikel** im Arabischen: كِتاب/كِتابًا/كِتاب ein Buch. Im klassischen Arabisch (das auch heute z.T. verwendet wird) heißt es aber كِتابٌ/كِتابًا/كِتابٍ [kitābun, kitāban, kitābin].
- **Der bestimmte Artikel** ist stets الـ (in allen Fällen, Geschlechtern, Zahlen). Dabei wird er nur z.T. [al-] ausgesprochen. Das [a] über dem Alif wird nur am Satzanfang gesprochen, ansonsten wird es vom vorherigen Vokal verdrängt. Das [l] assimiliert sich wiederum vor Sonnenbuchstaben: Es wird stumm und der Sonnenbuchstabe verdoppelt sich.
- Die Sonnenbuchstaben werden mit der Zungenspitze oben vorne ausgesprochen (ج ist aber ein Mondbuchstabe): ت، ث، د، ذ، ر، ز، س، ش، ص، ض، ط، ظ، ل، ن.
- الـ steht vor einem bestimmten Substantiv bzw. Adjektiv (s. auch Bestimmtheit). Ist ein Substantiv bestimmt, so trägt sein Attribut den Artikel.
- Der bestimmte Artikel steht vor unzählbaren Begriffen (Lebensmittel, Getränke, Geld usw.):
Ich trinke Tee. – أشرَبُ الشّاي.

- Er steht ebenfalls vor einigen Städte- und Länderbezeichnung:
  Kairo = *die Siegreiche* – القاهِرَة
  Algier/Algerien = *die Inseln* – الجَزائِر
  Bahrain = *die zwei Meere* – البَحرَين
- Er steht nie vor dem ersten Glied einer Genitivverbindung:
  die Tür des Hauses – بابُ البَيت

Bedingungssätze

Wir kennen 2 Möglichkeiten, eine Bedingung auszudrücken:

- für reale Bedingungen: إذا + Perfekt + (فَـ) + Perfekt:
  إذا كانَ الطَّقس جَميلاً فَلْنَذهَب إلى البَحر (وَقَد يَكون كَذَلِكَ).
- für irreale Bedingungen: لَو + Perfekt + لَـ + Perfekt:
  لَو كانَ الطَّقس جَميلاً لَذَهَبنا إلى البَحر (لِلأَسَف الطَّقس مُمطِر...).
- Merken Sie sich die Höfflichkeitsform
  bitte (wenn Sie erlauben) – لَو سَمِحت.

Bestimmtheit

Bestimmt ist jedes Substantiv, das

- ein Eigenname ist (مُنى، بَغداد، بِريطانيا) oder
- den bestimmten Artikel الـ trägt (الكِتاب) oder
- eine Possessivendung hat (كِتابُهُ) oder
- als erstes Glied einer Genitivverbindung fungiert (كِتابُ المُعَلِّمَة).

Ist ein Substantiv bestimmt, trägt sein Adjektiv in attributiver Stellung den Artikel
(بريطانيا العُظمى، الكِتابُ الجَديد، كِتابُهُ القَديم، كِتابُ المُعَلِّمَة الجَديد).

Deklination

Die arabische Deklination kennt drei Fälle:

- Der **Nominativ** (Wer?-Fall) ist **der Fall des Subjekts** und entspricht im Großen und Ganzen dem deutschen Nominativ. Der Verbindungsvokal (vor ال bzw. einer Possessivendung) des Nominativs ist meist [u]: البَيتُ الكَبير.
- Der **Akkusativ** (Wen?- oder Was?-Fall) ist **der Fall des direkten Objekts** und steht nach jedem Verb, das keine Präposition verlangt (also sagt man im Arabischen *er ist nicht den neuen Lehrer*); der Akkusativ hat als regelmäßigen Verbindungsvokal ein [a]: (هُوَ لَيسَ المُعَلِّمَ الجَديد). Unbestimmte Substantive ohne ة bzw. ات , sowie Vokalfolge a-a-i (مَلابِس، فَناجين) erhalten die Akkusativ-Endung اً [an]: هُوَ لَيسَ لَطيفًا.

- Der **Genitiv** (Wessen?-Fall) hat als Verbindungsvokal meist [i], er entspricht aber nur bedingt dem deutschen Genitiv: Im Arabischen verwendet man den Genitiv nach allen Präpositionen und für das zweite Glied einer Genitivverbindung: مَدرَسَةُ المُعَلّمينَ، في البَيتِ الكَبير.
- **Wörter mit stummem ة bzw. langem Vokal** sowie die meisten **unbestimmten Substantive bzw. Adjektive** haben keine Fallendung: عَلى الطّاوِلَـةِ الجَديدَة، في بَيت كَبير، هِيَ لَـيسَت لَـطيفَـة.
- **Wörter auf ة** erhalten dennoch eine Fallendung, wenn sie als erstes Glied einer durch ال bestimmten Genitivverbindung fungieren: طاوِلَـةُ الصّالون، عَلى طاوِلَـةِ الصّالون.

Substantiv / Adjektiv auf Konsonant

	unbestimmt	bestimmt	Genitivverbindung
Nom	مُعَلّم جيّد	المُعَلّمُ الجيّد	مُعَلّمُ الطُّلاّب
Akk	مُعَلّمًا جيّدًا	المُعَلّمَ الجيّد	مُعَلّمَ الطُّلاّب
Gen	مُعَلّم جيّد	المُعَلّمِ الجيّد	مُعَلّمِ الطُّلاّب

Substantiv / Adjektiv auf ة

	unbestimmt	bestimmt	Genitivverbindung
Nom	مُعَلّمَة جيّدَة	المُعَلّمَة الجيّدَة	مُعَلّمَةُ الطُّلاّب
Akk	مُعَلّمَة جيّدَة	المُعَلّمَة الجيّدَة	مُعَلّمَةَ الطُّلاّب
Gen	مُعَلّمَة جيّدَة	المُعَلّمَة الجيّدَة	مُعَلّمَةِ الطُّلاّب

Maskulines Substantiv / Adjektiv im gesunden Plural

	unbestimmt	bestimmt	Genitivverbindung
Nom	مُعَلّمون جَيّدون	المُعَلّمونَ الجَيّدون	مُعَلّمو الطُّلاّب
Akk	مُعَلّمين جَيّدين	المُعَلّمينَ الجَيّدين	مُعَلّمي الطُّلاّب
Gen	مُعَلّمين جَيّدين	المُعَلّمينَ الجَيّدين	مُعَلّمي الطُّلاّب

Feminines Substantiv / Adjektiv im gesunden Plural

	unbestimmt	bestimmt	Genitivverbindung
Nom	مُعَلّمات جَيّدات	المُعَلّماتُ الجَيّدات	مُعَلّماتُ الطُّلاّب
Akk	مُعَلّمات جَيّدات	المُعَلّماتِ الجَيّدات	مُعَلّماتِ الطُّلاّب
Gen	مُعَلّمات جَيّدات	المُعَلّماتِ الجَيّدات	مُعَلّماتِ الطُّلاّب

Unregelmäßige Substantive أَب/ أَخ / ذو

	unbestimmt	bestimmt	+ Possessivendung	in Genitivverbindung
Nom	أَخ كَبير	الأَخُ الكَبير	أَخوهُ	أَخو الطَّبيب
Akk	أَخًا كَبيرًا	الأَخَ الكَبير	أَخاهُ	أَخا الطَّبيب
Gen	أَخ كَبير	الأَخِ الكَبير	أَخيهِ	أَخي الطَّبيب

Anmerkung: der deutsche Dativ wird meistens durch die Präposition لِـ + Genitiv ausgedrückt:
أَكتُبُ رِسالَةً لِجَدَّتي.

Dual

Der Dual bei Substantiven und Adjektiven

- Der Dual wird verwendet, um 2 Personen oder Gegenstände anzugeben. Seine Anwendung in der Schriftsprache ist obligatorisch, mündlich kommt er nur noch bei **Körperteilen, Zeitangaben** und anderen **Maßen** vor.
- Die Endung ist für beide Geschlechter انِ im Nominativ und ـَينِ im Akkusativ/Genitiv (طاوِلَتان، طاوِلَتَينِ، طَبيبانِ، طَبيبَين).
- Als erstes Glied einer Genitivverbindung und vor Possessivendungen verliert der Dual sein ن (طَبيباها، طَبيبا العائِلَة).

Der Dual bei Verben

	1. P.	2. P. m./f.	3. P. m.	3. P. f.
Imperfekt (Indikativ)	نَـ - -	تَـ - - انِ	يَـ - - انِ	تَـ - - انِ
Imperfekt (Konjunktiv)	نَـ - -	تَـ - - ا	يَـ - - ا	تَـ - - ا
Imperfekt (Apokopat)	نَـ - -	تَـ - - ا	يَـ - - ا	تَـ - - ا
Perfekt	- - نا	- - تُما	- - ا	- - تا

Anmerkung: Es gibt keine 1. Person Dual, man verwendet dafür die 1. Person Plural.

Genitivverbindung

Eine Genitivverbindung ist die Aufeinanderfolge zweier Substantive, wobei das erste durch das 2. bestimmt ist.

- Das erste Glied der Genitivverbindung hat weder Artikel noch Possessivendung oder tanwīn. Sein Adjektiv muss nach der gesamten Genitivverbindung stehen (أَبوابُ البَيتِ القَديمَة).

- Das zweite Glied der Genitivverbindung kann je nach Kontext bestimmt oder unbestimmt sein und steht im Genitiv:
  eine Haustür – باب بَيت
  die Haustür – بابُ البَيت
- Längere Genitivverbindungen sind zwar möglich, gelten aber oft als schwerfällig. Mündlich wird demnach das dritte Glied durch لِـ angehängt: *die Tür von Mohammeds Haus* – بابُ البَيت لِمُحَمَّد

Geschlecht

Es gibt nur **2 Geschlechter im Singular**: maskulin und feminin.

- **Maskulin** sind alle Substantive, die männliche Personen bezeichnen (مُحَمَّد، أُستاذ، كَهرَبائي، أَخ), sowie andere Substantive auf Konsonanten (إتِّحاد، قَلَم).
- **Feminin** sind alle Substantive, die weibliche Personen bezeichnen (خَديجَة، مَلِكَة، مُمَرِّضَة، أُمّ), geographische Bezeichnungen (لُبنان، بَيروت), Substantive auf ة und ا (طاوِلَة، سينِما), Buchstaben (أَلِف مَقصورَة), sowie einige Substantive auf اء (سَماء), paarweise auftretende Körperteile (عَين، قَدَم) und einige wenige Substantive auf Konsonanten (شَمس).
- Einige Substantive können **sowohl maskulin als auch feminin** sein: (سوق).
- **Maskuline Adjektive** haben **keine Endung** (كَبير), **feminine** meistens ة (كَبيرَة), selten اء (بَيضاء) oder ى (أُخرى).

Im Plural gibt es eine dritte Kategorie: den **Sachplural**.

- Im Sachplural stehen Substantive, die keine Personen bezeichnen.
- Der **Sachplural** ist wie der **feminine Singular** (طاوِلات كَثيرَة، طاوِلات أُخرى، طاوِلات بَيضاء).
- **Maskuline Adjektive** haben entweder einen gebrochenen (كِبار) oder einen gesunden Plural (كَثيرون).
- **Feminine Adjektive** haben einen gesunden Plural (كَثيرات، كَبيرات).

Hamza

- Hamza (ء) ist der inoffizielle erste Buchstabe des arabischen Alphabets.
- Hamza braucht meistens einen Träger (ا، ى، و). Die Wahl des Trägers folgt strengen Regeln:

Am Wortanfang

vor kurzem Vokal	vor langem Vokal	
أَ	آ	a
إِ	إي	i
أُ	أو	u

In der Wortmitte

-	ā	a	ū	u	ī	i	vor / nach
ـئـ	ـِئا	ـِئَـ	ـِئو	ـِئُـ	ـِئي	ـِئِـ	i
يئـ	يئا	يئَـ	يئو	يئُـ	يئي	يئِـ	ī
ـُؤ	ـُؤا	ـُؤَ	ـُؤو	ـُؤَ	ـُئي	ـُئِـ	u
وؤ	وؤا	وؤا	وؤو	وؤُ	وئي	وئِـ	ū
ـَأ	ـَآ	ـَأَ	ـَؤو	ـَؤُ	ـَئي	ـَئِـ	a
-	اءا	اءَ	اؤو	اؤُ	ائي	ائِـ	ā
-	ـآ	ـأَ	ـؤو	ـؤُ	ـئي	ـئِـ	-

Am Wortende

	nach
ـِئ	i
ـُؤ	u
ـَأ	a
ـيء	ī
ـوء	ū
ـاء	ā
ـء	-

Konjugation

- Arabisch kennt **2 Aspekte** (Aktionsarten): das **Perfekt** und das **Imperfekt**.
- Das Imperfekt unterscheidet wiederum zwischen **3 Modi**: dem **Indikativ**, dem **Konjunktiv** und dem **Apokopat** (= Jussiv).
- Jedes Verb hat **2 Stämme**: Einen Perfekt- und einen Imperfektstamm (كَتَبَ، يَكتُبُ). An den jeweiligen Stamm werden Endungen angefügt. Im Imperfekt kommen Vorsilben dazu.
- **Unregelmäßige Verben** gibt es aus der Sicht der arabischen Grammatik nicht. Einige weichen dennoch von den unten eingeführten Mustern ab. Sie müssen zunächst auswendig gelernt werden.

Perfekt

	1. Person	2. Person		3. Person	
		maskulin	feminin	maskulin	feminin
Singular	--تُ	--تَ	--تِ	--َ	--َتْ
Dual	--نا	--تُما		--ا	--َتا
Plural		--تُم	--تُنَّ	--ُوا	--ْنَ

Das Perfekt drückt aus:

- einmalige Handlungen in der Vergangenheit: كَتَبَ سامي رِسالَةً لِجَدَّتِهِ.
- Bedingungen nach إذا und لَو: إذا كانَ المُعَلِّمُ في الفَصل فَأَعطَيهِ كِتابي. لَو كانَ المُعَلِّمُ في الفَصل لَأعطَيهِ كِتابي.

Imperfekt (Indikativ)

	1. Person	2. Person		3. Person	
		maskulin	feminin	maskulin	feminin
Singular	أَ--ُ	تَـ--ُ	تَـ--ينَ	يَـ--ُ	تَـ--ُ
Dual	نَـ--ُ	تَـ--انِ		يَـ--انِ	تَـ--انِ
Plural		تَـ--ونَ	تَـ--نَ	يَـ--ونَ	يَـ--نَ

Das Imperfekt drückt Handlungen in der Gegenwartsstufe aus:

- die in der nahen Vergangenheit begonnen haben und in der Gegenwart andauern:
  يَلعَبُ الأَطفال في الفيناء مُنذُ ساعَة.
- die in ihrem Verlauf dargestellt werden: أَذهَبُ الآن إلى الجامِع.
- Die eine Gewohnheit bzw. eine Wiederholung ausdrücken: أَذهَبُ كُلّ يَومِ جُمعَة إلى الجامِع.

Imperfekt (Konjunktiv)

	1. Person	2. Person		3. Person	
		maskulin	feminin	maskulin	feminin
Singular	أَ--َ	تَـ--َ	تَـ--ي	يَـ--َ	تَـ--َ
Dual	نَـ--َ	تَـ--ا		يَـ--ا	تَـ--ا
Plural		تَـ--وا	تَـ--نَ	يَـ--وا	يَـ--نَ

Der Konjunktiv steht nach:

- den Konjunktionen لِـ/حَتّى/لِكَي/ كَي um … zu, damit, أَن dass, قَبلَ أَن bevor:
  تَتَعَلَّمينَ العَرَبِيَّة لِتَعمَلي في السّودان.
  تَتَعَلَّمينَ العَرَبِيَّة حَتّى تَتَزَوَّجي مِن شَيخ إماراتِيّ.
  تَتَعَلَّمينَ العَرَبِيَّة لِكَي تَفهَمي جَدَّيكِ.
  تَتَعَلَّمينَ العَرَبِيَّة كَي تَسكُني في الخَرطوم.
  أُريد أَن يَتَعَلَّم أَطفالي العَرَبِيَّة في المَدرَسَة.
  تَتَعَلَّمينَ العَرَبِيَّة قَبلَ أَن تُسافِري إلى البُلدانِ العَرَبِيَّة.
- der Verneinungspartikel لَن für Handlungen auf der Zukunftsstufe.
  عُذرًا! لَن تَعمَلي في السّودان بَل في مِصر.

Imperfekt (Apokopat)

	1. Person	2. Person		3. Person	
		maskulin	feminin	maskulin	feminin
Singular	أَ--	تَـ--	تَـ--ي	يَـ--	تَـ--
Dual	نَـ--	تَـ--ا		يَـ--ا	تَـ--ا
Plural		تَـ--وا	تَـ--نَ	يَـ--وا	يَـ--نَ

Der Apokopat steht nach:

- der Verneinungspartikel لَم für Handlungen auf der Vergangenheitsstufe.

لَم تَتَعَلَّم اَلعَرَبِيَّة الفُصحى في المَدرَسَة.

Zusätzlich zu den einfachen Konjugationen gibt es auch zusammengesetzte Zeitformen (s. *Zeitangaben*).

Das Verb لَيسَ

Das Verb لَيسَ *nicht sein* wird im Perfekt konjugiert, drückt aber Handlungen in der Gegenwart aus. Dieses Verb kennt nur diese Konjugation.

Singular	Dual	Plural
لَستُ	لَسنا	لَسنا
لَستَ	لَستُما	لَستُم
لَستِ	لَستُما	لَستُنَّ
لَيسَ	لَيسا	لَيسوا
لَيسَت	لَيسَتا	لَسنَ

Konjunktionen

Bei- und nebenordnende Konjunktionen

- Sie verbinden Wörter bzw. Hauptsätze.

Konjunktionen		
und	وَ	كانَ يَرتَدي بَلوفَرًا وَبَنطَلونًا أَسوَدَين.
(und) Anschlusskonjunktion bei Erzählungen	فَـ	جاءَتِ السِّكرتيرَة في العاشِرَة فَقالَت إِنَّ الأُستاذ كانَ مَريضًا.
oder	أَو	كانَت تَرتَدي فَساتين أَو بَنطَلونات قَديمَة.
oder	أَم...؟	هَل تَتَكَلَّمُ اللَّهجَة أَم الفُصحى؟
dann	ثُمَّ	نَظَرَ الرَّجُل إِلى السَّيّارَة الحَمراء ثُمَّ ذَهَبَ إِلى السَّيّارَة الزَّرقاء.
außer	إِلاّ	السّاعَة الواحِدَة إِلاّ رُبع. لا إِلاه إِلاّ الله.
aber	لَكِن/وَلَكِن لَكِنَّ/وَلَكِنّ	هَذا الكِتاب قَديم لَكِن مُهِمّ. ذَهَبت إِلى دَرس العَرَبِيَّة اليَوم لَكِنَّ المُعَلِّم كانَ مَريضًا.
sondern	بَل	لا أُحَضِّرُ كُسكُسًا بَل طاجِنًا.
denn	لِأَنَّ	لَم يَذهَب إِلى العَمَل لِأَنَّهُ كانَ مَريضًا.

Unterordnende Konjunktionen

- Sie stehen am Anfang eines Nebensatzes.

Konjunktionen			
dass	أَنَّ		أرى أَنَّ الطّالِب في الفَصل الآن.
weil	لِأَنَّ		الطّالِب في الفَصل لِأَنَّهُ يَدرُسُ الطِّبّ.
dass	إِنَّ		قالَ إِنَّ الطِّب مُهِمَّ جِدًّا.
was	ما		لا أَعرِف ما يَفعَل.
während	بَينَما		يَدرُس بَينَما زَوجَتُهُ تَعمَل. يَتَكَلَّم بَعضُ الطُّلّابِ الفُصحى جَيِّدًا بَينَما الأَخَرون يَتَكَلَّمونَ اللَّهجَة فَقَط.
nachdem	بَعدَ ما	+ Perfekt	اِستَحَمَّ بَعدَما أَتَناوَلَ الفُطور.
als	عِندَما	+ Perfekt	رَأَيتُ المُدير عِندَما بَدَأتُ العَمَل صَباحَ اليَوم.
als	حينَما	+ Perfekt	ذَهَبتُ إِلى السّوق حينَما كُنتِ تَعمَلين.
während, als	لَمّا	+ Perfekt	لَم أَكُن في البَيت لَمّا رَنَّ الهاتِف.
bis	حَتّى	+ Perfekt	مَشَيتُ حَتّى رَأَيتُ القَصر.
wenn, falls	إِذا	+ Perfekt	إِذا تَصِل إِلَينا فَأَعطَيناكَ الكِتاب.
wenn, falls	لَو	+ Perfekt	لَو تَصِل إِلَينا لَأَعطَيناكَ الكِتاب.
seitdem	مُنذُ أَن	+ Perfekt	يَدرُسُ العَرَبِيَّة مُنذُ أَن رَجَع إِلى اليَمَن.
dass	أَن	+ Konjunktiv	هَل تَستَطيعي أَن تَصِلي الآن.
dass … nicht	أَلّا	+ Konjunktiv	أَريد أَلّا يَشتَري سَيّارَة جَديدَة.
damit, um … zu	لِ	+ Konjunktiv	تَتَعَلَّمُ الإِنكليزِيَّة لِتَعمَل في لَندَن.
damit, um … zu	كَي	+ Konjunktiv	أَشتَري الخُضراوات كَي أُحَضِّرَ الطّاجِن.
damit, um … zu	لِكَي	+ Konjunktiv	يُسافِر إِلى البُلدانِ الأَفريقِيَّة لِكَي يَتَعَرَّف عَلَيها.
bevor	قَبلَ أَن	+ Konjunktiv	أَستَحِمّ قَبلَ أَن أَرتَدي المَلابِس

Die Nisba-Endung

Das Wort نِسبَة bedeutet *Verhältnis, Herleitung*. Mit dieser einfachen Endung kann man von Substantiven weitere Adjektive/Substantive ableiten, die das Verhältnis bzw. die Herkunft ausdrücken:

Stamm	m. Singular	f. Singular	m. Plural	f. Plural
Stamm (ohne Artikel und Endung) +	ـِيّ	ـِيَّة	ـِيّون	ـِيّات
السّودان der Sudan	سودانِيّ sudanesisch, der Sudanese	سودانِيَّة sudanesisch, die Sudanesin	سودانِيّون sudanesisch, die Sudanesen	سودانِيّات sudanesisch, die Sudanesinnen
رَئيس Präsident, Haupt	رَئيسِيّ Haupt-, hauptsächlich	رَئيسِيَّة Haupt-, hauptsächlich	رَئيسِيّون Haupt-, hauptsächlich	رَئيسِيّات Haupt-, hauptsächlich

Einige Nisba-Formen haben einen unregelmäßigen m. Plural:

عَرَب، روس، إنكليز، يونان، ألمان، أتراك

Ortsangaben

(echte und unechte) Präpositionen

Präpositionen	
إلى	أذهَب إلى الطَّبيب.
عَلى	الكِتاب عَلى الطّاوِلة.
في	في السّوق دَكاكين كَثيرَة.
مِن	أشتَري الخُبز مِنَ المَخبَز.
أمام	المَخبَز أمامَ السّوق.
تَحت	القَلَم تَحتَ الكِتاب.
حَتّى	مِن هُنا إلى الأمام حَتّى البَنك.
حَول	حَولَ السّوق بُيوت جَميلَة.
عِندَ	الطّالِب عِندَ الطَّبيب. البَنك عِندَ المُستَشفى.
وَراءَ	الصَّيدَلِيَّة وَراءَ المَخبَز.
يَسار	الطّاوِلَة عَلى يَسارِ الكَنَبَة.
يَمين	الكَنَبَة عَلى يَمينِ الكُرسيّ.

Adverbien

مِن أينَ؟	أينَ؟	إلى أينَ؟
مِن	فيهِ / فيها	إلى
مِنَ الأمام	أمام	إلى الأمام
مِنَ اليَسار	عَلى اليَسار	إلى اليَسار
مِنَ اليَمين	عَلى اليَمين	إلى اليَمين
مِن هُنا	هُنا	إلى هُنا
مِن هُناك	هُناك	إلى هُناك

Partikeln

Akkusativpartikeln	
إنَّ (Verstärkung)	إنَّ المُعَلّمين جَيِّدون في هَذِهِ المَدرَسَة! إنّي عَرَبِيّ!
لِأَنَّ *(weil, denn)*	يَتَعَلَّمُ الإنكليزيَّة لِأَنَّ والِدَيهِ مِن أمريكا. أتَكَلَّمُ العَرَبِيَّة لِأَنَّ تَعَلَّمتُها.
لَكِنَّ *(aber)*	أُحِبُّ الكُسكُس لَكِنَّ جَدّي لا يُحِبّونَه. تَعَلَّمتُ العَرَبِيَّة لَكِنّي لا أتَكَلَّمُها.

Sie stehen am Satzanfang, das Subjekt ist ein Substantiv im Akkusativ bzw. eine Personalendung.

Anredepartikel	
يا	يا أُستاذ! يا زُهَير!

Sie steht am Satzanfang, das Subjekt ist ein Substantiv ohne Artikel im Nominativ.

Fragepartikel	
هَل أ (in verneinten Sätzen)	هَل أنتِ عَرَبِيَّة؟ ألَستِ عَرَبِيَّة؟

Sie stehen am Satzanfang.

Partikel der Wahrscheinlichkeit oder Sicherheit	
قَد + Imperfekt (Wahrscheinlichkeit) + Perfekt (Sicherheit)	قَد يَصِل عُمَر مَساءَ اليَوم (إن شاءَ الله). قَد وَصَل عُمَر مَساءَ أمس (أنا رَأَيتُه).

Sie steht vor einem Verb.

Verneinungspartikel	
لا (+ Imperfekt; Gegenwart) لَم (+ Apokopat; Vergangenheit) لَن (+ Konjunktiv; Zukunft) ما (+ Perfekt; Vergangenheit)	لا أتَكَلَّمُ اللَّهجَة السّورِيَّة. لَم تَذهَبي إلى دِمَشق. لَن أتَعَلَّمَ اللُّغَة. ما مَشى إلى السّوق أمس.

Sie stehen vor dem Verb.

Personal- und Possessivendungen

- Diese Endungen werden an Substantive, (echte und unechte) Präpositionen, Partikeln, Konjunktionen und Verben angehängt.
- Folgende Endungen verändern sich vor der Possessivendung:

Substantive	Präpositionen	Verben
ـَة ← ـَتـ: مُعَلِّمَتُهُما. ـى ← ـا: مُستَشفاكُم. ـانِ (Nom) ← ـا: والِدايَ. ـَينِ (Akk/Gen) ← ـَيـ: مَعَ والِدَيَّ. ـونَ (Nom) ← ـو: مُعَلِّموكُنَّ. ـينَ (Akk/Gen) ← ـيـ: مَعَ مُعَلِّميكُنَّ.	ـى ← ـَيـ: إِلَيكُما	ـتُم ← ـتُمو: كَتَبتُموها ـوا ← ـو: يَقرَؤوهُ/قَرَؤوهُ

Substantive auf Konsonant und ة

Nom	Akk	Gen
ـي	ـي	ـي
ـُكَ	ـَكَ	ـِكَ
ـُكِ	ـَكِ	ـِكِ
ـُهُ	ـَهُ	ـِهِ
ـُها	ـَها	ـِها
ـُنا	ـَنا	ـِنا
ـُكُما	ـَكُما	ـِكُما
ـُكُما	ـَكُما	ـِكُما
ـُهُما	ـَهُما	ـِهِما
ـُهُما	ـَهُنَّ	ـِهِما
ـُنا	ـَنا	ـِنا
ـُكُم	ـَكُم	ـِكُم
ـُكُنَّ	ـَكُنَّ	ـِكُنَّ
ـُهُم	ـَهُم	ـِهِم
ـُهُنَّ	ـَهُنَّ	ـِهِنَّ

Substantive auf ى ، و ، ا

Nom	Akk	Gen
ـَي	ـَي	ـَي
ـكَ	ـكَ	ـكَ
ـكِ	ـكِ	ـكِ
ـهُ	ـهُ	ـهُ
ـها	ـها	ـها
ـنا	ـنا	ـنا
ـكُما	ـكُما	ـكُما
ـكُما	ـكُما	ـكُما
ـهُما	ـهُما	ـهُما
ـهُما	ـهُما	ـهُما
ـنا	ـنا	ـنا
ـكُم	ـكُم	ـكُم
ـكُنَّ	ـكُنَّ	ـكُنَّ
ـهُم	ـهُم	ـهُم
ـهُنَّ	ـهُنَّ	ـهُنَّ

Substantive auf ي

Nom	Akk	Gen
ـِّ	ـِّ	ـِّ
ـكَ	ـكَ	ـكَ
ـكِ	ـكِ	ـكِ
ـهِ	ـهِ	ـهِ
ـها	ـها	ـها
ـنا	ـنا	ـنا
ـكُما	ـكُما	ـكُما
ـكُما	ـكُما	ـكُما
ـهِما	ـهِما	ـهِما
ـهِما	ـهِما	ـهِما
ـُنا	ـنا	ـنا
ـُكُم	ـكُم	ـكُم
ـكُنَّ	ـنَّ	ـكُنَّ
ـهِم	ـهِم	ـهِم
ـهِنَّ	ـهِنَّ	ـهِنَّ

Präpositionen mit Personalendungen

مِن	لِـ	بِـ	في	عَلى	عِندَ
مِنّي	لي	بي	فيَّ	عَلَيَّ	عِندي
مِنكَ	لَكَ	بِكَ	فيكَ	عَلَيكَ	عِندَكَ
مِنكِ	لَكِ	بِكِ	فيكِ	عَلَيكِ	عِندَكِ
مِنهُ	لَهُ	بِهِ	فيهِ	عَلَيهِ	عِندَهُ
مِنها	لَها	بِها	فيها	عَلَيها	عِندَها
مِنّا	لَنا	بِنا	فينا	عَلَينا	عِندَنا
مِنكُما	لَكُما	بِكُما	فيكُما	عَلَيكُما	عِندَكُما
مِنكُما	لَكُما	بِكُما	فيكُما	عَلَيكُما	عِندَكُما
مِنهُما	لَهُما	بِهِما	فيهِما	عَلَيهِما	عِندَهُما
مِنهُما	لَهُما	بِهِما	فيهِما	عَلَيهِما	عِندَهُما
مِنّا	لَنا	بِنا	فينا	عَلَينا	عِندَنا
مِنكُم	لَكُم	بِكُم	فيكُم	عَلَيكُم	عِندَكُم
مِنكُنَّ	لَكُنَّ	بِكُنَّ	فيكُنَّ	عَلَيكُنَّ	عِندَكُنَّ
مِنهُم	لَهُم	بِهِم	فيهِم	عَلَيهِم	عِندَهُم
مِنهُنَّ	لَهُنَّ	بِهِنَّ	فيهِنَّ	عَلَيهِنَّ	عِندَهُنَّ
مِن + ي = مِنّي	لِـ ← لَـ لِـ + ي = لي			genauso: إلى	genauso: مَعَ تَحتَ، أمامَ، بَعدَ، يَسارَ، يَمينَ، وَراءَ، حَولَ، قُربَ...

Partikeln und Konjunktionen mit Personalendungen

وَلَكِنَّ	إنَّ
وَلَكِنّي/وَلَكِنَّني	إنّي/إنَّني
وَلَكِنَّكَ	إنَّكَ
وَلَكِنَّكِ	إنَّكِ
وَلَكِنَّهُ	إنَّهُ
وَلَكِنَّها	إنَّها

وَلَكِنَّ	إنَّ
وَلَكِنّا/وَلَكِنَّنا	إنّا/إنَّنا
وَلَكِنَّكُما	إنَّكُما
وَلَكِنَّكُما	إنَّكُما
وَلَكِنَّهُما	إنَّهُما
وَلَكِنَّهُما	إنَّهُما

وَلَكِنَّ	إنَّ
وَلَكِنّا/وَلَكِنَّنا	إنّا/إنَّنا
وَلَكِنَّكُم	إنَّكُم
وَلَكِنَّكُنَّ	إنَّكُنَّ
وَلَكِنَّهُم	إنَّهُم
وَلَكِنَّهُنَّ	إنَّهُنَّ

Verb mit Personalendung

Endungen	Imperfekt (Ind.)	Imperfekt (Konj.)	Imperfekt (Apok.)	Perfekt
ـني	أعرِفُها	أعرِفَها	أعرِفها	عَرَفتُهُ
ـكَ	تَعرِفُها	تَعرِفَها	تَعرِفها	عَرَفتَهُ
ـكِ	تَعرِفينَها	تَعرِفيها	تَعرِفيها	عَرَفتِهُ
ـهُ	يَعرِفُها	يَعرِفَها	يَعرِفها	عَرَفَهُ
ـها	تَعرِفُها	تَعرِفَها	تَعرِفها	عَرَفَتهُ
ـنا	نَعرِفُها	نَعرِفَها	نَعرِفها	عَرَفناهُ
ـكُما	تَعرِفانِها	تَعرِفاها	تَعرِفاها	عَرَفتُماهُ
ـكُما	تَعرِفانِها	تَعرِفاها	تَعرِفاها	عَرَفتُماهُ
ـهُما	يَعرِفانِها	يَعرِفاها	يَعرِفاها	عَرَفاهُ
ـهُما	تَعرِفانِها	تَعرِفاها	تَعرِفاها	عَرَفَتاهُ
ـنا	نَعرِفُها	نَعرِفَها	نَعرِفَها	عَرَفناهُ
ـكُم	تَعرِفونَها	تَعرِفوها	تَعرِفوها	عَرَفتُموهُ
ـكُنَّ	تَعرِفنَها	تَعرِفنَها	تَعرِفنَها	عَرَفتُنَّهُ
ـهُم	يَعرِفونَها	يَعرِفوها	يَعرِفوها	عَرَفوهُ
ـهُنَّ	يَعرِفنَها	يَعرِفنَها	يَعرِفنَها	عَرَفنَهُ

Personalpronomen

- Personalpronomen können nur Subjekt sein, ansonsten verwendet man Personalendungen an einem Verb bzw. an einer Präposition (s. Personalendungen).
- Vor einem Verb sind sie betont (bei Gegenüberstellung bzw. Hervorhebung), meist werden sie weggelassen: أنا أعمَل وأنتَ عاطِل.
  أعمَل في شَرِكَة كَبيرَة.
- Nach einer Partikel (s. Partikeln) steht ebenfalls die Personalendung und nie das Personalpronomen: إنّي أعمَل في شَرِكَة كَبيرَة وَلَكِنَّكَ لا تَعمَل بَتاتًا.

Singular	Dual	Plural
أنا	نَحنُ	نَحنُ
أنتَ	أنتُما	أنتُم
أنتِ	أنتُما	أنتُنَّ
هُوَ	هُما	هُم
هِيَ	هُما	هُنَّ

Plural

- Substantive und Adjektive haben einen eigenen Plural (manchmal aber auch 2, seltener 3). Dieser Plural kann **gesund** (mit Endung ون bzw. ات) oder **gebrochen** (durch Veränderung der Vokale im Wortinneren: (باب ج أبواب) sein. Jedes Wort muss mit seiner/seinen Pluralform(en) auswendig gelernt werden (كَثير ج كَثيرون. طَبيب ج أطِبّاء).
- Im gesunden Plural unterscheidet man nicht zwischen Akkusativ und Genitiv (s. Deklination):
  لَسنَ المُهَندِساتِ الجَديدات، لَيسوا المُهَندِسينَ الفَرَنسِيّين.
- Der m. gesunde Plural verliert sein ن vor einer Possessivendung und in einer Genitivverbindung:
  هُم مُعَلِّموكَ، لَيسوا مُعَلِّميكَ، عِندَ مُعَلِّميكَ.
  هُم مُعَلِّمو مَحمود، لَيسوا مُعَلِّمي مَحمود، عِندَ مُعَلِّمي أَحمَد.
- Ist das Substantiv ein Sachplural (Nicht-Person) stehen alle Wörter, die in seinem Zusammenhang stehen, im femininen Singular: لَيسَت هَذِهِ الطّاوِلات الطَّويلَة.
- Verben, die ihrem Subjekt vorangestellt werden, bleiben im Singular:

تَتَعَلَّمُ الطّالِبَة العَرَبِيَّة.	يَتَعَلَّمُ الطّالِبُ العَرَبِيَّة.
تَتَعَلَّمُ الطّالِبَتانِ العَرَبِيَّة.	يَتَعَلَّمُ الطّالِبانِ العَرَبِيَّة.
تَتَعَلَّمُ الطّالِبات العَرَبِيَّة.	يَتَعَلَّمُ الطُّلّابُ العَرَبِيَّة.

- Nachgestellte Verben bzw. Verben ohne Subjekt müssen auch in der Zahl angeglichen werden:

الطّالِبَة تَتَعَلَّمُ العَرَبِيَّة.	الطّالِب يَتَعَلَّمُ العَرَبِيَّة.
الطّالِبَتان تَتَعَلَّمانِ العَرَبِيَّة.	الطّالِبان يَتَعَلَّمانِ العَرَبِيَّة.
الطّالِبات تَتَعَلَّمْنَ العَرَبِيَّة.	الطُّلّاب يَتَعَلَّمونَ العَرَبِيَّة.
هُنَّ تَتَعَلَّمْنَ العَرَبِيَّة.	هُم يَتَعَلَّمونَ العَرَبِيَّة.
تَتَعَلَّمْنَ العَرَبِيَّة.	يَتَعَلَّمونَ العَرَبِيَّة.

Präpositionen

Es gibt nur **8 echte Präpositionen**:

Präpositionen	
إلى	أذهَب إلى الطَّبيب.
بِـ	أكتُبُ الرِّسالَة بِالقَلَم.
عَلى	الكِتاب عَلى الطّاوِلَة.
عَن	أقرَأ قِصَّة عَنِ السِّياسَة المِصرِيَّة.
في	في السّوق دَكاكين كَثيرَة.
كَـ	أعمَل كَمُتَرجِم.
لِـ	اِشتَرَيت كِتابًا لِبِنتي.
مِن	أشتَري الخُبز مِنَ المَخبَز.

Andere Wörter, die als Präpositionen verwendet werden, sind eigentlich Adverbien (erkennbar an ihrer [a]-Endung):

Adverbien	
أمامَ	المَخبَز أمامَ السّوق.
بِسَبَبِ	لَم أستَطيع أن أصِل بِسَبَبِ العَمَل.
تَحتَ	القَلَم تَحتَ الكِتاب.
حَتّى	مِن هُنا إلى الأمام حَتّى البَنك.
حَولَ	حَولَ السّوق بُيوت جَميلَة.
رَغمَ	نُمارِس كُرَةَ القَدَم رَغمَ الطَّقس.
عِندَ	الطّالِب عِندَ الطَّبيب.
	البَنك عِندَ المُستَشفى.
وَراءَ	الصَيدَلِيَّة وَراءَ المَخبَز.
يَسارَ	الطّاوِلَة عَلى يَسارِ الكَنَبَة.
يَمينَ	الكَنَبَة عَلى يَمينِ الكُرسيّ.
usw.	

Mit Hilfe dreier Präpositionen kann man das Verb *haben* wiedergeben:

Gegenwart		Vergangenheit		
bejaht	verneint	bejaht	verneint	
عِندَ	لَيسَ عِندَ	كانَ عِندَ	ما كانَ عِندَ	= besitzen
لِـ	لَيسَ لِـ	كانَ لِـ	ما كانَ لِـ	
مَعَ	لَيسَ مَعَ	كانَ مَعَ	ما كانَ مَعَ	= bei sich haben

Relativsätze

Das Relativpronomen folgt unmittelbar seinem Bezugswort und wird mit ihm in Zahl, Geschlecht und Fall angeglichen:

Relativpronomen

	Singular	Dual	Plural
m.	الَّذي	اللَّذانِ / اللَّذَينِ	الَّذين
f.	الَّتي	اللَّتانِ / اللَّتَينِ	اللاّتي

الرَّجُل الَّذي يَتَكَلَّمُ الفُصحى يَعمَل مَعي.
المَرأة الَّتي رَأيتُها لَطيفَة جِدًا.
النّاس الَّذين عَمِلت مَعَهُم مِنَ الكُوَيت.

Wenn das Bezugswort unbestimmt ist, steht kein Relativpronomen: هَذِهِ صورَة جَميلَة جِدًا.
تَنظُرونَ الآن إلى صورَة اشتَرَيتُها في العُطلَة.
في هَذِهِ الصورَة تَرى قَصرًا عَظيمًا في الصَّحراء.

Verneinungen

Verben werden im Arabischen unterschiedlich verneint:

Vergangenheit	Gegenwart	Zukunft
ما كانَ + Imperfekt:	لا + Imperfekt:	سوفَ لا + Imperfekt:
ما كانَ الرِّياضِيّ يَذهَب إلى موسكو أبَدًا.	لا يَذهَبُ الرِّياضِيّ إلى موسكو.	سَوفَ لا يَذهَبُ الرِّياضِيّ إلى موسكو.
كانَ لا + Imperfekt:		لَن + Konjunktiv:
كانَ الرِّياضِيّ لا يَذهَب إلى موسكو أبَدًا.		لَن يَذهَبَ الرِّياضِيّ إلى موسكو.
ما + Perfekt:		
ما ذَهَبَ الرِّياضِيّ إلى موسكو.		
لَم + Apokopat		
لَم يَذهَب اَلرِّياضِيّ إلى موسكو.		

Hier stehen die Verneinungen, die wir bereits kennen:

	Perfekt	Indikativ	Konjunktiv	Apokopat
nicht	ما...	لا ...	لَن...	لَم...
nichts	ما... شَيء	لا... شَيء	لَن... شَيء	لَم... شَيء
niemand, keiner	ما... أَحَد	لا ... أَحَد	لَن... أَحَد	لَم... أَحَد
überhaupt/gar nicht	ما... بَتاتًا	لا ... بَتاتًا	لَن... بَتاتًا	لَم... بَتاتًا
	ما عَمِلَ أمس.	لا يَعمَلُ الآن.	لَن يَعمَل غدًا.	لَم يَعمَل أمس.
	ما فَعَلت شَيئًا.	لا يَفعَل شَيئًا.	لَن يَفعَل شَيئًا.	لَم يَفعَل شَيئًا.
	ما رَأَيتَ أَحَدًا.	لا أَرى أَحَدًا.	لَن أَرى أَحَدًا.	لَم أَرى أَحَدًا.
	ما تَكَلَّموا بَتاتًا.	لا نَتَكَلَّم بَتاتًا.	لَن نَتَكَلَّم بَتاتًا.	لَم نَتَكَلَّم بَتاتًا.

Zahlen

Die Kardinalzahlen

0 صِفر			
1 واحِد	11 أَحَدَ عَشَرَ		
2 اِثنان	12 اِثنا عَشَرَ		200 مِئَتانِ / مِائَتانِ
3 ثَلاثَة	13 ثَلاثَةَ عَشَرَ	30 ثَلاثون	300 ثَلاثُمِئَة
4 أَربَعَة	14 أَربَعَةَ عَشَرَ	40 أَربَعون	400 أَربَعُمِئَة
5 خَمسَة	15 خَمسَةَ عَشَرَ	50 خَمسون	500 خَمسُمِئَة
6 سِتَّة	16 سِتَّةَ عَشَرَ	60 سِتّون	600 سِتُّمِئَة
7 سَبعَة	17 سَبعَةَ عَشَرَ	70 سَبعون	700 سَبعُمِئَة
8 ثَمانِيَة	18 ثَمانِيَةَ عَشَرَ	80 ثَمانون	800 ثَمانُمِئَة
9 تِسعَة	19 تِسعَةَ عَشَرَ	90 تِسعون	900 تِسعُمِئَة
10 عَشَرَة	20 عِشرون	100 مِئَة / مِائَة	1000 أَلف

1000 أَلف	1000000 مِليون
2000 أَلفان	1000000000 مِليار
3000 ثَلاثَة آلاف	
... ...	

198475 مِئَة وَثَمانِيَة وَتِسعون أَلفًا وَأَربَعُمِئَة وَخَمسَة وَسَبعون.

Jede Zahl verlangt einen Fall:

Zahl	Fall	Beispiel
1	+ Nominativ Singular	كِتاب (واحِد)
2	+ Nominativ Dual	كِتابان (اِثنان)
3 – 10	+ Genitiv Plural	3 كُتُب
11 – 99	+ Akkusativ Singular	25 كِتابًا
100, 200, 300 ...	+ Genitiv Singular	400 كِتاب
1000, 2000, 3000	+ Genitiv Singular	9000 كِتاب

Bei zusammengesetzten Zahlen orientiert man sich an der letztgenannten Zahl: 198375 كِتابًا.

Vor femininen Substantiven werden die Zahlen 3 – 19 leicht verändert:

Zahlen 11 – 19 vor femininen Substantiven	Zahlen 3 – 10 vor femininen Substantiven
إحدى عَشرَة	
اِثنَتا عَشرَة	
ثَلاث عَشرَة	ثَلاث
أَربَع عَشرَة	أَربَع
خَمس عَشرَة	خَمس
سِتّ عَشرَة	سِتّ
سَبع عَشرَة	سَبع
ثَماني عَشرَة	ثَماني
تِسع عَشرَة	تِسع
	عَشر

Die Ordinalzahlen

Ordinalzahlen sind Adjektive und stehen demnach nach ihrem Bezugswort und werden mit ihm angeglichen. Es gibt nur zwischen 1 und 19 eine Ordinalzahl. Ab 20 verwendet man die Kardinalzahl:

1. أَوَّل م أولى	11. حادي عَشَرَ م حادِيَةَ عَشَرَة	21. حادي وَعِشرون م حادِيَة وَعِشرون
2. ثانٍ م ثانِيَة	12. ثاني عَشَرَ	22. ثاني وَعِشرون م ثانِيَة وَعِشرون
3. ثالِث م ثالِثَة	13. ثالِثَ عَشَرَ	23. ثالِث وَعِشرون
4. رابِع م رابِعَة	14. رابِعَ عَشَرَ	…
5. خامِس م خامِسَة	15. خامِسَ عَشَرَ	
6. سادِس م سادِسَة	16. سادِسَ عَشَرَ	
7. سابِع م سابِعَة	17. سابِعَ عَشَرَ	
8. ثامِن م ثامِنَة	18. ثامِنَ عَشَرَ	
9. تاسِع م تاسِعَة	19. تاسِعَ عَشَرَ	
10. عاشِر م عاشِرَة	20. عِشرون	

Das Datum

- Um das Datum anzugeben, benutzt man die Ordinalzahl für den Datumstag. Der Monat wird durch مِن angeschlossen und das Jahr mit سَنَة bzw. عام (im Akkusativ). Die Präposition *am* lautet في:
  ٢٥ / ٩ / ١٩٧٣ = الخامِس وَالعِشرون مِن أَيلول (= سِبتَمبَر) عام (سَنَة) أَلف وتِسعمِئة وثَلاث وَسَبعون.
  في ٢٤ / ١٢ / ٢٠١٠ = في الرّابِع وَالعِشرين مِن ديسَمبَر (= كانونُ الأَوَّل) سَنَة (= عام) أَلفَين وعَشَرَة.
- Im gesprochenen Arabisch wird häufig auf مِن und سَنَة bzw. عام verzichtet:
  في الرّابِع وَالعِشرين ديسَمبَر أَلفَين وَعَشَرَة.

Zeitangaben

Wochentage	Hedschra-Monate	Syrische Monate	Ägypt. Monate	Jahreszeiten
(يَوم) الإثنَين	مُحَرَّم	كانونُ الثّاني	يَناير	شِتاء
(يَوم) الثُّلاثاء	صَفَر	شُباط	فَبراير	رَبيع
(يَوم) الأَربِعاء	رَبيعُ الأَوَّل	آذار	مارِس	صَيف
(يَوم) الخَميس	رَبيعُ الثّاني	نيسان	أَبريل	خَريف
(يَوم) الجُمعَة	جُمادى الأولى	أَيّار	مايو	
(يَوم) السَّبت	جُمادى الآخِرَة	حَزيران	يونيو	
(يَوم) الأَحَد	رَجَب	تَمّوز	يوليو	
	شَعبان	آب	أَغُسطُس	
	رَمَضان	أَيلول	سِبتَمبَر	
	شَوّال	تِشرينُ الأَوَّل	أُكتوبَر	
	ذو القَعدَة	تِشرينُ الثّاني	نوفَمبَر	
	ذو الحِجَّة	كانونُ الأَوَّل	ديسَمبَر	

Ferner können Adverbien die Zeit angeben:

المُستَقبَل	الحاضِر	الماضِيّ
غَدًا	اليَوم	أَمس
في الأُسبوعِ التّالي	في هَذا الأُسبوع	في الأُسبوعِ الماضِيّ
في الشَّهرِ التّالي	في هَذا الشَّهر	في الشَّهرِ الماضِيّ
في السَّنَةِ التّالِيَة	في هَذِهِ السَّنَة	في السَّنَةِ الماضِيَّة
في القَرنِ التّالي	في هَذا القَرن	في القَرنِ الماضِيّ

Für regelmäßige Handlungen können folgende Zeitangaben verwendet werden:

morgens	صَباحًا
(= am Morgen)	= في الصَّباح
vormittags	قَبلَ الظُّهر
mittags	ظُهرًا = في الظُّهر
nachmittags	بَعدَ الظُّهرِ
abends	مَساءً = في المَساء

tagsüber	نَهارًا = في النَّهار
nachts	لَيلاً = في اللَّيل
nie	أَبَدًا
häufig, meistens	غالِبًا
von Zeit zu Zeit	بَينَ وَقتٍ وَآخَر
selten	نادِرًا

Für punktuelle Handlungen können folgende Zeitangaben verwendet werden:

gestern Morgen	صَباح أَمس
heute Morgen	صَباحَ اليَوم
morgen früh	صَباح غَدٍ
gestern Abend	مَساء أَمس
heute Abend	مَساءِ اليَوم = في مَساءَ اليَوم
morgen Abend	مَساء غَدٍ

Verben drücken ebenfalls die Zeit aus (s. Konjugation).

In der **Vergangenheit** konkurrieren Perfekt und Verlaufsform der Vergangenheit:

- die **Verlaufsform der Vergangenheit** besteht aus dem Hilfsverb كانَ im Perfekt und dem Verb im Imperfekt (Indikativ):
- Beide Verbteile werden nach den bekannten Regeln konjugiert:

كانَتِ المُعَلِّمات تَعَلَّمنَ الفُصحى جَيِّدًا.
المُعَلِّمات كُنَّ تَعَلَّمنَ الفُصحى جَيِّدًا.
(هُنَّ) كُنَّ تَعَلَّمنَ الفُصحى جَيِّدًا.

Perfekt und Verlaufsform der Vergangenheit im Vergleich:

Verlaufsform der Vergangenheit (Gewohnheit / Wiederholung)	Perfekt (Einmalige Handlung)
كُنت أَذهَب إِلى المَدرَسَة عَلى الأَقدام (كُلَّ يوم). كانَ الرِّجال يَلعَبون بِالأَوراق في المَساء.	ذَهَبتَ إِلى المَدرَسَة عَلى الأَقدام (صَباحَ اليَوم).

- In der Gegenwart steht das Verb im **Imperfekt**: أَتَعَلَّمُ اللَّهجَة المِصرِيَّة في القاهِرَة الآن.
- Das Verb *sein* wird in der Gegenwart nicht ausgedrückt. أَنا طالِب.

Zukunft

Für zukünftige Handlungen verwendet man das Imperfekt oder das **Futur**. Das Futur hat zwei Formen:

- سَوفَ (+ لا) + Imperfekt (Indikativ)

سَوفَ يَذهَب ياسِر إِلى القاهِرَة غَدًا.
سَوفَ لا يَذهَب ياسِر إِلى القاهِرَة غَدًا.

- سَـ + Imperfekt (Indikativ). Diese Form kann nicht verneint werden: سَيَذهَب ياسِر إِلى القاهِرَة غَدًا.
- Das Futur des Verbs sein ist entweder سَوفَ يَكون / سَيَكون oder einfach nur يَكون:

سَوفَ أَكون في القاهِرَة غَدًا.
سَأَكون في القاهِرَة غَدًا.
أَكون في القاهِرَة غَدًا.

Hörtexte

Lektion 1 B 6 ◎ 3

Dialog 1

◗ as-salāmu ʿalaykum.
D wa-ʿalaykumu -s-salām.
◗ mā smuki?
D ismī māyā.
◗ min ayna anti?
D anā min as-sūdān.

Dialog 2

◗ marḥaba muṣṭafā!!
D marḥaba!
◗ hal anta min lubnān.
D la, anā sūriyy.

Dialog 3

◗ hal anti libiyya, ya maryam?
D la, anā min lubnān. wa-anta?

Dialog 4

◗ salām ǧamīla!
D salām maryam.
◗ min ayna anti?
D anā min lībiyya. wa-anti?

Lektion 3 A 7 ◎ 12

◗ السلام عليكم!
D وعليكم السلام!
◗ هل أنت المعلمة؟
D لا، أنا طالبة. وهل أنت طالب أيضـًا؟
◗ نعم، أنا طالب من مصر. اسمي حسن. وما اسمك أنت؟
D اسمي ليلى. أنا من السودان. أين المعلمة؟
◗ لا أعرف...

Lektion 3 C 2 ◎ 16

◗ سلام!
D مرحبا ياسين! لا بأس؟
◗ لا بأس!
D من هو؟ هل هو طالب؟
◗ لا، هو المعلم يا عادل!
D ومن أين هو؟
◗ هو من مصر.
D هل هو مصري؟
◗ نعم، هو مصري.
D ما اسمه؟
◗ اسمه حسن.

Lektion 4 B 3 ◎ 19

1 الكرسي على الطاولة.
2 القلم على الكراسة.
3 النظارة على الطاولة.
4 الطاولة في الفصل.
5 الكتاب في الشنطة.
6 الكراسة على الكتاب.
7 المعطف على الكرسي.
8 الشنطة في البيت.

Lektion 4 C 6 ◎ 22

a sitta
b tisʿa
c ṯalāṯa
d ṯamānya
e iṯnān
f arbaʿa
g ḫamsa
h sabʿa

Lektion 12 A 6 47

ذهبت من مدينتي قبل 6 سنوات. عند ما رجعت إليها ما عرفتها... كلّ شيئ تغيّر! توجد سينما جديدة ودكاكين حديثة كثيرة. كلّ الأطفال يرتدون الملابس الغربية الماركات... لا يلعبون بالكرة في الشوارع لأنه يوجد ملعب لهم. ولا ترتدي النساء الحجاب أيضًا. أصبح الناس متعجرفون...

Lektion 12 C 1 c 50

- ◗ إذا... كيف كان الرجل؟
- ◖ لا أعرف...
- ◗ هل كان كبيرا أم صغيرا؟
- ◖ ما كان صغيرا... كان كبيرا... نعم، كان كبيرا.
- ◗ وشعره؟ هل كان أسود أم أشقر؟
- ◖ كان أسود. وَيرتدى نظارة...
- ◗ وملابسه؟
- ◖ يرتدى تشيرت أزرق. لا لا! كان أسودا.
- ◗ وسرواله؟
- ◖ كان أزرقا...
- ◗ وهل كان ذو شارب أو لحيه؟
- ◖ لا. ما كان ذو شارب أو لحيه.

Lektion 6 B 4 b 27

أنا الآن في شارع جامع أبي بكر بجانب المقهى "القاهري". أذهب الآن إلى الأمام. المدرسة على اليسار والجامع على اليمين. حتى دكان "منى" ومن هناك إلى اليسار. أنا الآن في شارع الاستقلال. أذهب في الشارع إلى الأمام. الشارع على اليسار هو شارع القاهرة. أين أنا الآن؟

Lektion 11 B 3 44

- ◗ يا مراد! هل أنت في البيت؟
- ◖ نعم، أنا في المطبخ! ما حدث؟
- ◗ رجعت إلى المكتب وزميلتي سميرة قالت لي كيف كان الأسبوع بدوني.
- ◖ وكيف كان؟
- ◗ عملوا كثيرا جدا... في يوم الإثنين لم يعملوا لأنـّه كان يوم عيد.
  في الثلاثاء وصلت زبونة مهمة وطلبت موعدا مع المدير مباشرة.
- ◖ وهل أعطتها هذا الموعد؟
- ◗ كان هذا مُستَحيلا لأنّ المدير لم يكن في المكتب... زميلتي أعطتها موعِدًا للغداء لكنّها لم تصل بتاتا...
- ◖ وماذا حدث في يوم الأربعاء؟
- ◗ لم يصل أحد وَزميلتي أجابت على البريد لأنّ كان هناك الكثير من الرسائل.
- ◖ وما رنّ الهاتف؟
- ◗ لا، الحمد لله ما اتصل أحد وعملوا عاديًا.
  في الخميس رجع المدير من عطلته وغضب لأنّ الزبونة المهمة ذهبت...
- ◖ وأخيرا في الجمعة؟
- ◗ في الجمعة رنّ التلفون طوال اليوم...
- ◖ يا لتعاستهم!

Lektion 15 A 4 ◎ 58

◗ يا سيّدي! ماذا تفعل في وقت فراغك؟

▷ أنا لا أفعل كثيرًا على العموم. بعد العمل أساعد زوجتي في البيت وبعد العشاء أشاهد الأخبار أو أقرأ الجريدة. في نهاية الأسبوع نذهب معًا إلى والديّ. هناك يلعب الأطفال مع كلبهم ونتحدّث.

◗ وأنت؟

▪ أنا أمارس الرياضة كثيرا: ألعب كرة القدم كلّ ثلاثاء وأحد. أذهب إلى شركتي بالدرّاجة صباحًا ومساء. طبعًا، لا أفعل شيئا في يوم الجمعة.

◗ وأنت؟

□ أنا أعزف البيانو كلّ مساء ساعة. أحيانًا أذهب مع زوجي إلى الأوبرا أو المسرح في يوم السّبت إذا وجد شيء مهمّ. للآسف لا يفعل أبناؤنا كثيرًا... الأوّل يلعب بالكمبيتر كلّ مساء بيد أن الثاني يستمع إلى موسيقى التيكنو ولا يترك غرفته...

Lektion 15 C 3 ◎ 59

◗ إنّي أحبّ كرة القدم لأنّها رياضة شعبية. لا تحتاج إلى آلات غالية وتستطيع أن تلعبها في كلّ مكان.

▷ لمّا كنت طفلا لم يكن عند عائلتي مالا كثيرا والرياضة الوحيدة الّتي استطاعنا أن نمارسها كانت كرة القدم.

▪ لا أعرف... في الماضيّ أحببتها جدا ولعبتها كل نهاية أسبوع مع أصدقائي. اليوم يوجد المال والإعلان... لم اعد أشاهد المباريات... أفضّل الركبي أو كرة السلّة...

□ زوجي يشاهد كلّ المباريات في التلفزيون. صديقاتي لا يحببن هذا لكنّي أقول لهنّ نستطيع مع ذلك أن نفعل كلّ ما نريد! واكتشفنا رياضة للنساء الحديثات: أنظر إلى كرة القدم النسائية!

Glossar nach Lektionen

Lektion 1

A ما اسمُكَ؟

salām!	Hallo!
marḥaba!	Hallo!
ilā -l-liqā’	Auf Wiedersehen!
as-salāmu ^{c}alaykum	Guten Tag
wa-^{c}alaykumu -s-salām	Guten Tag *Antwort*
wa-	und
mā smuka?	Wie heißt du? *m.*
mā	was; was für ein
hal?	*Fragepartikel*
ism	Vorname
ismī	mein Name (ist)
(i)smuka	dein Name *m.*
(i)smuki	dein Name *f.*
sāmī	*m. Vorname*
anā	ich
anti	du *f.*
anta	du *m.*
mā smuki?	Wie heißt du? *f.*
māyā	*f. Vorname*
na^{c}am	ja
^{c}arabiyya	Araberin, arabisch *f.*
^{c}arabiyy	Araber, arabisch *m.*
ma^{c}a -s-salāma	auf Wiedersehen
lā	nein
almānyā	Deutschland
almāniyy	Deutscher, deutsch *m.*
almāniyya	Deutsche, deutsch *f.*

B هَل أنتَ عَرَبي؟

lubnāniyy	Libanese, libanesisch *m.*
tūnisiyy	Tunesier, tunesisch *m.*
lībiyy	Libyer, libysch *m.*
sūriyy	Syrer, syrisch *m.*
sūdāniyy	Sudanese, sudanesisch *m.*
kuwaytiyy	Kuwaiter, kuwaitisch *m.*
lubnāniyya	Libanesin, libanesisch *f.*
tūnisiyya	Tunesierin, tunesisch *f.*
lībiyya	Libyerin, libysch *f.*
sūriyya	Syrerin, syrisch *f.*
sūdāniyya	Sudanesin, sudanesisch *f.*
kuwaytiyya	Kuwaiterin, kuwaitisch *f.*
yāsīn	*m. Vorname*
sinān	*m. Vorname*

C مِن أينَ أنتِ؟

sūryā	Syrien
libyā	Libyen
al-kuwayt	Kuwait *Land und Stadt*
tūnis	Tunis; Tunesien
as-sūdān	der Sudan
lubnān	der Libanon
min ayna?	woher?
min	aus, von
ayna?	wo?
amal	*f. Vorname*
bilāl	*m. Vorname*
lā bās?	wie geht's?
lā bās!	nicht schlecht!
ilā -l-liqā’	Auf Wiedersehen!
ṣabāḥu -l-ḫayr!	Guten Morgen!
ṣabāḥu -n-nūr!	Guten Morgen! *Antwort*
masā’u -l-ḫayr!	Guten Abend!
masā’u -n-nūr!	Guten Abend! *Antwort*

Lektion 2

A أينَ أنتِ؟

^{c}alā	an
tilifūn	Telefon
ahlan wa-sahlan	Hallo!
ahlan bika	Hallo! *Antwort; m.*
ahlan biki	Hallo! *Antwort; f.*
nādya	*f. Vorname*
laylā	*f. Vorname*
yā	*Anredepartikel*
fī	in
al-urdun	Jordanien
mā fahimt	ich habe nicht verstanden
^{c}ammān	Amman
^{c}ādil	*m. Vorname*
badra	*f. Vorname*

bayrūt	Beirut
ayḍan	auch
man?	wer?
fāḍil	*m. Vorname*
anā āsif / āsifa	es tut mir Leid *m./f.*
lastu	ich bin nicht
ᶜuḏran	Entschuldigung!
ᶜafwan!	keine Ursache

B مَن كانَ عَلى التِّلِفون؟

kāna	(er) war
ṭāliba	Schülerin, Studentin
ṭālib	Schüler, Student
ma smuhā?	Wie heißt sie?
ismuhā	ihr Name
hiya	sie
rağul	Mann
mā smuhu?	Wie heißt er?
ismuhu	sein Name
aᶜid	wiederhole! *m.*
aᶜīdī	wiederhole! *f.*
min faḍlika	bitte *auffordernd; m.*
min faḍliki	bitte *auffordernd; f.*
huwa	er
lā aᶜrif	ich weiß es nicht
ālū?	Hallo? *am Telefon*

C مَن هُوَ؟ مَن هِيَ؟

اِسم	Vorname
اِسمي	mein Vorname
يا	*Anredepartikel*
مَن؟	wer?
هَل	*Fragepartikel*
هُوَ	er
هِيَ	sie
أَمَل	*f. Vorname*
بَيروت	Beirut
اِسمُكَ	dein Name *m.*
اِسمُكِ	dein Name *f.*
اِسمُهُ	sein Name
اِسمُها	ihr Name
ما اسمُكَ؟	Wie heißt du? *m.*
ما اسمُكِ؟	Wie heißt du? *f.*
ما اسمُهُ؟	Wie heißt er?
ما اسمُها؟	Wie heißt sie?
لُبنان	der Libanon
اَلكُوَيت	Kuwait
سوريا	Syrien
ليبيا	Libyen
ليبي	Libyer, libysch
سوري	Syrer, syrisch
لُبناني	Libanese, libanesisch
كُوَيتي	Kuwaiter, kuwaitisch
لا	nein, nicht
لا بأس؟	wie geht's?
لا بأس!	nicht schlecht!
سَلام	Frieden
بِلال	*m. Vorname*

Lektion 3

A كَيفَ الحال؟

madrasa	Schule
asmā	*f. Vorname*
aḥlām	*f. Vorname*
kayfa -l-ḥāl	wie geht's?
kayfa?	wie?
ḥāl	Zustand
bi-ḫayr	gut
bi-	in
ḫayr	Wohl
šukran	danke!
muᶜallima	Lehrerin
muᶜallim	Lehrer
aḥmad	*m. Vorname*
miṣriyy	Ägypter, ägyptisch *m.*
miṣriyya	Ägypterin, ägyptisch *f.*
miṣr	Ägypten

al-qāhira	Kairo
laṭīf(a)	nett *m./f.*
ṣaḥīḥ	richtig
ḫaṭā’	falsch
āyy	welche, welcher, welches

B المُعَلِّم

muᶜallimu l-ᶜarabiyya	Arabischlehrer
al-ᶜarabiyya	das Arabische
ᶜazīza	*f. Vorname*
tašarrafnā!	sehr erfreut!
al-ğazā’ir	Algier; Algerien
tatakallam(u)	du sprichst *m.*
tatakallamīn(a)	du sprichst *f.*
atakallam(u)	ich spreche
takallam(a)	sprechen
al-lahğa	Dialekt
ğayyidan	gut *Adverb*
al-fuṣḥā	Hocharabisch
qalīlan	(ein) wenig
luġa (*Pl.* luġāt)	Sprache
al-faransiyya	das Französische
al-inglīziyya	das Englische
al-isbāniyya	das Spanische
al-īṭāliyya	das Italienische
al-almāniyya	das Deutsche
ğiddan	sehr
lā	nicht

C طالِبَة وَطالِب

في	in
حال	Zustand
كَيف	wie?
خَير	Wohl
نَعَم	ja
أَحلام	*f. Vorname*
مِصر	Ägypten
عَرَبي	Araber, arabisch *m.*
صَباح	Morgen
مِصري	Ägypter, ägyptisch *m.*
بِخَير	gut
تِلِفون	Telefon
مَرحَبا	Hallo!
لا أَعرِف	Ich weiß (es) nicht
ما فَهِمت	Ich habe (es) nicht verstanden
صَباحُ الخَير!	Guten Morgen!
مُعَلِّم	Lehrer
عَمّان	Amman
السَّلامُ عَلَيكُم	Guten Tag!
وَعَلَيكُمُ السَّلام	Guten Tag! *Antwort*
عَرَبِيَّة	Araberin, arabisch *f.*
مِصرِيَّة	Ägypterin, ägyptisch *f.*
لِيبِيَّة	Libyer, libysch *m.*
سورِيَّة	Syrer, syrisch *m.*
كُوَيتِيَّة	Kuwaiter, kuwaitisch *m.*
لُبنانِيَّة	Libanese, libanesisch *m.*
تونِسِيَّة	Tunesier, tunesisch *m.*
أَلمانِيَّة	Deutsch
فَرَنسِيَّة	Französisch
إِسبانِيَّة	Spanisch
مُعَلِّمَة	Lehrerin
طالِبَة	Studentin
مَعَ السَّلامَة	Auf Wiedersehen!
مُعَلِّمُ العَرَبِيَّة	Arabischlehrer
مُعَلِّمُ الفَرَنسِيَّة	Französischlehrer

Lektion 4

sikritīr(a)	Sekretär(in)
ṭabīb(a)	Arzt, Ärztin
muhandis(a)	Ingenieur(in), Architekt(in)
tāğir(a)	Handelskaufmann, -frau

kahrabā'ī	Elektriker
ṭabbāḫ	Koch

A ما مِهنَتُكِ؟

zaynab	*f. Vorname*
al-maġrib	Marokko
limāḏā?	warum?
tataᶜallamīn(a)	du lernst
taᶜallam(a)	lernen
li'annī/li'annanī	weil ich
li'anna	weil
lākinnī/lākinnanī	aber ich
lākin	aber
mā mihnatuki?	Was machst du beruflich? *f.*
mihna	Beruf
taᶜmalīn(a)	du arbeitest
aᶜmal(u)	ich arbeite
ᶜamil(a)	arbeiten
maktab	Büro
ar-ribāṭ	Rabat
mālṭā	Malta
uḥibb(u)	ich mag, ich liebe
li'atakallam(a)	um zu sprechen
maᶜa	mit
al-ᶜarab	die Araber
li-r-riḥla	für die Reise
li-aᶜmal fī	um in … zu arbeiten
muzāḥan	zum Spaß
muḥāmi(ya)	Rechtsanwalt, -anwältin
mutaqāᶜid(a)	Rentner(in)
ᶜāṭil(a)	Arbeitslose(r)
muwaẓẓaf(a)	Angestellte(r), Beamter, Beamtin
mumarriḍ(a)	Krankenpfleger, Krankenschwester
ṣuḥufiyy(a)	Journalist(in)
mutarǧim(a)	Übersetzer(in)
rabbat bayt	Hausfrau
bank	Bank
mustašfā	Krankenhaus
šarika	Unternehmen, Firma
fi -l-bayt	zu Hause
ǧāmiᶜa	Universität

B ما هَذا؟

mā smu hāḏā?	wie heißt das?
hāḏā, hāḏihi	dieser, diese; das ist
bi-l-ᶜarabiyya	auf Arabisch
kursī	Stuhl
qalam	Stift
ṭāwila	Tisch
māḏā?	was (gibt es) … ?
ᶜalā	auf, an
kitāb	Buch
kurrāsa	Heft
naẓẓāra	Brille
šanṭa	Tasche
miᶜṭaf	Mantel
afrīqiya	Afrika

C أَنا طالِب في الجامِعَة

amrīkā	Amerika
yūlyū	Juli
aġusṭus	August
amrīkiyy(a)	amerikanisch
arbaᶜa(t)	vier
ṭullāb	Studenten
turkyā	die Türkei
isbānyā	Spanien
fāṭima	*f. Vorname*
ṭarābulus	Tripolis
sikritīrāt	Sekretärinnen
ṣifr	null
wāhid	eins
iṯnān	zwei
ṯalāṯa	drei
arbaᶜa	vier
ḫamsa	fünf
sitta	sechs
sabᶜa	sieben
ṯamānya	acht
tisᶜa	neun
ᶜašara	zehn
مِهنَة	Beruf
لِأَنَّ	weil
لَكِنَّ	aber
مِن فَضلِك	bitte! *Aufforderung; m.*

مِن فَضلِكِ	bitte! *Aufforderung; f.*
ما مِهنَتُكَ؟	Was machst du beruflich? *m.*
تَشَرَّفنا	sehr erfreut!
لَطيف م لَطيفَة	nett
لِماذا	warum, weshalb
لَكِنّي	aber ich
لِأَنّي	weil ich
مِهنَتُكِ	dein Beruf *f.*
رَجُل	Mann
إلى	nach, zu
عَلى	auf, an
أَسمى	*f. Vorname*
لَيلى	*f. Vorname*
الفُصحى	Hocharabisch
مُستَشفى	Krankenhaus
هَذا	dieser
هَذِهِ	diese
كِتاب	Buch
كُرسي	Stuhl, Sessel
طاوِلَة	Tisch
مِعطَف	Mantel
ماذا؟	was (gibt es …)?
كُرّاسَة	Heft
شَنطَة	Tasche
أَمريكا	Amerika
يوليو	Juli
أَغُسطُس	August
أَمريكِي م أَمريكِيَّة	amerikanisch
طُلاّب	Studenten
تُركِيا	die Türkei
إسبانيا	Spanien
فاطِمَة	*f. Vorname*
طَرابُلُس	Tripolis
سِكرِتيرات	Sekretärinnen
شُكرًا	danke!
عَفوًا	bitte!
عُذرًا	Entschuldigung!
أَيضًا	auch
أَهلاً وَسَهلاً	Hallo! Herzlich Willkommen!
أَهلاً بِكَ، أَهلاً بِكِ	Hallo! *Antwort*
صِفر	null
أَربَعَة	vier
خَمسَة	fünf
سِتَّة	sechs
سَبعَة	sieben
تِسعَة	neun
عَشَرَة	zehn

Lektion 5

A في مَكتَبي

farīd	*m. Vorname*
askun(u)	ich wohne
sakan(a)	wohnen
sūsa	Sousse
ta^c^rif(u)	du kennst / weißt
^c^araf(a)	kennen / wissen
madīna; mudun	Stadt
kabīr(a)	groß
ūrūbiyy(a)	Europäer(in), europäisch
al'ān	jetzt
maktab; makātib	Schreibtisch, Arbeitszimmer, Büro
hunā	hier
kitāb; kutub	Buch
kumbyūtir; kumbyūtirāt	Computer
qāmūs; qawāmīs	Wörterbuch
qalam; aqlām	Stift

ᶜalā -l-yamīn	rechts
ᶜalā -l-yasār	links
amāma	vor *örtlich*
finǧān; fanāǧīn	Tasse
šāy	Tee
ḥalīb	Milch
dimašq	Damaskus
rūmā	Rom
kurrāsa, kurrāsāt	Heft
kursī, karāsī	Stuhl

B عَلى الشُّرفَة

aḥmad	*m. Vorname*
kayfa ḥāluka?	wie geht es dir? *m.*
kayfa ḥāluki?	wie geht es dir? *f.*
ṭayyib, ṭayyiba	gut
munā	*f. Vorname*
al-ḥamdu lillāh	Gott sei Dank!
hunā	hier
ǧayyid	gut
ka-	als
šurfa	Balkon
šāriᶜ	Straße
(i)stiqlāl	Unabhängigkeit
ǧamīl	hübsch, schön
kanaba; kanabāt	Sofa
ḫizānat kutub	Bücherregal
ḫizāna; ḫazā'in	Schrank
tilifizyūn	Fernseher

C رِسالَة إِلى عُمَر

risāla; rasā'il	Brief
ᶜazīz(a)	liebe(r)
ᶜumar	*m. Vorname*
aktub(u)	ich schreibe
katab(a)	schreiben
hāḏā, hāḏihi	diese(r)
ǧadīd(a)	neu
ṣaġīr(a)	klein
fīhi	in ihm, darin
katīran	viel
marīḍ(a)	krank
liḏālika	deshalb
taᶜbān(a)	müde
biǧānib(i)	neben
am	oder *in Fragen*

أُردُني	Jordanier, jordanisch *m.*
أُردُنِيَّة	Jordanierin, jordanisch *f.*
زَينَب	*f. Vorname*
أَعِد!	Wiederhole! *m.*
أَعيدي!	Wiederhole! *f.*
نَظّارَة	Brille
جَيِّدًا	gut
فِنجان ج فَناجين	Tasse
كُرسي ج كَراسيّ	Stuhl, Sessel
أَمامَ	vor *örtlich*
جِدًّا	viel
المَغرِب	Marokko
عَزيزَة	*f. Vorname*
سوداني	Sudanese, sudanesisch *m.*
مَكاتِب	Schreibtische, Büros
قَليلاً	wenig
كُمبيوتِر	Computer
القاهِرَة	Kairo
مَدينَة	Stadt
أَحمَد	*m. Vorname*
كَيفَ حالُكَ؟	Wie geht es dir? *m.*
كَيفَ حالُكِ؟	Wie geht es dir? *f.*
طَيِّب، طَيِّبَة	gut
مُنى	*f. Vorname*
الحَمدُ لله	Gott sei Dank!
هُنا	hier
جَيِّد	gut
كَـ	als
شُرفَة	Balkon
شارِع ج شَوارِع	Straße
اِستِقلال	Unabhängigkeit

جَميل	hübsch, schön
كَنَبَة ج كَنَبات	Sofa
خِزانَة كُتُب	Bücherregal
خِزانَة ج خَزائِن	Schrank
تِلِفِزيون	Fernseher
مُراد	*m. Vorname*
آسِف م آسِفَة	es tut mir Leid
آسيا	Asien
إيطاليا	Italien
أوروبا	Europa
آلو؟	hallo?
إيران	der Iran
إيرلَندا	Irland
أُستراليا	Australien
أوغَندا	Uganda
أوروبا	Europa
أَفريقيا	Afrika
أَمريكا	Amerika
أُقيانيا	Ozeanien
عَزيز(ة)	liebe(r)
عُمَر	*m. Vorname*
أَكتُبُ	ich schreibe
كَتَبَ	schreiben
هَذا الـ م هَذِهِ الـ	diese(r)
رِسالَة ج رَسائِل	Brief
جَديد(ة)	neu
صَغير(ة)	klein
فيهِ	in ihm, darin
كَثيرًا	viel
مَريض(ة)	krank
لِذَلِكَ	deshalb
تَعبان(ة)	müde
بِجانِبِ	neben
فَريد	*m. Vorname*
أَم	oder *in Fragen*
الجَزائِر	Algier, Algerien *m.*
جَزائِري	Algerier, algerisch *m.*
خَزائِن	Schränke
رَسائِل	Briefe
إِلى اللِقاء	Auf Wiedersehen, Tschüs
أَطِبّاء	Ärzte
خَطاء	falsch
مُحامٍ	ein Anwalt
المُحامي	der Anwalt

Wiederholung 1

بَلَد	Land
عاصِمَة	Hauptstadt
نُواكشوط	Nouakchott
الخَرطوم	Khartum
مُقَديشيو	Mogadischu
جيبوتي	Dschibuti
صَنعاء	Sana'a
مَسقَط	Maskat
شَرِكَةُ البِترول	Erdölunternehmen
أَبو ظَبي	Abu Dhabi
الدّوحَة	Doha
المَنامَة	Manama
الرِّياض	Riad
بَغداد	Bagdad
القُدس	Jerusalem
أَزورُ	ich besuche
فَلَسطين	Palästina

ليبيا	Libyen
عُمان	Oman
المَغرِب	Marokko
السَّعودِيَّة	Saudi-Arabien
قَطَر	Katar
الأُردُن	Jordanien
اليَمَن	der Jemen
العِراق	der Irak
الإمارات	die Emirate
البَحرَين	Bahrain
السّودان	der Sudan
الصّومال	Somalia
موريتانيا	Mauretanien

Lektion 6

A شارِعي

سوق ج أَسواق	Markt *m./f.*
يوجَد م توجَد	es gibt
لا يوجَد م لا توجَد	es gibt kein...
بَيت ج بُيوت	Haus
جامِع ج جَوامِع	Moschee
مَقهى ج مَقاهٍ / المَقاهي	Café
مَكتَب ج مَكاتِب	Büro
جامِعَة ج جامِعات	Universität
مَدرَسَة ج مَدارِس	Schule
مَكتَبَة ج مَكتَبات	Bibliothek
بَقّال ج بَقّالون	Obst- und Gemüsehändler
مُستَشفى ج مُستَشفَيات	Krankenhaus
بَنك ج بُنوك	Bank

شَرِكَة ج شَرِكات	Unternehmen, Firma
وَسَطُ المَدينَة	Stadtzentrum
حَيّي	mein Viertel
حَيّ ج أَحياء	Viertel
قَديم	alt *Gegenstände*
وَلَكِنَّهُ	aber er
جَميل ج ون	schön
طَويل ج طِوال	lang, groß
دُكّان ج دَكاكين	Geschäft
كَثير ج ون	viele
مَكتَبَة ج مَكاتِب	Buchhandlung
مَخبَز ج مَخابِز	Bäckerei
بَينَ	zwischen
أَذهَبُ	ich gehe, fahre
ذَهَبَ إلى	gehen, fahren
اليَوم	heute
أَشتَري	ich kaufe
اِشتَرى مِن	kaufen (in)
ثُمَّ	danach
ج خُضراوات	Gemüse *Pl.*
ج فَواكِه	Obst *Pl.*
نَذير	*m. Vorname*
قاهِرِيّ ج ون	Kairoer

B أينَ السّوق؟

سَيِّد ج سادَة	Herr
سَيِّدَة ج ات	Dame
طَبعًا	natürlich, klar
إلى الأَمام	gerade aus
حَتّى	bis
إلى اليَسار	nach links
هُناكَ	dort

إلى اليَمين	nach rechts
فَـهِمتُ	ich habe verstanden
فَـهِمتَ / فَـهِمتِ	du hast verstanden *f./m.*
بَعدَ ذَلِكَ	danach
شُـكرًا جَزيلاً	vielen Dank
مَكان ج أمكِنَـة	Ort
شَـخص ج أشخاص	Person
عِندَ	bei

C حَولَ السّوق

يَـبيعُ	er verkauft
باعَ	verkaufen
اِمرَأة (المَرأة) ج نِساء	Frau
رَجُل ج رِجال	Mann
ج مَلابِس	Kleider *Pl.*
هَدِيَّة ج هَدايا	Geschenk
سائِح ج سُيّاح جج ون	Tourist
حَولَ	um … herum
جَزّار ج ون	Metzger
خُـبز	Brot
لَـحم ج لُـحوم	Fleisch
لَـذيذ	lecker
رَخيص	billig
مُـهِمّ	interessant
وَلَـكِن	*Adj.* + aber + *Adj.*
غالٍ (الغالي) م غالِيَة	teuer
صَيدَلِيَّة ج صَيدَلِيّات	Apotheke
وَراءَ	hinter
تَـحتَ	unter

Landeskunde

الكوفَـة	Kufa
القَيروان	Kairouan
فاس	Fès
مَرّاكش	Marrakesch
حَومَة ج ات	Stadtviertel *maghrebinisch*
مَسجِد ج مَساجِد	Moschee
حَمّام ج ات	öffentliches Bad, Hammam
فُندُق ج فَنادِق	Karawanserei, Hotel
خان ج ات	Karawanserei
هَيكَل ج هَياكِل	Tempel
كَنيس	Synagoge
كَنيسَة ج كَنائِس	Kirche
مَدينَـة قَديمَة	Altstadt
سور ج أسوار	Stadtmauer
زَنقَـة ج ات	Gasse *maghrebinisch*
زُقاق ج أزِقَّة	Gasse *im Maschrek*
نَـهج ج نُـهوج	Straße *maghrebinisch*
نَـرجيلة ج نَـراجيل	Wasserpfeife
شيشَة ج ات	Wasserpfeife
طاوِلَة	Backgammon

Lektion 7

حُمُّص بالطَّحينَـة	Hummus
شاوَرما	Schawarma
تَـبّولَـة	Taboulé
فَـلافِل	Falafel
طاجِن ج طَـواجِن	Tajine
كُسكُس	Couscous
كُبَّـة مَـقلِيَّـة	Kibbeh

A عائِشَـة تَـذهَب إلى السّوق

تَـحتاجُ	sie braucht
اِحتاجَ إلى	brauchen
شَـيء ج أشياء	Sache, Ding
أوَّلاً	zuerst
إلَـيهِ	zu ihm
هات لي!	gib mir *m.*
هاتي لي!	gib mir *f.*
مِن فَـضلِكَ	bitte *Aufforderung; m.*
مِن فَـضلِكِ	bitte *Aufforderung; f.*
كيلو	Kilo
نِصف ج أنصاف	Hälfte
جَزَر	Möhren
بَصَل	Zwiebeln
طَـماطِم	Tomaten
بَطاطا	Kartoffeln
دينار ج دَنانير	Dinar
لَـحم بَقَر	Rindfleisch
لَـحم خَـروف	Lammfleisch
سَمّاك ج ون	Fischhändler
سَمَك ج أسماك	Fisch
أخيرًا	zuletzt
تَـرجِعُ	sie kehrt zurück
رَجَعَ	zurückkehren
طَـبَق ج أطباق	(Servier-)Platte
طَـعام ج أطعِمَة	Gericht
مَغارِبَة	Marokkaner *Pl.*
زَهر	Blumen
حَبَّة ج ات	Stück
زَعفَران	Safran

B لِتَـحضيرِ المَزَّة

مَزَّة	Mezze *Vorspeise*
مساءَ اليَوم	heute Abend
يَأتي	er kommt (an)
أتى	(an)kommen
صَديق ج أصدِقاء	Freund
يُحِبّونَ	sie lieben
أحَبَّ	mögen, lieben
أكلَـة ج أكَـلات	Spezialität
أُحَضِّرُ	ich bereite zu
حَضَّرَ	zubereiten
تَـحضير	Zubereitung
أفرِمُ	ich hacke
فَـرَمَ، يَفرِمُ	hacken
كأس ج كُـؤوس	Glas
نَـعناع	Minze
بَقدونِس	Petersilie
أُضيفُ	ich füge hinzu
أضافَ	hinzufügen
بُرغُـل	Weizenschrot, Bulgur
عَصير	Saft
لَـيمون	Zitronen
زَيت	Speiseöl
زَيتونَـة ج زَيتون	Olive
فُـلفُـل	Pfeffer
مِلح	Salz
هَنيئًا	Guten Appetit
أنقَـعُ	ich weiche ein
نَـقَـعَ	einweichen
ثوم	Knoblauch
بِـدون	ohne
ماء	Wasser

C الفولُ المُدَمَّس

فول Saubohnen
مُدَمَّس gekocht
عُلبَة ج عُلَب Dose
مِلعَقَة ج مَلاعِق Löffel
أَفتَحُ ich öffne
فَتَحَ öffnen
أَطهو ich koche etw.
طَهَا etw. kochen
كَمّون Kreuzkümmel
أَخلِطُ ich mische
خَلَطَ mischen
أَسكُبُ ich gieße
سَكَبَ gießen
طَحينَة Sesampaste
رأس ج رُؤوس Kopf, (Knoblauch-)Zehe
نَأكُلُ wir essen
أَكَلَ essen
فُطور Frühstück
بيانو Klavier
كَنَدِيّ kanadisch, Kanadier
لِتر ج ات Liter
قِطعَة ج قِطَع Stück

Landeskunde

كَرَفس Kerbel
تابِل ج تَوابِل Gewürz
مِرقاز Merguez
هَريسة Harissa
كَمّون Kreuzkümmel
مَشوي Meshwi (gegrilltes Schaf)
فَتوش Fladenbrotsalat
كَبَّة Hackfleischbuletten
كُفتَة Hackfleischbällchen
عيدُ الأَضحى Opferfest
خَروف Schaf
هيل Kardamom
حَبَق Basilikum
رأس الهَنوت Ras el-Hanout (Gewürzmischung)
بَقلاوَة Baklava
نَبيذ Wein
خَمر ج خُمور Wein
عَرَق Anisschnaps
بيرَة Bier

Lektion 8

أُمّ كُلثوم Umm Kulthum (1898 – 1975)
أَبو القاسِم الشابي Abu al-Qasim al-Shabi (1909 – 1934)
بِن عَلي Ben Ali (1963 –)
رَئيس ج رُؤَساء Präsident
شاعِر ج شُعَراء Dichter
مُغَنِّيَة ج ات Sängerin
مُغَنٍّ ج مُغَنّون Sänger
مَكانُ السَّكَن Wohnsitz
أُمّ ج أُمَّهات Mutter

A وَأَبوكِ، لا بأس؟

تَبني sie baut
بَنى bauen
أَب (أَبو) ج أَباء Vater
أَخ (أَخو) ج إِخوَة Bruder
أَلَيسَ كَذَلِكَ؟ nicht wahr?

يَدرُسُ	er studiert
دَرَسَ	studieren
طِبّ	Medizin
خَطير	schlimm
بَرد	Erkältung
فَقَط	nur
أُخت ج أَخَوات	Schwester
بِنت ج بَنات	Mädchen, Tochter *(bis 10 Jahre)*
أُسامَة	*m. Vorname*
لُطفي	*m. Vorname*
أَحَدَ عَشَرَ	elf
اِثنا عَشَرَ	zwölf
ثَلاثَةَ عَشَرَ	dreizehn
أَربَعَةَ عَشَرَ	vierzehn
خَمسَةَ عَشَرَ	fünfzehn
سِتَّةَ عَشَرَ	sechzehn
سَبعَةَ عَشَرَ	siebzehn
ثَمانِيَةَ عَشَرَ	achtzehn
تِسعَةَ عَشَرَ	neunzehn
عِشرون	zwanzig
كَم؟	wie viel(e)? + *unbest. Akk. Sing.*

B عائِلَتي الكَبيرَة

عائِلَة ج ات	Familie
عَلى العُموم	in der Regel
تَقومُ بِدَور	sie spielt eine Rolle
قامَ بِدَور	eine Rolle spielen
يوجَدُ م توجَدُ	es befindet sich *m./f.*
والِدان	Eltern *Dual*
عِندَهُما	sie (beide) haben
طِفل ج أَطفال	Kind

أَحيانًا	manchmal
يَتَشاجِرُ	sie streiten sich
تَشاجَرَ	sich streiten
إِخوَة وَأَخَوات	Geschwister
يَتَحابّونَ	sie lieben sich
تَحابَّ	sich lieben
رَغمَ ذَلِكَ	trotzdem
جَدّان	Großeltern *Dual*
جَدّ ج جُدود	Großvater
جَدَّة ج ات	Großmutter
غالِبًا	häufig, oft
قُربَ	in der Nähe von
بَعض	einige
شَجَرَة عائِلَة	Stammbaum
شاهِدوا!	schaut!
شاهَدَ، يَشهَدُ	schauen
خَديجَة	*f. Vorname*
طارِق	*m. Vorname*
قادِر	*m. Vorname*
سَلمى	*f. Vorname*
مَروان	*m. Vorname*
مَدريد	Madrid

C كُلّ شَيء جاهِز لِلطَعام في الحَديقَة

يَصِلُ	er kommt (an)
وَصَلَ	(an)kommen
حَديقَة ج حَدائِق	Garten
شَجَرَة ج أَشجار	Baum
زَهرَة ج أَزهار	Blume
وَردَة ج وُرود	Rose
حائِط ج حيطان	Wand, Mauer
نَضَعُ	wir stellen, legen
وَضَعَ	stellen, legen

صَحن ج صُحون	Teller
سِكّين ج سَكاكين	Messer
شَوكَة ج شُوَك	Gabel
مِلعَقَة ج مَلاعِق	Löffel
سَلَطَة ج سَلَطات	(gemischter) Salat
طَبَق مَطبوخ	warmes Gericht
ضَيف ج ضُيوف	Gast
بَعدَ	(erst) in
ساعَة ج ات	Stunde
كُلّ شَيء	alles
جاهِز	bereit

Landeskunde

فَخامَة	Majestät *(Anrede für einen Staatsmann)*
سَعادَة	Eminenz *(Anrede für einen Minister oder eine hochrangige Person)*
فاضِلَة	Tugend *(Anrede für ein islamisches Oberhaupt)*
أَخ م أُخت	Bruder, Schwester *(Anrede für eine gleichaltrige Person)*
عَمّ م عَمَّة	Onkel, Tante *(Anrede für eine ältere Person)*
خال م خالَة	Onkel, Tante *(Anrede für eine ältere Person)*
حاجّ ج حاجَّة	Pilger, Pilgerin *(Anrede für eine ältere Person, oder jemanden, der die Pilgerfahrt absolviert hat)*
أُستاذ	Professor; Meister *(Anrede für Europäer)*
سَيِّد م سَيِّدَة	Herr, Frau *(Anrede für Europäer)*

Lektion 9

دَرّاجَة ج ات	Fahrrad
باص ج باصات	Bus
مِترو	U-Bahn
سَيّارَة ج ات	Auto
عَلى الأَقدام	zu Fuß
تَرام	Straßenbahn
طائِرَة ج ات	Flugzeug
قِطار ج ات	Zug

A وَسائِلُ النَقل

نَهارُكَ سَعيد	guten Tag *m.*
نَهارُكِ سَعيد	guten Tag *f.*
زَوج ج أَزواج	Ehemann
زَوجَة ج ات	Ehefrau
أَطفالُكُم	eure Kinder
مَدرَسَتُهُم	ihre Schule
بَيتُنا	unser Haus
يَمشونَ	sie laufen
مَشى	laufen
تُسافِرونَ	ihr reist
نُسافِرُ	wir reisen
سافَرَ	reisen
لَكِنّا / لَكِنَّنا	aber wir
زُهَير	*m. Vorname*

B في مَكتَبِ التَّذاكِر

مَكتَبُ التَّذاكِر	Fahrkartenschalter
تَذكِرَة ج تَذاكِر	Fahrkarte
نِهايَة	Ende
مَحَطَّة ج ات	Station, Bahnhof
لا شُكرَ عَلى واجِب	nichts zu danken, gern geschehen

مَتى؟	wann?
غادَرَ، يُغادِرُ	(ab)fahren
شَـرمُ الشَّيخ	Scharm El-Scheich
بِـالضَّـبط	genau
السّاعَة الثّـالِثَـة	es ist 3 Uhr
مَساءَ اليَوم	heute Abend
في السّاعَة العاشِرَة	um 10 Uhr
إذاً	dann
أَرادَ، يُريدُ	wollen
ذِهاب	Hinfahrt
إِياب	Rückfahrt
قيمَة	Wert, Preis
خَـمسون	fünfzig
جُـنَـيه	ägyptisches Pfund
رِحلَـة سَعيدَة!	Gute Reise!
الأُقصُر	Luxor
أَسوان	Assuan
الإسكَـندَريّة	Alexandria
الدّار البَيضاء	Casablanca
مَكناس	Meknes

C هَيا بِنا نُسافِر!

تيشِرت	T-Shirt
بُلوفَـر	Pulli
بُلوزَة	Bluse
بَنطَـلون	Hose
جينز	Jeans
بـيكيني	Bikini
في أَيّ سّاعَة؟	Um wie viel Uhr?
أَقلَـعَ، تُـقلِعُ	starten
نَـظَـرَ إلى، يَنظُـرُ	schauen
بِطاقَـة ج ات	Ticket
أَربَعون	vierzig
دَقيقَـة ج دَقائِق	Minute
إلاّ	außer, minus *(+ Akk)*
رُبع	Viertel
يَجِـب أَن	es ist nötig, dass
أَسرَعَ، يُـسرِعُ	sich beeilen
لا تَـقلَـق	mach dir keine Sorgen *m.*
لا تَـقلَـقي	mach dir keine Sorgen *f.*
أَخَـذَ، يَأخُذُ	nehmen
مَلابِس داخِلِيَّة	Unterwäsche
مُمتاز	ausgezeichnet
أَحذِيَة	Schuhe
رِياضِيّ	sportlich
آلَـة تَـصوير	Fotoapparat
تَـنّورَة ج تَـنـانير	Rock
بُلوزَة ج ات	Bluse
فُستان ج فَساتين	Kleid
نَـظّـارَة شَمس	Sonnenbrille
مَسبَح ج مَسابِح	Pool
ثَـلاثون	dreißig
سِتّـون	sechzig
سَبعون	siebzig
ثَـمانون	achtzig
تِسعون	neunzig
مِئَـة (= مِائَـة)	(ein)hundert
ثُـلث ج أَثلاث	Drittel, 20 Minuten
رُبع ج أَرباع	Viertel
دَقيقَـة ج دَقائِق	Minute

Landeskunde

عُملَـة	Währung
دينار ج دَنانير	Dinar
دِرهَم ج دَراهِم	Dirham
ريال ج ريالات	Rial
ليرَة ج ليرات	Pfund
جِنيه ج جِنيهات	Pfund
شِلِن	Schilling
أوقيَّة ج أوقيَّات	Ouguiya

Lektion 10

مُريح	bequem, gemütlich
حَديث	modern
صَغير ج صِغار	klein
كَبير ج كِبار	groß
واسِع	geräumig, breit
ضَيِّق	eng
مُشمِس	sonnig
مُظلِم	dunkel

A بِطاقَة مُصوَّرَة مِن شَرمِ الشَّيخ

بِطاقَة مُصوَّرَة	Postkarte
شِقَّة ج شِقَق	Wohnung
تَحت	unten
جار ج جيران	Nachbar
عُطلَة ج ات	Ferien
شَرم ج شُروم	Bucht
عَزيز ج أَعِزّاء	liebe(r)
يُعيرُنا	er leiht uns
زَميل ج زُمَلاء	Kollege
إنَّ (إنّي، إنَّكَ...)	*Verstärkungspartikel*
طَقس	Wetter
كُلَّ يَوم	jeden Tag
كُلّ	jede(r), alle
طِفل ج أَطفال	Kind
هَكَذا	so
قَريبًا	bald
مَسرور ج ون	glücklich
إبريق ج أَباريق	Kanne
بَدرَة	*f. Vorname*
جِلالي	*m. Vorname*
مُمطِر	regnerisch
بارِد	kalt
غائِم	bewölkt
حارّ	warm, heiß
زُجاجَة	Flasche
رَبيع	Frühling
صَيف	Sommer
خَريف	Herbst
شِتاء	Winter
شَرِبَ ، يَشرَبُ	trinken
شَعبِيّ	regional

B أَيَّة جَرائِد تَقرَأ؟

مَطبَخ ج مَطابِخ	Küche
غُرفَةُ الاِستِقبال	Wohnzimmer
غُرفَة ج غُرَف	Zimmer
اِستِقبال	Empfang
حَمّام ج ات	Badezimmer
غُرفَةُ النَّوم	Schlafzimmer
أَثاث	Inneneinrichtung, Möbel
صورَة ج صُوَر	Bild, Foto
صالون	Wohnzimmer
جَريدَة ج جَرائِد	Zeitung

مَجَلَّة ج ات	Zeitschrift
قَرَأ، يَقرَأُ	lesen
عَن	über
سِياسَة	Politik
عالَمِيّ	international
عَلَّمَ، يُعَلِّمُ	unterrichten
حَيَوان ج ات	Tier
أَفريقِيّ	afrikanisch
يَومِيّ	täglich
رِياضَة	Sport
إِنكِلتِرّا	England
إِنكليزِيّ ج إنكليز	Engländer, englisch *m.*
أَلمانِيّ ج أَلمان	Deutscher, deutsch *m.*
روسيا	Russland
روسِيّ ج روس	Russe, russisch *m.*
اليونان	Griechenland
يونانِيّ ج يونان	Grieche, griechisch *m.*
تُركيا	die Türkei
تُركِيّ ج أتراك	Türke, türkisch *m.*

C في شارِع شَرم الشَّيخ

رَأى، يَرى	sehen
بِالصُّدفَة	zufällig
آه!	ach!
لَعِبَ، يَلعَبُ	spielen
لَيسَت	sie ist nicht
بَحر ج بِحار	Meer
حَمّام شَمسِيّ	Sonnenbad
اِستَحَمَّ، يَستَحِمُّ	s. waschen, duschen, baden
مَطعَم ج مَطاعِم	Restaurant
ميناء ج مَوانئ	Hafen
نُحِبُّها	wir lieben sie
عَشاء	Abendessen
بِكُلِّ سُرور	gerne
عُنوان ج عَناوين	Adresse
جُمهورِيَّة ج ات	Republik
رَقم ج أَرقام	Nummer
موضَة	Mode
فَنّ ج فُنون	Kunst
نَهار	Tag *(24 Stunden)*

Landeskunde

لَيل	Nacht
واجِهَة ج ات	Fassade
فِناء ج أَفنِيَة	Hof
نَبع	Fontäne
بُحَيرَة ج ات	Teich
نَبات ج ات	Pflanzen
طابِق ج طَوابِق	Stockwerk
جَنوب	Süden
سَطح ج سُطوح	Terrasse
شِمال	Norden
ناطِحَة سَحاب	Wolkenkratzer
بُرج ج أَبراج	Turm

Wiederholung 2

خَطّ ج خُطوط	Schrift
مَطار ج ات	Flughafen
مِفتاح ج مَفاتيح	Schlüssel
شَمبانيا	Champagner
رُكوب	Einsteigen *Substantiv*
نُزول	Aussteigen *Substantiv*
لَقَب ج أَلقاب	Name
وِلادَة	Geburt
تاريخ	Datum

جِنسِيَّة	Geschlecht
جَواز ج ات	Pass
بِطاقَةُ التَّعريف	Ausweis
قادِم مِن	kommend aus
ذاهِب إِلى	gehend nach
فَرض أَساسِيّ ج فُروض	Grund
سَفَر ج أَسفار	Reise
ج أَعمال	Geschäfte
سِياحَة	Tourismus
دِراسَة	Studium

Lektion 11

قِصَّة ج قِصَص	Erzählung
جُغرافيا	Geographie
أَجنَبِيّ	ausländisch, fremd
كيمياء	Chemie
موسيقى	Musik
فَلسَفَة	Philosophie
فيزياء	Physik
الجَبر	Algebra
ج رِياضِيّات	Mathematik
تاريخ	Geschichte
عِلمُ الحَياة	Biologie
واجِبَة ج ات	Aufgabe

A كَيفَ كانَ ذَلِكَ في المَدرَسَة؟

القُرآن	der Koran
قالَ إِنَّ، يَقولُ	sagen, dass
اِبنة/بِنت ج بَنات	Tochter
عِندَما	als *zeitlich*
جُملَة ج جُمَل	Satz
صَعب	schwierig
لَعِبَ بِ، يَلعَبُ	spielen mit
كُرَة ج ات	(Spiel-)Ball
أَوراق	(Spiel-)Karten
فِناء ج أَفنِيَة	Hof
رَسَمَ، يَرسُمُ	malen
صورَة ج صُوَر	Bild
أَعطى، يُعطي	geben
قامَ بِواجِباتِهِ، يَقومُ	seine Hausaufgaben machen
حَياة	Leben
تِلميذ ج تَلاميذ	Schüler

B هَل تَذكُر؟

ذَكَرَ بِ، يَذكُرُ؟	s. erinnern an
تَحَدَّثَ، يَتَحَدَّثُ	s. unterhalten
كانَ، يَكونُ	sein
لا / ما ... بَتاتًا	überhaupt nicht
حَدَثَ، يَحدُثُ	geschehen, los sein
عيد ج أَعياد	Feiertag, Fest
آخَر م أُخرى ج أُخَر	anders
زَبون ج زَبائِن	Kunde
غَضِبَ، يَغضَبُ	s. aufregen
طَلَبَ، يَطلُبُ	verlangen
مَوعِد ج مَواعِد	Termin
مُباشَرَة	direkt
مُدير ج ون	Direktor, Leiter
غَدًا	morgen
تالٍ (التّالي)	folgend
لا / ما ... أَحَد	niemand, keiner
تَلَقّى، يَتَلَقّى	bekommen erhalten
بَريد إِلِكترونِيّ	E-Mail
بَريد	Post
إِلِكترونِيّ	elektronisch

أَجابَ عَلى، يَجيبُ	antworten auf
مُستَحيل	unmöglich
رَنَّ ج يَرِنُّ	klingeln
هاتِف ج هَواتِف	Telefon
عادِيًّا	normal
يا لَتَعاستَكِ!	Du arme(r)!
رَوَّح، يُرَوِّح عَن نَفس	s. erholen
نِهايَةُ الأُسبوع	Wochenende
(يَومُ) الإثنَين	Montag
(يَومُ) الثُّلاثاء	Dienstag
(يَومُ) الأَربِعاء	Mittwoch
(يَومُ) الخَميس	Donnerstag
(يَومُ) الجُمعَة	Freitag
(يَومُ) السَّبت	Samstag
(يَومُ) الأَحَد	Sonntag
قَبلَ الظُّهر	vormittags
بَعد الظُّهر	nachmittags

C يَوم عادِيّ في حَياة عامِل

اِستَيقَظَ، يَستَيقِظُ	aufwachen
قامَ، يَقومُ	aufstehen
أَيقَظَ، يوقِظُ	wecken
تَناوَلَ، يَتَناوَلُ	zu s. nehmen
مَعًا	zusammen
اِعتَنى بِ، يَعتَني	s. kümmern um
أَوصَلَ، يوصِلُ	jdn. fahren
حينَما	während + *Konjunktiv*
نَفس	gleich
وَقت ج أَوقات	Zeit
مُدَّة ج مُدَد	Dauer, Weile
مَعمَل ج مَعامِل	Fabrik
بَدَأَ، يَبدَأُ	etw. anfangen
غَداء	Mittagessen
ذَهَبَ لِإحضار	abholen
بَعدَ ما	nachdem
أَرقَدَ، يُرقِدُ	ins Bett bringen
غَسَلَ الأَواني، يَغسِلُ	abwaschen
غَسّالَة صُحون	Spülmaschine
خَبَر ج أَخبار	Nachricht
رَقَدَ ج يَرقُدُ	s. schlafen legen, einschlafen
مُتعِب	anstrengend

Landeskunde

إِلِكترون	Elektron
ميكانيكا	Mechanik
أُكسِجين	Sauerstoff
تِقنِيَّة	Technik
إِلِكترونِيّ	elektronisch
ميكانيكِيّ	mechanisch
تَلفَنَ، يُتَلفِنُ	telefonieren
تَلفَزَ، يُتَلفِزُ	fernsehen
مِنضَدَة	Tisch
مائِدَة	Tisch
أوتوبيس	Bus
كار	Bus *maghrebinisch*
حافِلَة	Bus

Lektion 12

ريفِيّ	ländlich, Landbewohner
سَهل	leicht, einfach, praktisch
بَسيط	einfach, leicht
دينِيّ	religiös
تَقليدِيّ	traditionell

مَدَنِيّ	städtisch, Stadtbewohner
قَومِيّ	national(istisch)
خَدوم ج ون	hilfsbereit
مُتَعَجرِف ج ون	stolz, hochnäsig, arrogant
مُسئِم ج ون	langweilig
رائِج	belebt

A إختِلافات وَمُجانَسات

إختِلاف ج ات	Unterschied
مُجانَسَة ج ات	Ähnlichkeit
تَغَيَّر، يَتَغَيَّرُ	s. verändern
مَثَل ج أمثال	Beispiel
تَغَيُّر ج ات	Veränderung
خَصَّ، يَخُصُّ	betreffen
ماضِيّ	vergangen, Vergangenheit
قَريَة ج قُرى	Dorf
فَـ	*etwa:* und, also
اِرتَدى، يَرتَدي	tragen, etw. anziehen
سِروال ج سَراويل	Hose
قَميص ج قُمصان	Hemd
قُطن	Baumwolle
جَلاّبِيَّة ج ات	Dschellaba
طَربوش	Fez (Hut)
ثَوب ج ثِياب	Kleid, Gewand
حِجاب ج حُجُب	Kopftuch
إختَلَفَ، يَختَلِفُ	s. unterscheiden
بَدلَة ج بِدَل	Anzug
تَرَكَ، يَترُكُ	(ver)lassen
بَل	sondern
جيل ج أجيال	Generation

B بَينَ الماضِيّ وَالمُستَقبَل

في عَهدِنا هَذا	heutzutage
عَهد ج عُهود	Zeitalter
أفضَل	besser
كَما	wie *bei Vergl.*
مُنذُ	seit
دَولَة ج دُوَل	Staat
اِستِعمارِيّ	kolonial(istisch)
أربَعينات	vierziger Jahre
خَمسينات	fünfziger Jahre
قَومِيَّة	Nationalidentität, Nationalgefühl, Nationalismus, Nationalität
مُقاوَمَة	Widerstand
اِستِعمار	Kolonialisierung, Kolonialismus
إنشاء	Entwicklung
وَطَنِيّ	national
حَرب ج حُروب	Krieg *f.*
تَوَسَّعَ، يَتَوَسَّعُ	s. vergrößern
جُزء ج أجزاء	Teil
سَكَنَ، يَسكُنُ	*hier:* s. niederlassen
الكَثرَة الكَثيرَة مِن	die meisten
بَدء ج أبداء	Beginn
جاءَ ج يَجيء	kommen
طَوَّرَ، يُطَوِّرُ	verändern
عولَمَة	Globalisierung
ثَمانينات	achtziger Jahre
حَرَكَة ج ات	Bewegung
مُهاجِر ج ون	Migrant
تَخَوَّفَ مِن ، يَتَخَوَّفُ	fürchten um

خَسارَة ج خَسائِر	Verlust
اِكتَشَفَ، يَكتَشِفُ	entdecken
تَقليد ج تَقاليد	Tradition
تِسعينات	neunziger Jahre
أَصبَحَ، يُصبِحُ	werden
حِزب ج أَحزاب	Partei
مُحافِظ ج ون	konservativ
تَبَوَّأَ الحُكم، يَتَبَوَّأُ	an die Macht kommen
ريف ج أَرياف	Feld, Land
لَجَأَ، يَلجَأُ	s. zurückziehen
كَلام	Wort, Sprechen
مُتَطَرِّف ج ون	radikal
عاشَ، يَعيشُ	leben
لا / لَم ... أَبَدًا	nie(mals)
اِستَطاعَ، يَستَطيعُ	können

C صُوَرُ الأَمسِ وَاليَوم

طَويل ج طِوال	groß *bei Personen*
قَصير ج قِصار	klein *bei Personen*
سَمين ج سِمان	dick
رَشيق ج رِشاق	schlank
يَرتَدي نَظّارَة	Brillenträger
ذو شارِب	schnurbärtig
ذو لِحيَة	bärtig
أَصلَع ج صُلع	kahl
عَين	Auge *f.*
عَينان	Augen *Dual*
أَزرَق م زَرقاء ج زُرق	blau
أَخضَر م خَضراء ج خُضر	grün
رَمادِيّ	grau
بُنِّيّ	braun
شَعر	Haar(e)
أَشقَر م شَقراء ج شُقر	blond
أَصهَب ج صَهباء ج صُهب	rothaarig
رَمادِيّ	grau
أَسوَد م سَوداء ج سود	schwarz
باكِرًا	früh

Landeskunde

جيكيت	Jackett
جِلباب	Dschellaba
جَلاّبِيَّة	Dschellaba
قُفطان ج قَفاطين	Kaftan
دَشداشَة	Dschellaba
كوفِيَّة	Kopftuch für Männer
شَملَة	weißes Kopftuch für Männer
طاقِيَّة	flache Mütze
طَربوش	Fez
عِمامَة	Turban islamischer Würdenträger
حِجاب	Kopftuch
بُرقُع	Burka

Lektion 13

A عُطلَة فاخِرَة

بِريطانيا العُظمى	Großbritannien
فُندُق ج فَنادِق	Hotel
ذو، ذا، ذي	Besitzer
نَجمَة ج نُجوم	Stern
الَّذي ج الَّذينَ	*Relativpronomen m.*

الـّتي ج اللاتي	*Relativpronomen f.*
حَجَزَ، يَحجَزُ	buchen
أَنزَلَ، يُنزِلُ	aussteigen lassen
باب ج أبواب	Tür, Tor
دَخَلَ، يَدخُلُ	betreten
رَقم ج أرقام	Nummer
حَجز	Reservierung
طابِق ج طَوابِق	Etage
قادَ، يَقودُ	führen
مِفتاح ج مَفاتيح	Schlüssel
في الخارِج	draußen
في الدّاخِل	drinnen
كَذلِكَ	ebenfalls
كازينو ج كازينوهات	Kasino
أَطَلَّ عَلى، يُطِلُّ	gehen zu
يَخت ج يُخوت	Jacht
طَبّاخ ج ون	Koch
مَشهور ج مُشاهير	berühmt
طابِق أَرضِيّ	Erdgeschoss
مَحَلُّ المُجَوهَرات	Schmuckladen
مَحَلّ ج ات	Laden
دَفَعَ، يَدفَعُ	bezahlen
بِطاقَة اِعتِماد	Kreditkarte
دائِمًا	immer
مَحَلُّ العُطور	Parfümerie
أَمير ج أُمَراء	Fürst, Prinz
جَدول	Katalog
مَطار	Flughafen
خاصّ	privat
أوَّل م أولى	1.
ثانٍ / الثّاني م ثانيَة	2.
ثالِث م ثالِثَة	3.
رابِع م رابِعَة	4.
خامِس م خامِسَة	5.
سادِس م سادِسَة	6.
سابِع م سابِعَة	7.
ثامِن م ثامِنَة	8.
تاسِع م تاسِعَة	9.
عاشِر م عاشِرَة	10.

B طَبيبُ الشَّيخ

شَرَحَ ج يَشرَحُ	erklären
النِّمسا	Österreich
دِراسَة ج ات	Studium
بَحَثَ عَن، يَبحَثُ	suchen
وَجَدَ، يَجِدُ	finden
وَظيفَة ج وَظائِف	Stelle
كَفى، يَكفي	(aus)reichen
مال	Geld
رَأى، يَرى	sehen
إعلان ج ات	Anzeige
خُصوصِيّ	privat
غَنِيّ ج أَغنِياء	reich
شابَهَ، يُشابِهُ	ähneln
قَصر ج قُصور	Schloss, Palast
صَحراء ج صَحارى	Wüste, Sahara
عَظيم ج عُظَماء	riesig, riesengroß
مَلعَب تِنِس	Tennisplatz
خَيل ج خُيول	Pferd
خَدَم	Hauspersonal
جَمَعَ، يَجمَعُ	sammeln
سِباق	Rennen
صَيد	Jagd, Fischen
صَقر ج صُقور	Falke

مَعيشَة	Leben
مَرِضَ، يَمرَضُ	erkranken
اِنجَرَحَ، يَنجَرِحُ	s. verletzen
طَبَّبَ، يُطَبِّبُ	verarzten, behandeln
باقٍ (الباقي)	Rest
طِبّ بيطَرِيّ	Tiermedizin
بَدَلَ، يُبَدِّلُ	ersetzen
فَترَة	Zeitraum
تَحَسَّنَ، يَتَحَسَّن	s. verbessern
بَقِيَ، يَبقى	(übrig)bleiben
حادِيَ عَشَرَ م حادِيَةَ عَشَرَة	11.
ثانِيَ عَشَرَ م ثانِيَةَ عَشَرَة	12.
ثالِثَ عَشَرَ م ثالِثَةَ عَشَرَة	13.
رابِعَ عَشَرَ م رابِعَةَ عَشَرَة	14.
خامِسَ عَشَرَ م خامِسَةَ عَشَرَة	15.
سادِسَ عَشَرَ م سادِسَةَ عَشَرَة	16.
سابِعَ عَشَرَ م سابِعَةَ عَشَرَة	17.
ثامِنَ عَشَرَ م ثامِنَةَ عَشَرَة	18.
تاسِعَ عَشَرَ م تاسِعَةَ عَشَرَة	19.

مِنَ الأَزمَة إِلى التَرَف C

أَزمَة ج ات	Krise
نَفط	Erdöl
اِغتَنى، يَغتَني	s. bereichern
مُصَدِّر ج ون	exportierend
مُتَّحِد	vereinigt
كَسَبَ، يَكسِبُ	verdienen
يَد عامِلَة	Arbeitskraft
يَد ج إيدٍ	Hand *f.*
عامِل ج عُمّال	Arbeiter
اِستيراد	Importation
وَرشَة ج وِرَش	Baustelle
رَيّ	Bewässerung
تَحويل	Implementierung
ساحَة لِلجولف	Golfplatz
مَشروع ج مَشاريع	Projekt
حادِي وَعِشرون	21.
قَرن ج قُرون	Jahrhundert
فَريد	einzigartig
فَريد في مِنطَقَة بابِهِ	einzigartig in seiner Art
بِناء	Bau
جَزيرَة ج جَزائِر جج جُزُر	Insel
اِصطِناعِيّ	künstlich
مَجموعَة ج ات	Gruppe
نَخلَة ج نَخيل	Palme
فاخِر	Luxus-
قارَّة ج ات	Kontinent
أَرض	Erde *f.*
دولار ج ات	Dollar
لَو + *Perfekt* + لَـ + *Perfekt*	wenn + *Konjunktiv*
أَرسَلَ، يُرسِلُ	schicken
مَعَ ذَلِكَ	trotzdem
رَوى، يَروي	bewässern

رَمل ج رِمال	Sand
خاصَّةً	hauptsächlich

Landeskunde

مُسلِم ج ون	Muslim
سُنِّيّ	Sunnit
شيعِيّ	Schiit
عَلَويّ	Alevit
دُرزِيّ ج دُروز	Druse
مَسيحِيّ	Christ
يَهودِيّ ج يَهود	Jude
غَرب	Westen

Lektion 14

أُمنِيَّة ج أَمانيّ	Wunsch, Sehnsucht
حَقَّقَ يُحَقِّقُ	verwirklichen

A أَحلام أَطفالِنا

حُلم ج أَحلام	Traum
مَلِك ج مُلوك	König
بُرج ج أَبراج	Turm
كَلب ج كِلاب	Hund
قِطَّة ج قِطَط	Katze
مَجروح ج ون	verletzt
أَسَد ج أُسود	Löwe
غَنَّى، يُغَنّي	singen
راديو	Radio
أَلف ج آلاف	Tausend
تَزَوَّجَ مِن، يَتَزَوَّجُ	heiraten
جَنوبِيّ	Süd-, südlich
خال ج أَخوال	Onkel *(mütterlicherseits)*
خالَة ج ات	Tante *(mütterl.)*
الأَرجَنتين	Argentinien
طافَ، يَطوفُ	spazieren gehen, herumkommen
كَنغَر ج ات	Känguru
ماتَ ج يَموتُ	sterben an
جوع	Hunger
بِئر ج آبار	Brunnen
إِنسان ج ناس	Mensch
واقِعِيّ	realistisch
غَير	nicht, un-
مُتَفائِل ج ون	optimistisch
مُضحِك	lustig, lächerlich
طُفوليّ	kindisch
سَوفَ	*Futurpartikel*
مِئَة = مِائَة	(ein)hundert
مِئَتانِ	zweihundert
ثَلاثُمِئَة	dreihundert
أَربَعُمِئَة	vierhundert
خَمسُمِئَة	fünfhundert
سِتُّمِئَة	sechshundert
سَبعُمِئَة	siebenhundert
ثَمانُمِئَة	achthundert
تِسعُمِئَة	neunhundert
أَلف	(ein)tausend
مُستَقبَل	Zukunft
حاضِر	Gegenwart
شَهر ج شُهور	Monat
صينِيّ	Chinese, chinesisch *m.*
مُشكِلَة ج مَشاكِل	Problem

B وَبِما يَحلَمُ الكِبار؟

مَدفوع	Zahlung, bezahlt
أَجر ج أُجور	Lohn

رِزق	täglich Brot, Lebensunterhalt
عُمر	Alter
حينَما	wenn, als
هادِئ	ruhig
قَفر	menschenleer
كُلَّ اليَوم	den ganzen Tag
نادِرًا	selten
وَدَّ، يَوَدُّ	s. wünschen
عِدَّة	zahlreich
وَطَن ج أَوطان	Heimat, Vaterland
أَنفَقَ، يُنفِقُ	ausgeben, verbringen
وَقت ج أَوقات	Zeit
كَلام	Unterhaltung
شاب ج شُبّان	Jugendlicher, Jugend

الأَحلام وَالواقِع C

الِاتِّحادُ الأوروبيّ	die Europäische Union
رَئيس ج رُؤَساء	Präsident
مُشارَكَة	Teilnahme, Beteiligung
مُتَوَسِّطيّ	Mittelmeer-
رَشَحَ، يَرشَحُ	integrieren
نَفس	selbst
تَبَعًا لِـ	nach
شَبه جَزيرَة	Halbinsel
فَكَّرَ في، يُفَكِّرُ	denken
ديمُقراطيَّة	Demokratie
طاقَة ج ات	Energie
حَلّ ج حُلول	Lösung
شَمسيّ	Sonnen-
مائِيّ	Wasser-
ريح ج أَرياح	Wind
طوفان	Überschwemmung
تَصَحُّر	Desertifikation, Wüstenbildung
عُنوان ج عَناوين	Überschrift

Landeskunde

كُحل	Antimonpulver, geistige Essenz, Alkohol
بَلسَم	Balsam
حَشيش	Gras, Haschisch
شَراب	Getränk
سُكَّر	Zucker
الدَّبَران	der Nachfolgende, Aldebaran
أَبو عَرَق	Vater des Schweißes, Borretsch
زَرافَة ج زَرافيّ	Giraffe
بُنُّ القَهوَة	Kaffeebohne
سِمسِم	Sesam
غَزال	Gazelle
خَرشوف	Artischocke
باذِنجان	Aubergine
طَريقُ الحَرير	Seidenstraße
غرافة	Karaffe
مَطرَح	Bodenkissen, Matratze
صُفَّة	Sofa

Lektion 15

مَسرَح ج مَسارِح	Theater
مَتحَف ج مَتاحِف	Museum
أوبِرا	Oper
الحَفلَة الموسيقِيَّة	Konzert
مَعرِض ج مَعارِض	Ausstellung

وَقتُ الفَراغ A

عَزَفَ آلَـةَ طَرَب، يَعزِفُ	ein Musikinstrument spielen
اِستَمَعَ إلى، يَستَمِعُ	(zu)hören
اِستَقبَلَ، يَستَقبِلُ	empfangen
ألاّ (= أن لا)	dass … nicht …
وَقت فَراغ	Freizeit
آخَر م أُخرى ج أُخَر	anders
إمّا... أو	entweder oder
مُفَكِّر ج ون	Intellektueller
بَيدَ أن	während *Gegensatz*
رِياضِيّ ج ون	sportlich, Sportler
مارَسَ، يُمارِسُ	ausüben, (be)treiben
كُرَةُ القَدَم	Fußball
قَدَم ج أقدام	Fuß
مُقتَرَح ج ات	Vorschlag
لا/ما... أبَدًا	nie(mals)
بَينَ وَقت وَآخَر	von Zeit zu Zeit
نادِرًا	selten
صَباحًا	morgens
في الصَّباح	am Morgen
قَبلَ الظُّهر	vormittags
ظُهرًا = في الظُّهر	mittags
بَعدَ الظُّهر	nachmittags
مَساءً = في المَساء	abends
نَهارًا = في النَّهار	tagsüber
لَيلاً = في اللَّيل	nachts
صَباحَ أمس	gestern Morgen
صَباحَ اليَوم	heute Morgen
صَباحَ غَدٍ	morgen früh
مَساء أمس	gestern Abend
مَساءَ اليَوم = في مَساءِ اليَوم	heute Abend
مَساء غَدٍ	morgen Abend
خَبَر ج أخبار	Nachrichten
طَلَبَ	verlangen, bestellen
أمَلَ ، يَأمُلُ	hoffen
خافَ	(be)fürchten
أمكَنَ، يُمكِنُ	können
وَجَبَ عَلى، يَجِبُ	müssen
سَمِحَ لِـ، يَسمَحُ	erlauben
لِـ	damit, um … zu
كَي	damit, um … zu
لِكَي	damit, um … zu
حَتّى	so dass
قَبلَ أن	bevor
إنَّ	dass
لَن + *Konjunktiv*	*Verneinungspartikel der Zukunft*
اِشتَغَلَ، يَشتَغِلُ	arbeiten

لِيَحيَ الرِياضَة! B

فَوقَ العادَة	außergewöhnlich
عادَة	Gewohnheit
عَدّاء	Läufer
وُلِدَ	er wurde geboren
حاصِل	Sieger (*wörtl.* der Holer)
ميداليَّة ج ات	Medaille
ذَهَبِيّ	Gold-, golden
عَدو	Lauf
حَصَلَ عَلى، يَحصُلُ	holen
كأس ج كُؤوس	Pokal
شَباب	Jugend
بُرونزِيّ	Bronze-

شارَكَ في، يُشارِكُ	teilnehmen an
لِأَوَّل مَرَّة	zum ersten Mal
مَرَّة ج ات	Mal
مُحتَرِف ج ون	professionell
فِضّيّ	Silber-, silbern
مُسابَقَة ج ات	Rennen, Lauf
دَورَة ج ات	Wettbewerb
لُعبَة ج أَلعاب	Spiel
بِسَبَبِ	wegen
إِصابَة ج ات	Verletzung
مَركَز	Platz
أَخير ج ون	letzter
رَغمَ	trotz
خَسارَة ج خَسائِر	Niederlage, Verlieren
حَطَّمَ، يُحَطِّمُ	schlagen
رَقم قِياسيّ	Rekord
حَقَّقَ، يُحَقِّقُ	erreichen
مُرَشَّح ج ون	Kandidat
فَوز	Sieg
هَزَمَ، يَهزِمُ	siegen
جائِزَة ج جَوائِز	Auszeichnung, Preis
أَكبَر م كُبرى	größ(t)er
فازَ بِ، يَفوزُ	gewinnen
كَرَّمَ، يُكَرِّمُ	ehren
وِسامَة ج أَوسِمَة	Auszeichnung
سَبَقَ أَن	schon (etwas tun)
أَلفان	2.000
ثَلاثَة آلاف	3.000
أَربَعَة آلاف	4.000
خَمسَة آلاف	5.000
سِتَّة آلاف	6.000
سَبعَة آلاف	7.000
ثَمانِيَة آلاف	8.000
تِسعَة آلاف	9.000
عَشَرَة آلاف	10.000
أَحَدَ عَشَرَ أَلفًا	11.000
لَم *+ Apokopat*	*Verneinungspartikel der Vergangenheit*

C مَلِكَةُ الرِّياضات؟

دَوريّ	Liga
بَطَل ج أَبطال	Held, Champion
حَمَلَ، يَحمِلُ	tragen
لَقَب ج أَلقاب	(Nach-) Name
مَوسِم ج مَواسِم	Saison, Jahreszeit
مُمَوَّل	Sponsor
رَئيس	Haupt-
صاحِب ج أَصحاب	Besitzer
مَسؤول عَن	verantwortlich für
مَسؤول ج ون	Verantwortlicher
إِذاعَة ج ات	Sendung
مُباراة ج مُبارَيات	(Fußball-)Spiel
فائِز ج ون	Gewinner, Sieger
أَي	das heißt
فَريق ج فُرَقاء	Gruppe, Team
نادي ج أَندِيَة	Klub
إِتِّحاد ج ات	Bund, Verein(igung)
اِتَّجَهَ، يَتَّجِهِ	s. begeben
مُعظَم	die meisten …
إِتِّحاد كُرَويّ	Fußballverein
مُنافَسَة	Konkurrenz
صُعوبَة ج ات	Schwierigkeit
مُحافَظَة عَلى	Erhalt(ung)
مُستَوى	Niveau
فَنِّيّ	technisch

حُصول	Holen, Herbringen, Anlocken
قَوِيّ	stark
شَعبِيّ	populär
آلَـة ج ات	Gerät
Imperfekt + لَم يَعُد	etwas nicht mehr tun
فَضَّلَ، يُفَضِّلُ	bevorzugen
رُكبي	Rugby
كُرَة السَّلَة	Basketball
مَعَ ذَلِكَ	trotzdem
اِكتَشَفَ، يَكتَشِفُ	entdecken
نِسائِيّ	Frauen-
عَلى	gegen
هُدوء	Ruhe

Landeskunde

حَدَث ج أَحداث	Ereignis, Episode
جَمرَة ج جَمر	Glut
صَمت	Schweigen
جَنَّة	Paradies, Himmel
عُرس ج أَعراس	Hochzeit(sfest)
عود	Kurzhalslaute
قَنون	Qanun, Zither mit 72 Saiten
رَبابَة	Rababa
طَبل	orientalische Trommel
راي	Rai

Wiederholung 3

لاعِب ج ون	Spieler
اِختارَ، يَختارُ	auswählen
مَوضوع ج مَواضيع	Thema
ثَمَن ج أَثمان	Preis
أَلقى سُؤالاً عَلى، يُلقي	jemandem eine Frage stellen
قاعِدَة ج قَواعِد	Regel
قَواعِد اللُّغَة	Grammatik
حال ج أَحوال	Situation

Alphabetisches Glossar

R: Redemittel
L: Landeskunde

ا

أَب (أَبو،أَبا، أَبي) ج أَباء	Vater 8 A1
إبريق ج أَباريق	Kanne 10 A1
اِبن ج أَبناء	Sohn 8 A4
اِبنة/بِنت ج بَنات	Tochter 11 A1
أَبو ظَبي	Abu Dhabi W1
أَبو عَرَق	Vater des Schweißes, Borretsch 14 L
أَبو القاسِم الشّابي	Abu al-Qasim al-Shabi (1909–1934) 8 A1
اِتَّجَه، يَتَّجِهُ	s. begeben 15 C1
اِتِّحاد ج ات	Bund, Verein(igung) 15 C1
الاِتِّحادُ الأوروبيّ	die Europäische Union 14 C1
اِتِّحاد كُرَويّ	Fußballverein 15 C1
أَتى، يَأتي	(an)kommen 7 B1
أَثاث	Inneneinrichtung, Möbel 10 B1
اِثنا عَشَرَ	zwölf 8 A6
اِثنان	zwei 4 C3
أَجابَ عَلى، يَجيبُ	antworten auf 11 B1
أَجر ج أُجور	Lohn 14 B1
أَجنَبِيّ	ausländisch, fremd 11 A1
أَحَبَّ، يُحِبُّ	mögen, lieben 4 A3
اِحتاجَ إِلى، يَحتاجُ	brauchen 7 A1
أَحَدَ عَشَرَ أَلفًا	elftausend 15 B2
أَحَدَ عَشَرَ	elf 8 A6
أَحذِيَة	Schuhe 9 C1
أَحلام	*f. Vorname* 3 A1
أَحمَد	*m. Vorname* 3 A1
أَحيانًا	manchmal 8 B1
أَخ (أَخو، أَخا، أَخي) ج إِخوَة	Bruder 8 A1
أَخ م أُخت	Bruder, Schwester *(Anrede für eine gleichaltrige Person)* 8 L
أُخت ج أَخَوات	Schwester 8 A1
اِختارَ، يَختارُ	auswählen W3
اِختِلاف ج ات	Unterschied 12 A1
اِختَلَفَ، يَختَلِفُ	s. unterscheiden 12 A1
أَخَذَ، يَأخُذُ	nehmen 9 C1
آخَر م أُخرى ج أُخَر	anders 11 B1
أَخضَر م خَضراء ج خُضر	grün 12 C1
إِخوَة وَأَخَوات	Geschwister 8 B1
أَخير ج ون	letzter 15 B1
أَخيرًا	zuletzt 7 A1
إِذًا	dann 9 B1
إِذاعَة ج ات	Sendung 15 C1
أَرادَ، يُريدُ	wollen 9 B1
أَربَعَة	vier 4 C3
أَربَعَة آلاف	viertausend 15 B2
أَربَعَةَ عَشَرَ	vierzehn 8 A6
أَربَعمِئَة	vierhundert 14 A4
أَربَعون	vierzig 9 C3
أَربَعينات	vierziger Jahre 12 B1
اِرتَدى، يَرتَدي	tragen, etw. anziehen 12 A1
الأَرجَنتين	Argentinien 14 A1
الأُردُن	Jordanien 2 A1
أَرسَلَ، يُرسِلُ	schicken 13 C1

أَرض	Erde *f.* 13 C1
أَرقَدَ، يُرقِدُ	ins Bett bringen 11 C1
أَزرَق م زَرقاء ج زُرق	blau 12 C1
أَزمَة ج ات	Krise 13 C1
أَزور	m. Vorname 8 A3
أُسامَة	Spanien 3 B5
إسبانِيَّة	Spanisch 3 B5
أُستاذ ج أَساتِذَة	Professor; Meister *(Anrede für Europäer)* 8 L
اِستَحَمَّ، يَستَحِمُّ	s. waschen, duschen, baden 10 C1
اِستَطاعَ، يَستَطيعُ	können 12 B5
اِستِعمار	Kolonialisierung, Kolonialismus 12 B1
اِستِعمارِيّ	kolonial(istisch) 12 B1
اِستِقبال	Empfang 10 B1
اِستَقبَلَ، يَستَقبِلُ	empfangen 15 A1
اِستِقلال	Unabhängigkeit 5 B1
اِستَمَعَ إلى، يَستَمِعُ	(zu)hören 15 A1
اِستيراد	Import 13 C1
اِستَيقَظَ، يَستَيقِظُ	aufwachen 11 C1
أَسَد ج أُسود	Löwe 14 A1
أَسرَعَ، نُسرِعُ	sich beeilen 9 C1
اِسم ج أَسماء	Vorname 1 A1
أَسمَر ج سَمراء سُمر	braun 12 C1
اِسمُكِ	dein Name *f.* 2 A1
اِسمُكَ	dein Name *m.* 2 A1
اِسمُهُ	sein Name 2 B1
اِسمُها	ihr Name 2 B1
اِسمي	mein Vorname 2 A1
أَسمى	*f. Vorname* 3 A1
أَسوان	Assuan 9 B2
أَسوَد م سَوداء ج سود	schwarz 12 C1
اِشتَرى مِن، يَشتَري	kaufen (in) 6 A1
اِشتَغَلَ، يَشتَغِلُ	arbeiten 15 A6
أَشقَر م شَقراء ج شُقر	blond 12 C1
إصابَة ج ات	Verletzung 15 B1
أَصبَحَ، يُصبِحُ	werden 12 B5
اِصطِناعِيّ	künstlich 13 C1
أَصلَع ج صُلع	kahl 12 C1
أَصهَب ج صَهباء ج صُهب	rothaarig 12 C1
أَضافَ، يُضيفُ	hinzufügen 7 B1
أَطَلَّ عَلى، يُطِلُّ	gehen zu 13 A1
اِعتَنى بِ، يَعتَني	s. kümmern um 11 C1
أَعِد!	Wiederhole! *m.* 2 B1
أَعطى، يُعطي	geben 11 A1
إعلان ج ات	Anzeige 13 B1
ج أَعمال	Geschäfte W2
أَعيدي!	Wiederhole! *f.* 2 B1
اِغتَنى، يَغتَني	s. bereichern 13 C1
أَغُسطُس	August 4 C1
أَفريقِيّ	afrikanisch 10 B1
أَفريقيا	Afrika 4 B5
أَفضَل	besser 12 B 1
أَقلَعَ، تُقلِعُ	starten 9 C1
أَلقى سُؤالاً عَلى، يُلقي	jemandem eine Frage stellen W3
أَكبَر م كُبرى	größ(t)er 15 B1
اِكتَشَفَ، يَكتَشِفُ	entdecken 12 B5
أُكسِجين	Sauerstoff 11 L
أَكَلَ، يَأكُلُ	essen 7 C1
أَكلَة ج أَكَلات	Spezialität 7 B1
الإسكَندَرِيّة	Alexandria 9 B2

الأُقصُر	Luxor 9 B2
الآن	jetzt 5 A1
(يَومُ) الإثنَين	Montag 11 B1
(يَومُ) الأَربِعاء	Mittwoch 11 B1
(يَومُ) الثُّلاثاء	Dienstag 11 B1
(يَومُ) الجُمعَة	Freitag 11 B1
(يَومُ) الخَميس	Donnerstag 11 B1
(يَومُ) الأَحَد	Sonntag 11 B1
الدَّبَران	der Nachfolgende, Aldebaran 14 L
(يَومُ) السَّبت	Samstag 11 B1
آلَة ج ات	Gerät 15 C2
آلَة تَصوير	Fotoapparat 9 C1
أَلعاب فيديو	Videospiele 15 L
أَلف ج آلاف	tausend 14 A1
أَلفان	zweitausend 15 B2
إلِكترون	Elektron 11 L
إلِكترونِيّ	elektronisch 11 B1
اَلكُوَيت	Kuwait 2 C1
إلاّ	außer, minus *(+ Akk)* 9 C1
أَلاّ (= أَن لا)	dass … nicht … 15 A1
أَلمانيا	Deutschland 1 A2
أَلمانِيّ ج أَلمان	Deutscher, deutsch *m.* 1 A2
أَلمانِيَّة	Deutsche, deutsch *f.* 3 B5
آلو	hallo 2 R
إلى	nach, zu 1 A1
إلى الأَمام	gerade aus 6 B1
إلى اللِقاء!	Auf Wiedersehen! 1 A1
إلى اليَسار	nach links 6 B1
إلى اليَمين	nach rechts 6 B1
أَلَيسَ كَذَلِكَ؟	nicht wahr? 8 A1
إلَيهِ	zu ihm 7 A1
أَم	oder 5 C1
أُمّ ج أُمَّهات	Mutter 8 A1
أُمّ كُلثوم	Umm Kulthum (1898 – 1975) 8 A1
إمّا ... أو	entweder oder 15 A1
الإمارات	die Emirate W1
أَمامَ	vor 5 A1
اِمرَأة (المَرأة) ج نِساء	Frau 6 C1
أَمريكا	Amerika 4 C1
أَمريكِيّ ج ون جج أَمريكان	amerikanisch, Amerikanerin 4 C1
أَمريكِيَّة ج ات	amerikanisch, Amerikaner 4 C1
أَمكَنَ، يُمكِنُ	können 15 A5
أَمَلَ، يَأمُلُ	hoffen 15 A5
أَمَل	*f. Vorname* 1 C1
أُمنِيَّة ج أَمانِيّ	Wunsch, Sehnsucht 14 A1
أَمير ج أُمَراء	Fürst, Prinz 13 A4
أَنَّ	dass 15 A6
إنَّ (إنّي، إنَّكَ...)	*Verstärkungspartikel* 10 A1
أَنا	ich 1 A1
أَنا آسِف م أَنا آسِفَة	es tut mir Leid 2 A1
أَنتَ	du *m.* 1 A1
أَنتِ	du *f.* 1 A1
اِنجَرَحَ، يَنجَرِحُ	s. verletzen 13 B1
أَنزَلَ، يُنزِلُ	aussteigen lassen 13 A1
إنسان ج ناس	Mensch 14 A1
إنشاء	Entwicklung 12 B1

أَنفَقَ، يُنفِقُ ausgeben, verbringen 14 B1
إنكِلتِرّا England 10 B4
إنكليزِيّ ج إنكليز englisch, Engländer 10 B4
الإنكليزِيَّة das Englische 3 B1
آه! ach! 10 C1
أَهلاً بِكَ، أَهلاً بِكِ hallo! *Antwort; m./f.* 4 A1
أَهلاً وَسَهلاً hallo! herzlich Willkommen! 2 A1
أوبِرا Oper 15 A1
أوتوبيس Bus 11 L
أَوراق (Spiel-)Karten 11 A1
أوروبِيّ ج ون europäisch, Europäer 5 A1
أَوصَلَ، يوصِلُ jdn. fahren 11 C1
أوقِيَّة ج أوقِيّات Ouguiya 9 L
أَوَّل م أولى erste(r) 13 A8
أَوَّلاً zuerst 7 A1
أَي das heißt 15 C1
أَيّ welche, welcher, welches 3 A1
إياب Rückfahrt 9 B1
أَيضًا auch 2 A1
إيطالِيَّة das Italienische 3 B5
أَيقَظَ، يوقِظُ wecken 11 C1
أَينَ wo? 1 C1

ب

بِـ in 3 A1
بِئر ج آبار Brunnen 14 A1
باب ج أَبواب Tür, Tor 13 A1
باذِنجان ج ان Aubergine 14 L
بارِد kalt 10 A1
باص ج ات Bus 9 A1
باع، يَبيعُ verkaufen 6 C1
باقٍ (الباقي) Rest 13 B1
باكِرًا früh 12 L
بِالصُّدفَة zufällig 10 C1
بِالضَّبط genau 9 B1
بِالعَرَبِيَّة auf Arabisch 4 B1
بِجانِبِ neben 5 C1
بَحَثَ عَن، يَبحَثُ suchen 13 B1
بَحر ج بِحار Meer 10 C1
البَحرَين Bahrain W1
بُحَيرَة ج ات Teich 10 L
بِخَير gut 3 A1
بَدء ج أَبداء Beginn 12 B1
بَدَأَ، يَبدَأُ etw. anfangen 11 C1
بَدرَة *f. Vorname* 2 A1
بَدَلَ، يُبَدِّلُ ersetzen 13 B1
بَدلَة ج بِدَل Anzug 12 A1
بِدون ohne 7 B2
بُرج ج أَبراج Turm 10 L
بَرد Erkältung 8 A1
بُرغُل Weizenschrot, Bulgur 7 B1
بُرقُع Burka 12 L
بُرونزِيّ Bronze- 15 B1
بَريد Post 11 B1
بَريد إِلِكترونِيّ E-Mail 11 B1
بِريطانيا العُظمى Großbritannien 13 A1
بِسَبَبِ wegen 15 B1
بَسيط einfach, leicht 12 A1
بَصَل Zwiebeln 7 A1

بَطاطا	Kartoffeln 7 A1
بِطاقَة اِعتِماد	Kreditkarte 13 A1
بِطاقَةُ التَّعريف	Ausweis W2
بِطاقَة ج ات	Ticket 9 C1
بِطاقَة مُصَوَّرَة	Postkarte 10 A1
بَطَل ج أبطال	Held, Champion 15 C1
بَعدَ	(erst) in 8 C1
بَعدَ الظُّهرِ	nachmittags 15 A3
بَعدَ ذَلِكَ	danach 6 B1
بَعدَ ما	nachdem 11 C1
بَعض	einige 8 B1
بَغداد	Bagdad W1
بَقّال ج بَقّالون	Obst- und Gemüsehändler 6 A1
بَقدونِس	Petersilie 7 B1
بَقلاوَة	Baklava 7 L
بَقِيَ، يَبقى	(übrig)bleiben 13 B3
بِكُلِّ سُرور	gerne 10 C1
بَل	sondern 12 A1
بِلال	*m. Vorname* 1 C1
بَلَد ج بُلدان	Land W1
بَلسَم	Balsam 14 L
بُلوزَة ج ات	Bluse 9 C1
بُلوفَر	Pulli 9 C1
بُنُّ القَهوَة	Kaffeebohne 14 L
بِن عَلي	Ben Ali (1963–) 8 A1
بِناء	Bau 13 C1
بِنت ج بَنات	Mädchen, Tochter *(bis 10 Jahre)* 8 A4
بَنطَلون ج ات	Hose 9 C1
بَنك ج بُنوك	Bank 4 A6
بُنِّيّ	braun 12 C1
بَنى، يَبني	bauen 8 A1
بَيت ج بُيوت	Haus 6 A1
بَيدَ أَن	während 15 A1
بيرَة	Bier 7 L
بيانو	Klavier 7 C3
بَيروت	Beirut 2 A1
بيكيني	Bikini 9 C1
بَينَ	zwischen 6 A1
بَينَ وَقت وَآخَر	von Zeit zu Zeit 15 A2

ت

تابِل ج تَوابِل	Gewürz 7 L
تاجِر ج تُجّار	Handelskaufmann 4 A1
تاريخ	Datum W2
تاريخ	Geschichte 11 A1
تاسِع عَشَرَ م تاسِعَةَ عَشرَة	neunzehnte(r) 13 B3
تاسِع م تاسِعَة	neunte(r) 13 A8
تالٍ (التّالي)	folgend 11 B1
تَبعًا لِـ	nach 14 C1
تَبَوَّأَ الحُكم، يَتَبَوَّأُ	an die Macht kommen 12 B5
تَبّولَة	Taboulé 7 A1
تَحابَّ، يَتَحابُّ	sich lieben 8 B1
تَحتُ	unten 10 A1
تَحتَ	unter 6 C1
تَحَدَّث، يَتَحَدَّثُ	s. unterhalten 11 B1
تَحَسَّن، يَتَحَسَّنُ	s. verbessern 13 B1
تَحضير	Zubereitung 7 B1
تَحويل	Implementierung 13 C1
تَخَوَّفَ مِن، يَتَخَوَّفُ	fürchten um 12 B5
تَذكِرَة ج تَذاكِر	Fahrkarte 9 B1

تـرام Straßenbahn 9 A1
تـرَف Wohlstand 13 A1
تـرَكَ، يَترُكُ (ver)lassen 12 A1
تـُركِيا die Türkei 4 C1
تـُركِيّ ج أتراك türkisch, Türke 10 B4
تـَزَوَّجَ مِن، يَتـَزَوَّجُ heiraten 14 A1
تِسعَة neun 4 C3
تِسعَة آلاف neuntausend 15 B2
تِسعَةَ عَشَرَ neunzehn 8 A6
تِسعُمِئَة neunhundert 14 A4
تِسعون neunzig 9 C3
تِسعينات neunziger Jahre 12 B5
تـَشاجَرَ، يَتـَشاجَرُ sich streiten 8 B1
تـَشـَرَّفـنا sehr erfreut! 3 B1
تـَصَحُّر Desertifikation, Wüstenbildung 14 C1
تـَعبان(ة) müde 5 C1
تـَعَلَّمَ، يَتـَعَلَّمُ lernen 4 A1
تـَغَيُّر ج ات Veränderung 12 A1
تـَغَيَّرَ، يَتـَغَيَّرُ s. verändern 12 A1
تـَقليد ج تـَقاليد Tradition 12 B5
تـَقليدِيّ traditionell 12 A1
تِقنِيَّة Technik 11 L
تـَقومُ بِدَور sie spielt eine Rolle 8 B1
تـَكَلَّمَ، يَتـَكَلَّمُ sprechen 3 B1
تـَلفَزَ، يُتـَلفِزُ fernsehen 11 L
تِلِفِزيون Fernseher 5 B1
تـَلفَنَ، يُتـَلفِنُ telefonieren 11 L
تِلِفون Telefon 2 A1
تـَلَقّى، يَتـَلَقّى bekommen erhalten 11 B1
تِلميذ ج تـَلاميذ Schüler 11 A1
تـَناوَلَ، يَتـَناوَلُ zu s. nehmen 11 C1
تـَنـّورَة ج تـَنانير Rock 9 C1
تـَوَسَّعَ، يَتـَوَسَّعُ s. vergrößern 12 B1
تونِس Tunis; Tunesien 1 C1
تونِسِيّ ج ون جج تـَناسَة Tunesier, tunesisch 1 B1
تونِسِيَّة ج ات Tunesierin, tunesisch 1 B1
الَّتي ج اللاتي *Relativpronomen f.* 13 A1
تيشِرت ج ات T-Shirt 9 C1

ث

ثالِثَ عَشَرَ م ثالِثـَةَ عَشَرَة dreizehnte(r) 13 B3
ثالِث م ثالِثـَة dritte(r) 13 A8
ثـَمانينات achtziger Jahre 12 B5
ثامِنَ عَشَرَ م ثامِنـَةَ عَشَرَة achtzehnte(r) 13 B3
ثامِن م ثامِنـَة achte(r) 13 A8
ثانٍ (الثّاني) م ثانِيَة zweite(r) 13 A8
ثانِيَ عَشَرَ م ثانِيَةَ عَشَرَة zwölfte(r) 13 B3
ثـَلاثـَة drei 4 C3
ثـَلاثـَة آلاف dreitausend 15 B2
ثـَلاثـَةَ عَشَرَ dreizehn 8 A6
ثـَلاثـُمِئَة dreihundert 14 A4
ثـَلاثون dreißig 9 C3
ثـُلث ج أثلاث Drittel, 20 Minuten 9 C4
ثـُمَّ danach 6 A1
ثـَمانـُمِئَة achthundert 14 A4
ثـَمانون achtzig 9 C3
ثـَمانِيَة acht 4 C3
ثـَمانِيَة آلاف achttausend 15 B2

ثَمانِيَةَ عَشَرَ achtzehn 8 A6
ثَمَن ج أَثمان Preis W3
ثَوب ج ثِياب Kleid, Gewand 12 A1
ثوم Knoblauch 7 B1

ج

جاءَ ج يَجيء kommen 12 B1
جائِزَة ج جَوائِز Auszeichnung, Preis 15 B1
جار ج جيران Nachbar 10 A1
جامِع ج جَوامِع Moschee 6 A1
جامِعَة ج ات Universität 4 A6
جاهِز bereit 8 C1
الجَبر Algebra 11 A1
جَدّ ج جُدود Großvater 8 B1
جِدًّا sehr 3 B1
جَدّان Großeltern 8 B1
جَدَّة ج ات Großmutter 8 B1
جَدول ج جَداوِل Katalog 13 A5
جَديد ج جُدُد neu 5 C1
جَريدَة ج جَرائِد Zeitung 10 B1
جُزء ج أَجزاء Teil 12 B1
الجَزائِر Algier; Algerien 3 B1
جَزائِريّ ج ون Algerier, algerisch 3 B1
جَزّار ج ون Metzger 6 C1
جَزَر Möhren 7 A1
جَزيرَة ج جَزائِر جج جُزُر Insel 13 C1
جُغرافيا Geographie 11 A1
جَلّابِيَّة ج ات Dschellaba 12 A1
جِلالي *m. Vorname* 10 A1
جِلباب Dschellaba 12 L
جَمرَة ج جَمر Glut 15 L
جَمَعَ، يَجمَعُ sammeln 13 B1
جُملَة ج جُمَل Satz 11 A1
جُمهورِيَّة ج ات Republik 10 C1
جَميل ج ون hübsch, schön 5 B1
جَنَّة Paradies, Himmel 15 L
جِنسِيَّة Geschlecht W2
جَنوب Süden 10 L
جَنوبِيّ Süd-, südlich 14 A1
جِنيه ج جِنيهات ägyptisches Pfund 9 B1
جَواز ج ات Pass W2
جوع Hunger 14 A1
جيبوتي Dschibuti W1
جَيِّد ج ون gut 5 B1
جَيِّدًا gut *(Adv.)* 3 B1
جيكيت Jackett 12 L
جيل ج أَجيال Generation 12 A1
جينز Jeans 9 C1

ح

حائِط ج حيطان Wand, Mauer 8 C1
حادِيَ عَشَرَ م حادِيَةَ عَشَرَةَ elfte(r) 13 B3
حادِي وَعِشرون einundzwanzigste(r) 13 C1
حارّ warm, heiß 10 A1
حاصِل Sieger (*wörtl.* der Holer) 15 B1
حاضِر Gegenwart 14 A5
حافِلَة Bus 13 L
حال ج أَحوال Zustand, Situation 3 A1
حَبَق Basilikum 7 L

حَبَّة ج ات Stück 7 B1
حَتّـى bis 6 B1
حَتّـى so dass 15 A5
حاجّ ج حاجَّة Pilger, Pilgerin *(Anrede für eine ältere Person, oder jemanden, der die Pilgerfahrt absolviert hat)* 8 L
حِجاب ج حُجُب Kopftuch 12 A1
حَجز Reservierung 13 A1
حَجَزَ، يَحجَزُ buchen 13 A1
حَدَث ج أَحداث Ereignis, Episode 15 L
حَدَثَ، يَحدُثُ geschehen, lossein 11 B1
حَديث modern 10 A1
حَديقَة ج حَدائِق Garten 8 C1
حَرب ج حُروب Krieg 12 B1
حَرَكَة ج ات Bewegung 12 B5
حِزب ج أَحزاب Partei 12 B5
حَشيش Gras, Haschisch 14 L
حَصَلَ عَلى، يَحصُلُ holen 15 B1
حُصول Erhalt, Herbringen, Anlocken 15 C1
حَضَّرَ، يُحَضِّرُ zubereiten 7 B1
حَطَّمَ، يُحطِّمُ schlagen 15 B1
الحَفلَة الموسيقِيَّة Konzert 15 A1
حَقَّقَ يُحَقِّقُ verwirklichen, erreichen 14 A1
حَلّ ج حُلول Lösung 14 C1
حَليب Milch 5 A
حُلم ج أَحلام Traum 14 A1
حَمّام ج ات Hammam, Badezimmer 6 L
حَمّام شَمسِيّ Sonnenbad 10 C1
الحَمدُ لله! Gott sei Dank! 5 B1
حُمُّص بالطَّحينَة Hummus 7 A1
حَمَلَ، يَحمِلُ tragen 15 C1
حَوالَي ungefähr 11 C1
حَول um … herum 6 C1
حَومَة ج ات Stadtviertel 6 L
حَيّ ج أَحياء Viertel 6 A1
حَياة Leben 11 A1
حِينَما wenn, als; während + *Konj.* 11 C1
حَيَوان ج ات Tier 10 B1

خ

خاصّ privat 13 A5
خاصَّة hauptsächlich 13 C3
خافَ (be)fürchten 15 A5
خال ج أَخوال Onkel *(mütterlicherseits)* 14 A1
خال م خالَة Onkel, Tante *(Anrede für eine ältere Person)* 8 L
خالَة ج ات Tante *(mütterl.)* 14 A1
خامِس عَشَرَ م خامِسَةَ عَشَرَةَ fünfzehnte(r) 13 B3
خامِس م خامِسَة fünfte(r) 13 A8
خان ج ات Karawanserei 6 L
خَبَر ج أَخبار Nachricht 11 C1
خُبز Brot 6 C1
خَدَم Hauspersonal 13 B1
خَدوم ج ون hilfsbereit 12 A1
خَديجَة *f. Vorname* 8 B1
خَرشوف Artischocke 14 L
الخَرطوم Khartum W1
خَروف Schaf 7 L

خَريف	Herbst 10 A2
خِزانَة ج خَزائِن	Schrank 5 B1
خِزانَة كُتُب	Bücherregal 5 B1
خَسارَة ج خَسائِر	Verlust, Niederlage, Verlieren 15 B1
خَصَّ، يَخُصُّ	betreffen 12 A1
خُصوصِيّ	privat 13 B1
ج خُضراوات	Gemüse 6 A1
خَطّ ج خُطوط	Schrift W2
خَطاء	falsch 3 A7
خَطير	schlimm 8 A1
خَلَطَ، يَخلِطُ	mischen 7 C1
خَمر ج خُمور	Wein 7 L
خَمسَة	fünf 4 C3
خَمسَة آلاف	fünftausend 15 B2
خَمسَةَ عَشَرَ	fünfzehn 8 A6
خَمسُمِئَة	fünfhundert 14 A4
خَمسون	fünfzig 9 B1
خَمسينات	fünfziger Jahre 12 B1
خَير	Wohl 3 A1
خيل ج خُيول	Pferd 13 B1

د

دائِمًا	immer 13 A1
الدّار البَيضاء	Casablanca 9 B1
دَخَلَ، يَدخُلُ	betreten 13 A1
دَرّاجَة ج ات	Fahrrad 9 A1
دِراسَة ج ات	Studium 13 B1
دُرزِيّ ج دُروز	Druse 13 L
دَرَسَ، يَدرُسُ	studieren 8 A1
دِرهَم ج دَراهِم	Dirham 9 L
دَشداشَة	Dschellaba 12 L
دَفَعَ، يَدفَعُ	bezahlen 13 A1
دَقيقَة ج دَقائِق	Minute 9 C1
دُكّان ج دَكاكين	Geschäft 6 A1
دِمَشق	Damaskus 5 A3
الدّوحَة	Doha W1
دَورَة ج ات	Wettbewerb 15 B1
دَوريّ	Liga 15 C1
دولار ج ات	Dollar 13 C1
دَولَة ج دُوَل	Staat 12 B1
ديمُقراطِيَّة	Demokratie 14 C1
دينار ج دَنانير	Dinar 7 A1
دينِيّ	religiös 12 A1

ذ

ذاهِب إلى	gehend nach W2
ذَكَرَ بِ، يَذكُرُ	s. erinnern an 11 B1
ذِهاب	Hinfahrt 9 B1
ذَهَبَ إلى، يَذهَبُ	gehen, fahren 6 A1
ذَهَبَ لإحضار	abholen 11 C1
ذَهَبِيّ	Gold-, golden 15 B1
ذو شارِب	mit Schnurrbart 12 C1
ذو لِحيَة	bärtig 12 C1
ذو، ذا، ذي	Besitzer 13 A1
الَّذي ج الَّذينَ	*Relativpronomen m.* 13 A1

ر

رأس ج رُؤوس	Kopf, (Knoblauch-)Zehe 7 C1
رأس الهَنوت	Ras el-Hanout (Gewürzmischung 7 L
رَأى، يَرى	sehen 10 C1

رَئيس ج رُؤَساء Präsident, Haupt, Haupt- 8 A1
رائِج belebt 12 A1
رابِعَ عَشَرَ م رابِعَةَ عَشَرَة vierzehnte(r) 13 B3
رابِع م رابِعَة vierte(r) 13 A8
راديو Radio 14 A1
راي Rai 15 L
رَبابَة Rababa 15 L
الرِّباط Rabat 4 A1
رَبَّة بَيت ج رَبّات بُيوت Hausfrau 4 A5
رُبع ج أَرباع Viertel 9 C1
رَبيع Frühling 10 A2
رَجَعَ، يَرجِعُ zurückkehren 7 A1
رَجُل ج رِجال Mann 2 B1
رِحلَة سَعيدَة! Gute Reise! 9 A1
رَخيص billig 6 C1
رِزق täglich Brot, Lebensunterhalt 14 B1
رِسالَة ج رَسائِل Brief 5 C1
رَسَمَ، يَرسُمُ malen 11 A1
رَشَّحَ، يَرشَحُ integrieren 14 C1
رَشيق ج رِشاق schlank 12 C1
رَغمَ trotz 15 B1
رَغمَ ذَلِكَ trotzdem 8 B1
رَقَدَ ج يَرقُدُ s. schlafen legen, einschlafen 11 C1
رَقم ج أَرقام Nummer 10 C1
رَقم قِياسِيّ Rekord 15 B1
رُكبي Rugby 15 C2
رُكوب Einsteigen W2
رَمادِيّ grau 12 C1
رَمل ج رِمال Sand 13 C1
رَنَّ ج يَرِنُّ klingeln 11 B1
رِوايَة ج ات Roman 10 A1
رَوَّحَ، يُرَوِّحُ عَن نَفس s. erholen 11 B1
روحًا وَجَسَدًا Leib und Seele 15 A1
روسيا Russland 10 B4
روسِيّ ج روس russisch, Russe 10 B4
روما Rom 5 A4
رَوى، يَروي bewässern 13 C1
رَيّ Bewässerung 13 C1
الرِّياض Riad W1
رِياضَة Sport 10 B1
رِياضِيّ ج ون sportlich, Sportler 9 C1
ج رِّياضِيّات Mathematik 11 A1
ريال ج ريالات Rial 9 L
ريح ج أَرياح Wind 14 C1
ريف ج أَرياف Feld, Land 12 A1
ريفِيّ ländlich, Landbewohner 12 A1

ز

زارَ، يَزورُ besuchen W1
زَبون ج زَبائِن Kunde 11 B1
زُجاجَة Flasche 10 A3
زَرافَة ج زَرافيّ Giraffe 14 L
زَعفَران Safran 7 A7
زُقاق ج أَزِقَّة Gasse 6 L
زَميل ج زُمَلاء Kollege 10 A1
زُهَير *m. Vorname* 9 A4
زَنقَة ج ات Gasse 6 L
زَهرَة ج أَزهار Blume 8 C1
زَوج ج أَزواج Ehemann 9 A1

زَوجَة ج ات Ehefrau 9 A1
زَيت Speiseöl 7 B1
زَيتونَـة ج زَيتون Olive 7 B1
زَينَب *f. Vorname* 4 A1

س

سائِح ج سُيّاح جج ون Tourist 6 C1
سابِع عَشَرَ م سابِعَةَ عَشَرَة siebzehnte(r) 13 B3
سابِع م سابِعَة siebte(r) 13 A8
ساحَة لِلجولف Golfplatz 13 C1
سادِسَ عَشَرَ م سادِسَةَ عَشَرَة sechzehnte(r) 13 B3
سادِس م سادِسَة sechste(r) 13 A8
السّاعَة الثّالِثَـة es ist 3 Uhr 9 B1
ساعَة ج ات Stunde 8 C1
سافَرَ، يُسافِرُ reisen 9 A1
سامِيّ Semit, semitisch; *m. Vorname* 1 A1
سِباق Rennen 13 B1
سَبعَة sieben 4 C3
سَبعَة آلاف siebentausend 15 B2
سَبعَةَ عَشَرَ siebzehn 8 A6
سَبعُمِئَة siebenhundert 14 A4
سَبعون siebzig 9 C3
سَبَقَ أَن schon (etwas tun) 15 B1
سِتَّة sechs 4 C3
سِتَّة آلاف sechstausend 15 B2
سِتَّةَ عَشَرَ sechzehn 8 A6
سِتُّمِئَة sechshundert 14 A4
سِتّون sechzig 9 C3
سِروال ج سَراويل Hose 12 A1
سَطح ج سُطوح Terrasse 10 L
سَعادَة Eminenz *(Anrede für einen Minister oder eine hochrangige Person)* 8 L
السَّعودِيَّة Saudi-Arabien W1
سَفَر ج أَسفار Reise W2
سَكَبَ، يَسكُبُ gießen 7 C1
سُكَّر Zucker 14 L
سِكرِتيرَة ج ات Sekretärin 4 A1
سَكَنَ، يَسكُنُ wohnen, s. niederlassen 5 A1
سِكّين ج سَكاكين Messer 8 C1
سَلام hallo! Frieden 1 A1
السَّلامُ عَلَيكُم Guten Tag! 1 A1
سَلَطَة ج سَلَطات (gemischter) Salat 8 C1
سَلمى *f. Vorname* 8 B1
سَمّاك ج ون Fischhändler 7 A1
سَمَحَ لِـ، يَسمَحُ erlauben 15 A5
سِمسِم Sesam 14 L
سَمَك ج أَسماك Fisch 7 A1
سَمين ج سِمان dick 12 C1
سِنان *m. Vorname* 1 B2
سُنِّيّ Sunnit 13 L
سَهل leicht, einfach, praktisch 12 A1
السّودان der Sudan 1 C1
سودانِيّ ج ون Sudanese, sudanesisch 1 B1
سودانِيَّة ج ات Sudanesin, sudanesisch 1 B1
سور ج أَسوار Stadtmauer 6 L
سورِيّ ج ون Syrer, syrisch 1 B1

سوريا	Syrien 1 C1
سورِيَّة ج ات	Syrerin, syrisch 1 B1
سوسَة	Sousse 5 A1
سَوفَ	*Futurpartikel* 14 A3
سوق ج أسواق	Markt *f.* 6 A1
سِياحَة	Tourismus W2
سَيّارَة ج ات	Auto 9 A1
سِياسَة	Politik 10 B1
سَيِّد ج سادَة	Herr 6 B1
سَيِّد م سَيِّدَة	Herr, Frau *(Anrede für Europäer)* 8 L
سَيِّدَة ج ات	Dame 6 B1

ش

شاب ج شُبّان	Jugendlicher, Jugend 14 B1
شابَه، يُشابِهُ	ähneln 13 B1
شارِع ج شَوارِع	Straße 5 B1
شارَكَ في، يُشارِكُ	teilnehmen an 15 B1
شاطِئ ج شواطِئ	Strand 10 A1
شاعِر ج شُعَراء	Dichter 8 A1
شاهَدَ، يَشهَدُ	schauen 8 B1
شاهِدوا	schaut! 8 B1
شاوَرما	Schawarma 7 A1
شاي	Tee 5 A1
شَباب	Jugend 15 B1
شَبه جَزيرَة	Halbinsel 14 C1
شِتاء	Winter 10 A2
شَجَرَة ج أَشجار	Baum 8 C1
شَجَرَة عائِلَة	Stammbaum 8 B1
شَخص ج أَشخاص	Person 6 B1
شَراب	Getränk 14 L
شَرِبَ، يَشرَبُ	trinken 10 A3
شَرَحَ ج يَشرَحُ	erklären 13 B1
شُرفَة ج شُرَف	Balkon 5 B1
شَرِكَةُ البِترول	Erdölunternehmen W1
شَرِكَة ج ات	Unternehmen, Firma 4 A6
شَرمُ الشَّيخ	Scharm El-Scheich 9 B1
شَرم ج شُروم	Bucht 10 A1
شَعبِيّ	populär, regional 10 A5
شَعر	Haar(e) 12 C1
شُغل ج أَشغال	Aktivität 15 A1
شِقَّة ج شِقَق	Wohnung 10 A1
شُكرًا	danke! 3 A1
شُكرًا جَزيلاً	vielen Dank 6 B1
شِلِن	Schilling 9 L
شِمال	Norden 10 R
شَمبانيا	Champagner W2
شَمسِيّ	Sonnen- 14 C1
شَملَة	weißes Kopftuch für Männer 12 R
شَنطَة ج ات	Tasche 4 B1
شَهر ج شُهور	Monat 14 A5
شَوكَة ج شُوك	Gabel 8 C1
شَيء ج أَشياء	Sache, Ding 7 A1
شيشَة ج ات	Wasserpfeife 6 L
شيعِيّ	Schiit 13 L

ص

صاحِب ج أَصحاب	Besitzer 15 C1
صالون	Wohnzimmer 10 B1
صَباح أَمس	gestern Morgen 15 A3
صَباحُ الخَير!	Guten Morgen! 1 R

صَباحُ النّور! Guten Morgen! *Antwort* 1 R
صَباحَ اليَوم heute Morgen 15 A3
صَباحَ غَدٍ morgen früh 15 A3
صَباحًا morgens 15 A3
صَحافِيّ ج ون Journalist(in) 4 A5
صَحراء ج صَحارى Wüste, Sahara 13 B1
صَحن ج صُحون Teller 8 C1
صَحيح richtig 3 A7
صَديق ج أَصدِقاء Freund 7 B1
صَعب schwierig 11 A1
صُعوبَة ج ات Schwierigkeit 15 C1
صَغير ج صِغار klein 5 C1
صُفَّة Sofa 14 L
صِفر null 4 C3
صَقر ج صُقور Falke 13 B1
صَمت Schweigen 15 L
صَنعاء Sana'a W1
صورَة ج صُوَر Bild 10 B1
الصّومال Somalia W1
صَيد Jagd, Fischen 13 B1
صَيدَلِيَّة ج صَيدَلِيّات Apotheke 6 C1
صَيف Sommer 10 A2
صينِيّ Chinese, chinesisch *m.* 14 A6

ض

ضَيف ج ضُيوف Gast 8 C1
ضَيِّق eng 10 A1

ط

طائِرَة ج ات Flugzeug 9 A1
طابِقٌ أَرضِيّ Erdgeschoss 13 A1
طابِق ج طَوابِق Stockwerk, Etage 10 L
طاجِن ج طَواجِن Tajine 7 A1
طارِق *m. Vorname* 8 B1
طافَ، يَطوفُ spazieren gehen, herumkommen 14 B1
طاقَة ج ات Energie 14 C1
طاقِيَّة flache Mütze 12 L
طالِب ج طُلّاب Schüler, Student 2 B1
طالِبَة ج ات Schülerin, Studentin 2 B1
طاولة Backgammon 6 L
طاوِلَة ج ات Tisch 4 B1
طِبّ Medizin 8 A1
طِبّ بَيطَرِيّ Tiermedizin 13 B1
طَبّاخ ج ون Koch 4 A1
طَبَّبَ، يُطَبِّبُ verarzten, behandeln 13 B1
طَبعًا natürlich, klar 6 B1
طَبَق ج أَطباق (Servier-)Platte 7 A4
طَبَق مَطبوخ warmes Gericht 8 C1
طَبل orientalische Trommel 15 L
طَبيب ج أَطِبّاء Arzt 4 A1
طَحينَة Sesampaste 7 C1
طَرابُلُس Tripolis 4 C1
طَربوش Fez (Hut) 12 A1
طَريقُ الحَرير Seidenstraße 14 L
طَعام ج أَطعِمَة Gericht 7 A4
طِفل ج أَطفال Kind 8 B1

طُفولِيّ	kindisch 14 A2
طَقس	Wetter 10 A1
طَلَبَ، يَطلُبُ	verlangen, bestellen 11 B1
طَماطِم	Tomaten 7 A1
طَها، يَطهو	etw. kochen 7 C1
طَوَّرَ، يُطَوِّرُ	verändern 12 B1
طوفان	Überschwemmung 14 C1
طَويل ج طِوال	lang, groß 6 A1
طَيِّب ج ون	gut 5 B1

ظ

ظُهرًا = في الظُّهر	mittags 15 A3

ع

عائِشَة	*f. Vorname* 7 A1
عائِلَة ج ات	Familie 8 B1
عادَة	Gewohnheit 15 B1
عادِل	*m. Vorname* 2 A1
عادِيًّا	normal 11 B1
عاشِر م عاشِرَة	zehnte(r) 13 A8
عاصِمَة	Hauptstadt W1
عاطِل ج ون	Arbeitsloser 4 A5
عالَمِيّ	international 10 B1
عامِل ج عُمّال	Arbeiter 13 C1
عَبدُ اللّه	*m. Vorname* 8 B1
عَدّاء	Läufer 15 B1
عَدو	Lauf 15 B1
عِدَّة	zahlreiche 14 B1
عُذرًا	Entschuldigung! 2 A1
العِراق	der Irak W1
العَرَب	die Araber 4 A3
عَرَبِيّ ج عَرَب	Araber, arabisch 1 A1
العَرَبِيَّة	das Arabische 3 B1
عَرَبِيَّة ج ات	Araberin, arabisch 1 A1
عُرس ج أعراس	Hochzeit(sfest) 15 L
عَرَفَ، يَعرِفُ	kennen / wissen 5 A1
عَرَق	Anisschnaps 7 L
عَزَفَ آلَة طَرَب، يَعزِفُ	ein Musikinstrument spielen 15 A1
عَزيز ج أَعِزّاء	liebe(r) 10 A1
عَزيز(ة)	liebe(r) … *(im Brief)* 5 C1
عَزيزَة	*f. Vorname* 3 B1
عَشاء	Abendessen 10 C1
عَشَرَة	zehn 4 C3
عَشَرَة آلاف	zehntausend 15 B2
عِشرون	zwanzig 8 A6
عَصير	Saft 7 B1
عُطلَة ج ات	Ferien 10 A1
عَظيم ج عُظَماء	riesig, riesengroß 13 B1
عَفوًا	bitte! keine Ursache 2 A1
عُلبَة ج عُلَب	Dose 7 C1
عَلَّمَ، يُعَلِّمُ	unterrichten 10 B1
عِلمُ الحَياة	Biologie 11 A1
عَلَوِيّ	Alevit 13 L
عَلى	auf, an, gegen 2 A1
عَلى الأَقدام	zu Fuß 9 A1
عَلى العُموم	in der Regel 8 B1
عَلى اليَسار	links 5 A1
عَلى اليَمين	rechts 5 A1
عَمّ م عَمَّة	Onkel, Tante *(Anrede für eine ältere Person)* 8 L
عِمامَة	Turban islamischer Würdenträger 12 R

عَمّان	Amman 2 A1
عُمان	Oman W1
عُمر	Alter 14 B1
عُمَر	*m. Vorname* 5 C1
عَمِلَ، يَعمَلُ	arbeiten 4 A1
عُملَة	Währung 9 L
عَن	über 10 B1
عِندَ	bei 6 B1
عِندَما	als 11 A1
عُنوان ج عَناوين	Adresse, Überschrift 10 C1
عَهد ج عُهود	Zeitalter 12 B1
عود	Kurzhalslaute 15 L
عولَمَة	Globalisierung 12 B1
عيدُ الأَضحى	Opferfest 7 L
عيد ج أَعياد	Feiertag, Fest 11 B1
عاشَ، يَعيشُ	leben 12 B1
عَين	Auge *f.* 12 C1
عَينان	Augen 12 C1

غ

غائِم	bewölkt, bedeckt 10 A1
غادَرَ، يُغادِرُ	(ab)fahren 9 B1
غالٍ (الغالي) م غالِيَة	teuer 6 C1
غالِبًا	häufig, oft 8 B1
غَد	folgender Tag 11 B1
غَدًا	morgen 11 B1
غَداء	Mittagessen 11 C1
غرافة	Karaffe 14 L
غَرب	Westen 13 L
غُرفَةُ الاِستِقبال	Wohnzimmer 10 B1
غُرفَةُ النَّوم	Schlafzimmer 10 B1
غُرفَة ج غُرَف	Zimmer 10 B1
غَزال	Gazelle 14 L
غَسّالَة صُحون	Spülmaschine 11 C1
غَسَلَ الأَواني، يَغسِلُ	abwaschen 11 C1
غَضِبَ، يَغضَبُ	s. aufregen 11 B1
غَنِيّ ج أَغنِياء	reich 13 B1
غَنَّى، يُغَنّي	singen 14 A1
غَير	nicht, un- 14 A2

ف

فَـ	*etwa:* und, also 12 A1
فائِز ج ون	Gewinner, Sieger 15 C1
فاخِر	Luxus- 13 A1
فازَ بِ، يَفوزُ	gewinnen 15 B1
فاس	Fès 6 L
فاضِل	*m. Vorname* 2 A1
فاضِلَة	Tugend *(Anrede für ein islamisches Oberhaupt)* 8 L
فاطِمَة	*f. Vorname* 4 C1
فَتَحَ، يَفتَحُ	öffnen 7 C1
فَترَة	Zeitraum 13 B1
فَتوش	Fladenbrotsalat 7 L
فَخامَة	Majestät *(Anrede für einen Staatsmann)* 8 L
فَرض أَساسِيّ ج فُروض	Grund W2
فَرَمَ، يَفرِمُ	hacken 7 B1
الفَرَنسِيَّة	das Französische 3 B1
فَريد	*m. Vorname* 5 A1
فَريد	einzigartig 13 C1
فَريد في مِنطَقَة بابِهِ	einzigartig in seiner Art 13 C1

فَريق ج فُرَقاء	Gruppe, Team 15 C1
فُستان ج فَساتين	Kleid 9 C1
الفُصحى	das Hocharabische 3 B1
فَضَّلَ، يُفَضِّلُ	bevorzugen 15 C2
فِضِّيّ	Silber-, silbern 15 B1
فُطور	Frühstück 7 C1
فَقَط	nur 8 A1
فَكَّرَ في، يُفَكِّرُ	denken 14 C1
فَلافِل	Falafel 7 A1
فَلَسطين	Palästina W1
فَلسَفَة	Philosophie 11 A1
فُلفُل	Pfeffer 7 B1
فَنّ ج فُنون	Kunst 10 C3
فِناء ج أَفنِيَة	Hof 10 R
فِنجان ج فَناجين	Tasse 5 A1
فُندُق ج فَنادِق	Karawanserei, Hotel 6 L
فَنِّيّ	technisch 15 C1
فَهِمَ، يَفهَمُ	verstehen 6 B1
فَوز	Sieg 15 B1
ج فَواكِه	Obst 6 A1
فَوقَ العادَة	außergewöhnlich 15 B1
فول	Saubohnen 7 C1
في	in 2 A1
في أَيّ سَاعَة؟	um wie viel Uhr? 9 C1
في الخارِج	draußen 13 A1
في الدّاخِل	drinnen 13 A1
في السّاعَة العاشِرَة	um 10 9 B1
في الصَّباح	am Morgen 15 A3
في عَهدِنا هَذا	heutzutage 12 B1
فيزياء	Physik 11 A1

ق

قادَ، يَقودُ	führen 13 A1
قادِر	*m. Vorname* 8 B1
قادِم مِن	kommend aus W2
قارَّة ج ات	Kontinent 13 C1
قاعِدَة ج قَواعِد	Regel W3
قالَ إنَّ، يَقولُ	sagen, dass 11 A1
قامَ بِدَور	eine Rolle spielen 8 B1
قام بِواجِباتِهِ، يَقومُ	seine Haus- aufgaben machen 11 A1
قامَ، يَقومُ	aufstehen 11 C1
قاموس ج قَواميس	Wörterbuch 5 A1
القاهِرَة	Kairo 3 A1
قاهِرِيّ ج ون	Kairoer 6 A7
قَبلَ	(erst) in, vor 8 C1
قَبلَ أَن	bevor 15 A5
قَبلَ الظُّهرِ	vormittags 15 A3
القُدس	Jerusalem W1
قَدَم ج أَقدام	Fuß 15 A1
قَديم	alt 6 A1
قَرَأَ، يَقرَأ	lesen 10 B1
القُرآن	der Koran 11 A1
قُربَ	in der Nähe von 8 B1
قَرن ج قُرون	Jahrhundert 13 C1
قَريَة ج قُرى	Dorf 12 A1
قِصَّة ج قِصَص	Erzählung 11 A1
قَصر ج قُصور	Schloss, Palast 13 B1
قَصير ج قِصار	klein, kurz 12 C1
قِطار ج ات	Zug 9 A1
قِطعَة ج قِطَع	Stück 7 C1
قِطَّة ج قِطَط	Katze 14 A1

قَطَر Katar W1
قُطْن Baumwolle 12 A1
قَفر menschenleer 14 B1
قُفطان ج قَفاطين Kaftan 12 R
قَلَم ج أقلام Stift 4 B1
قَليلاً (ein) wenig 3 B1
قَميص ج قُمصان Hemd 12 A1
كَنغَر ج ات Känguru 14 A1
قَنون Qanun, Zither mit 72 Saiten 15 L
قَومِيّ national(istisch) 12 A1
قَومِيَّة Nationalidentität, Nationalgefühl, Nationalismus, Nationalität 12 B1
قَوِيّ stark 15 C1
القيروان Kairouan 6 L
قيمَة Wert 9 B1

ك

كَ als, wie 5 B1
كأس ج كُؤوس Glas, Pokal 7 B1
كار Bus 11 L
كازينو ج كازينوهات Kasino 13 A1
كانَ، يَكونُ sein 11 B1
الكِبار die Erwachsenen 14 B1
كَبَّة Hackfleischbuletten 7 L
كَبير ج كِبار groß 5 A1
كِتاب ج كُتُب Buch 4 B1
كَتَبَ، يَكتُبُ schreiben 5 C1
كَثير ج ون viele 6 A1
كَثيرًا viel *(Adv.)* 5 C1
كُحل Antimonpulver, geistige Essenz, Alkohol 14 L
كَذلِكَ ebenfalls 13 A1
كُرّاسَة ج ات Heft 4 B1
كُرَةَ السَّلَّة Basketball 15 C2
كُرَةُ القَدَم Fußball 15 A1
كُرَة ج ات (Spiel-)Ball 11 A1
كُرسي ج كَراسيّ Stuhl, Sessel 4 B1
كَرَّمَ، يُكَرِّمُ ehren 15 B1
كَريم *m. Vorname* 8 B1
كَسَبَ، يَكسِبُ verdienen 13 C1
كُسكُس Couscous 7 A1
كُفتَة Hackfleischbällchen 7 L
كَفى، يَكفي (aus)reichen 13 B1
كُلّ jede(r), alle 10 A1
كُلَّ اليَوم den ganzen Tag 14 B1
كُلّ شَيء alles 8 C1
كُلّ يَوم jeden Tag 10 A1
كَلام Unterhaltung, Sprechen 12 B5
كَلب ج كِلاب Hund 14 A1
كَم؟ wie viel(e)? 8 A7
كَما wie *bei Vergl.* 12 B1
كُمبيوتِر ج ات Computer 5 A1
كَمّون Kreuzkümmel 7 C1
كَنَبَة ج كَنَبات Sofa 5 B1
كَنَدِيّ ج ون kanadisch, Kanadier 7 C3
كَنيس Synagoge 6 L
كَنيسَة ج كَنائِس Kirche 6 L
كَهرَبائي Elektriker 4 A1
الكوفَة Kufa 6 L
كوفِيَّة Kopftuch für Männer 12 R

كُـوَيتيّ ج ون	Kuwaiter, kuwaitisch 1 B1
كُـوَيـتِـيَّة ج ات	Kuwaiterin, kuwaitisch 1 B1
كَـي	damit, um … zu 15 A5
كَـيفَ	wie? 3 A1
كَـيفَ الحال؟	wie geht's? 3 A1
كَـيفَ حالُـكَ؟	wie geht es dir? *m.* 5 B1
كَـيفَ حالُـكِ؟	wie geht es dir? *f.* 5 B1
كَـيفَ كانَ ذٰلِك؟	wie war es? 11 A1
كيلو	Kilo 7 A1
كيمياء	Chemie 11 A1

ل

لِـ	damit, um … zu 15 A5
لِأَنَّ	weil 4 A1
لِأَوَّل مَرَّة	zum ersten Mal 15 B1
لا	nein, nicht 1 A7
لا / ما ... أَبَدًا	nie(mals) 12 B5
لا / ما ... أَحَد	niemand, keiner 11 B1
لا / ما ... بَتاتًا	überhaupt nicht 11 B1
لا أَعرِف	ich weiß es nicht 2 B1
لا بأس!	nicht schlecht! 1 C1
لا بأس؟	wie geht's? 1 C1
لا تَـقلَـق	mach dir keine Sorgen *m.* 9 C1
لا تَـقلَـقي	mach dir keine Sorgen *f.* 9 C1
لا شُـكرَ عَلى واجِب	nichts zu danken, gern geschehen 9 B1
لاعِب ج ون	Spieler W3
لُـبنان	der Libanon 1 C1
لُـبنانِيّ ج ون	Libanese, libanesisch 1 B1
لُـبنانِـيَّة ح ات	Libanesin, libanesisch 1 B1
لِتر ج ات	Liter 7 C1
يا لَـتَـعاسَـتُـكِ!	Du Arme(r)! 11 B1
لَـحم بَقَر	Rindfleisch 7 A1
لَـحم ج لُـحوم	Fleisch 6 C1
لَـحم خَـروف	Lammfleisch 7 A1
لَـجَأَ، يَلجَأُ	s. zurückziehen 12 B5
لِذٰلِكَ	deshalb 5 C1
لَـذيذ	lecker 6 C1
لَـطيف ج لِطاف	nett 3 A1
لَـعِبَ بِ، يَلعَبُ	spielen mit 10 C1
لُـعبَة ج أَلعاب	Spiel 15 B1
لُـغَـة ج ات	Sprache 3 B1
لَـقَـب ج أَلقاب	Name W2
لِكَـي	damit, um … zu 15 A5
لَـم	*Verneinungspartikel der Vergangenheit* 15 B3
Imperfekt + لَـم يَعُد	etwas nicht mehr tun 15 C2
لِماذا؟	warum? 4 A1
لَـن	*Verneinungspartikel der Zukunft* 15 A7
لَـهجَة ج لَـهجات	Dialekt 3 B1
+ لَـ + Perfekt + لَـو Perfekt	wenn + *Konjunktiv* 13 C1
ليـبـِيّ	Libyer, libysch 1 B1
ليـبـيا	Libyen 1 C1
ليـبـِيَّة	Libyerin, libysch 1 B1
لِيَحيَ ... !	es lebe … ! 15 B1
ليرَة ج ليرات	Pfund 9 L
لَـيسَ	nicht sein 10 C1

لَـيل Nacht 10 R
لَـيلاً = في اللَّيل nachts 15 A3
لَـيلى *f. Vorname* 2 A1
لَـيمون Zitronen 7 B1

م

مِئَـة (= مِائَـة) (ein)hundert 9 C3
مِئَتان zweihundert 14 A4
ما اسمُ هَذا؟ Wie heißt das? 4 B1
ما اسمُكَ؟ Wie heißt du? *m.* 1 A1
ما اسمُكِ؟ Wie heißt du? *f.* 1 A1
ما اسمُهُ؟ Wie heißt sie? 2 B1
ما اسمُها؟ Wie heißt er? 2 B1
ما فَـهِمت ich habe nicht verstanden 2 A1
ما مِهنَـتُكَ؟ was machst du beruflich? 4 A1
ما؟ was; was für ein 1 A1
ماء Wasser 7 B2
مائِدَة Tisch 11 L
مائِيّ Wasser- 14 C1
ماتَ ج يَموتُ sterben an 14 A1
ماذا حَدَث؟ was ist geschehen? 11 A1
ماذا؟ was (gibt es) …? 4 B1
مارَس، يُمارِس ausüben, (be)treiben 15 A1
ماضِيّ vergangen, Vergangenheit 12 A1
مال Geld 13 B1
مالطا Malta 4 A2
مايا *f. Vorname* 1 A1
مُباراة ج مُبارَيات (Fußball-)Spiel 15 C1

مُباشِرَةً direkt 11 B1
مُـتَّـحِد vereinigt 13 C1
مُتَـرجِم ج ون Übersetzer 4 A5
مِترو U-Bahn 9 A1
مُتَـطَـرِّف ج ون radikal 12 B5
مُتعِب anstrengend 11 C1
مُتَـعَجرِف ج ون stolz, hochnäsig, arrogant 12 A1
مُتَـفائِل ج ون optimistisch 14 A2
مُتَـقاعِد ج ون Rentner 4 A5
مُتَـوَسِّطِيّ Mittelmeer- 14 C1
مَتـى؟ wann? 9 B1
مَثَـل ج أَمثال Beispiel 12 A1
مُجانَـسَة ج ات Ähnlichkeit 12 A1
مَجروح ج ون verletzt 14 A1
مَجَلَّة ج ات Zeitschrift 10 B1
مَجموعَة ج ات Gruppe 13 C1
مُحافِظ ج ون konservativ 12 B5
مُحافَـظَـة عَلى Erhalt(ung) 15 C1
مُحامٍ (المُحامي) ج مُحامون Rechtsanwalt 4 A5
مُحامِيَة ج ات Rechtsanwältin 4 A1
مُحتَـرِف ج ون professionell 15 B1
مَحَطَّة ج ات Station, Bahnhof 9 B1
مَحَلّ ج ات Laden 13 A1
مَحَلُّ العُطور Parfümerie 13 A4
مَحَلُّ المُجَوهَرات Schmuckladen 13 A1
مُحَمَّد *m. Vorname* 6 A2
مَحمود *m. Vorname* 8 B1
مَخبَز ج مَخابِز Bäckerei 6 A1
مُدَّة ج مُدَد Dauer, Weile 11 C2
مَدرَسَة ج مَدارِس Schule 3 A1

مَدريد Madrid 8 B2
مَدفوع Zahlung, bezahlt 14 B1
مُدَمَّس gekocht 7 C1
مَدَنِيّ städtisch, Stadtbewohner 12 A1
مُدير ج ون Direktor, Leiter 11 B1
مَدينَة ج مُدُن Stadt 5 A1
مَدينَة قَديمَة Altstadt 6 L
مُراد *m. Vorname* 5 B4
مَرّاكش Marrakesch 6 L
مَروان *m. Vorname* 8 B1
مَرَّة ج ات Mal 15 B1
مَرحَبا hallo! 1 A1
مُرَشَّح ج ون Kandidat 15 B1
مَرِضَ، يَمرَض erkranken 13 B1
مِرقاز Merguez 7 L
مَركَز Platz 15 B1
مُريح bequem, gemütlich 10 A1
مَريض ج مَرضى krank 5 C1
مُزاحًا zum Spaß 4 A3
مَزَّة Mezze 7 A1
مَسرَح ج مَسارِح Theater 15 A1
مُسئِم ج ون langweilig 12 A1
مَسؤول عَن verantwortlich für 15 C1
مَسؤول ج ون Verantwortlicher 15 C1
مَساءً = في المَساء abends 15 A3
مَساء أمس gestern Abend 15 A3
مَساءُ الخَير! Guten Abend! 1 R
مَساءُ النّور! Guten Abend! 1 R
مَساءَ اليَوم heute Abend 7 B1
مَساء غَدٍ morgen Abend 15 A3
مُسابَقَة ج ات Rennen, Lauf 15 B1
مَسبَح ج مَسابِح Pool 9 C1
مُستَحيل unmöglich 11 B1
مُستَشفى ج مُستَشفَيات Krankenhaus 4 A6
مُستَقبَل Zukunft 14 A5
مُستَوى Niveau 15 C1
مَسجِد ج مَساجِد Moschee 6 L
مَتحَف ج مَتاحِف Museum 15 A1
مَسرور ج ون glücklich 10 A1
مَسقَط Maskat W1
مُسلِم ج ون Muslim 13 L
مَسيحِيّ Christ 13 L
مُشارَكَة Teilnahme, Beteiligung 14 C1
مَشروع ج مَشاريع Projekt 13 C1
مُشكِلَة ج مَشاكِل Problem 14 A1
مُشمِس sonnig 10 A1
مَشهور ج مُشاهير berühmt 13 A1
مَشوي Meshwi (gegrilltes Schaf) 7 L
مَشى، يَمشي laufen 9 A1
مُصَدِّر ج ون exportierend 13 C1
مِصر Ägypten 3 A1
مِصرِيّ ج ون Ägypter, ägyptisch 3 A1
مِصرِيَّة ج ات Ägypterin, ägyptisch 3 A1
مُضحِك lustig, lächerlich 14 A2
مَطار ج ات Flughafen W2
مَطبَخ ج مَطابِخ Küche 10 B1
مَطرَح Bodenkissen, Matratze 14 L
مَطعَم ج مَطاعِم Restaurant 10 C1
مُظلِم dunkel 10 A1

مَعَ	mit 4 A3
مَعَ السَّلامَة!	Auf Wiedersehen! 1 A1
مَعَ ذَلِكَ	trotzdem 13 C1
مَعًا	zusammen 11 C1
مَعرِض ج مَعارِض	Ausstellung 15 A1
مِعطَف ج مَعاطِف	Mantel 4 B1
مُعظَم	die meisten … 15 C1
مُعَلِّم العَرَبِيَّة	Arabischlehrer 3 B1
مُعَلِّم ج ون	Lehrer 3 A1
مُعَلِّمَة ج ات	Lehrerin 3 A1
مَعمَل ج مَعامِل	Fabrik 11 C1
مَعيشَة	Leben 13 B1
مَغرِبِيّ ج مَغارِبَة	Marokkaner, marokkanisch 7 A4
المَغرِب	Marokko 4 A1
مُغَنٍّ (المُغَنّي) ج مُغَنّون	Sänger 8 A1
مُغَنِّيَة ج ات	Sängerin 8 A1
مِفتاح ج مَفاتيح	Schlüssel W2
مُفَكِّر ج ون	Intellektueller 15 A1
مُقاوَمَة	Widerstand 12 B1
مُقتَرَح ج ات	Vorschlag 15 A1
مُقَديشيو	Mogadischu W1
مَقهى ج مَقاهٍ (المَقاهي)	Café 6 A1
مَكانُ السَّكَن	Wohnsitz 8 A1
مَكان ج أَمكِنَة	Ort 6 B1
مَكتَبُ التَّذاكِر	Fahrkartenschalter 9 B1
مَكتَب ج مَكاتِب	Schreibtisch, Arbeitszimmer, Büro 5 A1
مَكتَبَة ج مَكاتِب	Buchhandlung 6 A1
مَكتَبَة ج مَكتَبات	Bibliothek 6 A1
مَكناس	Meknes 9 B2

ج مَلابِس	Kleider 6 C1
مَلابِس داخِلِيَّة	Unterwäsche 9 C1
مِلح	Salz 7 B1
مَلعَب تِنِس	Tennisplatz 13 B1
مِلعَقَة ج مَلاعِق	Löffel 7 C1
مَلِك ج مُلوك	König 14 A1
مَلِكَة	Königin 15 C1
مُمتاز	ausgezeichnet 9 C1
مُمَرِّض ج ون	Krankenpfleger 4 A5
مُمطِر	regnerisch 10 A1
مُمَوِّل	Sponsor 15 C1
مِن	aus, von 1 C1
مِن أَينَ؟	woher? 1 C1
مِن فَضلِكِ	bitte *f.* 2 B1
مِن فَضلِكَ	bitte *m.* 2 B1
مَن؟	wer? 2 A1
مُنافَسَة	Konkurrenz 15 C1
المَنامَة	Manama W1
مُنذُ	seit 12 B1
مِنضَدَة	Tisch 11 L
مُنى	*f. Vorname* 5 B1
مُهِمّ	interessant, wichtig 6 C1
مِهنَة ج مِهَن	Beruf 4 A1
مُهَندِس ج ون	Ingenieur, Architekt 4 A1
موريتانيا	Mauretanien W1
مَوسِم ج مَواسِم	Saison, Jahreszeit 15 C1
موسيقى	Musik 11 A1
موضَة	Mode 10 C3
مَوضوع ج مَواضيع	Thema W3
مُوَظَّف ج ون	Angestellter, Beamter 4 A5
مَوعِد ج مَواعِد	Termin 11 B1

ميدالِيَّة ج ات	Medaille 15 B1
ميكانيكا	Mechanik 11 L
ميكانيكِيّ	mechanisch 11 L
ميناء ج مَوانئ	Hafen 10 C1

ن

نادِرًا	selten 14 B1
نادي ج أَندِيَة	Klub 15 C1
نادِيَة	*f. Vorname* 2 A1
ناطِحَة سَحاب	Wolkenkratzer 10 L
نَبات ج ات	Pflanzen 10 L
نَبع	Fontäne 10 L
نَبيذ	Wein 7 L
نَذير	*m. Vorname* 6 A7
نَجمَة ج نُجوم	Stern 13 A1
نَخلَة ج نَخيل	Palme 13 C1
نَرجيلة ج نَراجيل	Wasserpfeife 6 L
نُزول	Aussteigen W2
نِسائِيّ	Frauen- 15 C2
نِصف ج أَنصاف	Hälfte 7 A1
نَظّارَة ج ات	Brille 4 B1
نَظّارَة شَمس	Sonnenbrille 9 C1
نَظَرَ إلى، يَنظُرُ	schauen 9 C1
نَعَم	ja 1 A1
نَعناع	Minze 7 B1
نَفس ج أَنفُس	selbst, gleich 11 C1
نَفط	Erdöl 13 C1
نَقَعَ، يَنقَعُ	einweichen 7 B1
النِّمسا	Österreich 13 B1
نَهار	Tag *(24 Stunden)* 10 R
نَهارًا = في النَّهار	tagsüber 15 A3
نَهارُكَ سَعيد!	Guten Tag! 9 A1
نِهايَة	Ende 9 B1
نِهايَةُ الأُسبوع	Wochenende 11 B1
نَهج ج نُهوج	Straße 6 L
نُواكشوط	Nouakchott W1

ه

هاتِ لي!	Gib mir! *m.* 7 A1
هاتي لي!	Gib mir! *f.* 7 A1
هاتِف ج هَواتِف	Telefon 11 B1
هادِئ	ruhig 14 B1
هُدوء	Ruhe 15 R
هَدِيَّة ج هَدايا	Geschenk 6 C1
هَذا الـ م هَذِهِ الـ	diese(r) 5 C1
هَذا م هَذِهِ	diese(r); das ist 4 B1
هَريسَة	Harissa 7 L
هَزَمَ، يَهزِمُ	siegen 15 B1
هَل	*Fragepartikel* 1 A1
هَكَذا	so 10 A1
هُنا	hier 5 A1
هُناكَ	dort 6 B1
هَنيئًا	Guten Appetit 7 B1
هُوَ	er 2 B1
هِيَ	sie 2 B1
هَيا بِنا!	los! 9 C1
هَيكَل ج هَياكِل	Tempel 6 L
هيل	Kardamom 7 L

و

وَ	und 1 A1
واجِبَة ج ات	Aufgabe 11 A1

واجِهَة ج ات	Fassade 10 L
واحِد	eins 4 C3
واسِع	geräumig, breit 10 A1
واقِع	Wirklichkeit 14 C1
واقِعِيّ	realistisch 14 A2
والِدان	Eltern 8 B1
وَجَبَ عَلى، يَجِبُ	müssen 15 A5
وَجَدَ، يَجِدُ	finden 13 B1
وَدَّ، يَوَدُّ	s. wünschen 14 B1
وَراءَ	hinter 6 C1
وَرْدَة ج وُرود	Rose 8 C1
وَرشَة ج وِرَش	Baustelle 13 C1
وَسائِلُ النَّقل	Verkehrsmittel 9 A1
وِسامَة ج أوسِمَة	Auszeichnung 15 B1
وَسَطُ المَدينَة	Stadtzentrum 6 A1
وَصَلَ، يَصِلُ	(an)kommen 8 C1
وَضَعَ، يَضَعُ	stellen, legen 8 C1
وَطَن ج أوطان	Heimat, Vaterland 14 B1
وَطَنِيّ	national 12 B1
وَظيفَة ج وَظائِف	Stelle 13 B1
وَعَلَيكُمُ السَّلام	Guten Tag! 1 A1
وَقت ج أوقات	Zeit 14 B1
وَقت فَراغ	Freizeit 15 A1
وِلادَة	Geburt W2
وُلِدَ	er wurde geboren 15 B1
وَلَكِنَّ	aber 4 A1
وَلَكِن	*Adj.* + aber + *Adj.* 6 C1

ي

يا	*Anredepartikel* 2 A1
ياسمين	Jasmin; *f. Vorname* 1 B3
ياسين	*m. Vorname* 1 B2
يَجِبُ أَن	es ist nötig, dass 9 C1
يَخت ج يُخوت	Jacht 13 A1
يَد ج إيدٍ	Hand *f.* 13 C1
يَد عامِلَة	Arbeitskraft 13 C1
يَرتَدي نَظّارَة	bebrillt, Brillenträger 12 C1
يَسارًا	links 10 B1
يُعيرُنا	er leiht uns 10 A1
اليَمَن	der Jemen W1
يَمينًا	rechts 10 B1
يَهودِيّ ج يَهود	Jude 13 L
يوجَدُ م توجَدُ	es befindet sich, es gibt 6 A1
يوليو	Juli 4 C1
اليَوم	heute 6 A1
يَومِيّ	täglich 10 B1
اليونان	Griechenland 10 B4
يونانِيّ ج يونان	griechisch, Grieche 10 B4

Quellennachweis

Umschlagfotos: Fotosearch RF (Getty/Digital Vision), Waukesha, WI; iStockphoto (Kubica), (Banfi), (Calev), Calgary, Alberta.

10, 1: Alamy Images RM (Bowater), Abingdon, Oxon; **10, 2–3:** Fotolia LLC (Khan), (Duplass), New York; **10, 4:** JupiterImages (photos.com), Tucson, AZ; **11:** Fotolia LLC (Arcurs), New York; **12:** iStockphoto (OC Photo), Calgary, Alberta; **13:** JupiterImages (photos.com), Tucson, AZ; **15, 1–2, 4:** Fotolia LLC (Niklas), (Kratochwill), (Siedler), New York; **15, 3:** iStockphoto (Stay), Calgary, Alberta; **16, 1:** JupiterImages (photos.com), Tucson, AZ; **16, 2:** Fotolia LLC (Kratochwill), New York; **17, 1–2:** iStockphoto (Naheed Choudhry)(Karim Hesham),|Calgary, Alberta; **19, 1:** www.chj.de; **19, 2:** www.lindenmuseum.de; **20:** Fotolia LLC (Stitt), New York; **21:** iStockphoto (Siebesma), Calgary, Alberta; **22:** iStockphoto (Karim Hesham), Calgary, Alberta; **23:** iStockphoto (Jan Rihak), Calgary, Alberta; **24, 1:** shutterstock (Mosin), New York, NY; **24, 2:** BigStockPhoto.com (Masa), Davis, CA; **26:** Fotolia LLC| (pressmaster), New York; **27:** Klett-Archiv (Katja Lasch), Stuttgart; **29:** http://fr.wikipedia.org/wiki/Alphabet_syriaque; **30, 1–3:** iStockphoto (Schmidt), (Sean Locke), (Joe Lera), Calgary, Alberta; **30, 4:** Jupiterimages GmbH (photos.com), Ottobrunn / München; **31:** iStockphoto (Chris Schmidt), Calgary, Alberta; **32, 1:** shutterstock (Vladimir Korostyshevskiy), New York, NY; **32, 2:** iStockphoto (Karim Hesham), Calgary, Alberta; **33, 1–2:** BigStockPhoto.com (Stitt), (Halima), Davis, CA; **33, 3–4:** JupiterImages (photos.com), Tucson, AZ; Jupiterimages GmbH (photos.com), Ottobrunn / München; **33, 5:** iStockphoto (RichVintage), Calgary, Alberta; **33, 6:** Dreamstime (Barteskoske), Brentwood, TN; **34:** iStockphoto (Goerg), Calgary, Alberta; **35:** iStockphoto (Chris Schmidt), Calgary, Alberta; **36:** shutterstock (EML), New York, NY; **37, 1:** iStockphoto (Hesham), (Klaas Lingbeek-van Kranen), Calgary, Alberta; **37, 2:** Fotolia LLC (Hans Auer), New York; **39, 1–3:** shutterstock (Masip), (Romanchuck Dimitry), (Chang), New York, NY; **40, 1:** Alamy Images RM (Rogers), Abingdon, Oxon; **40, 2–5:** iStockphoto (Kelly Cline), (Lisa F. Young), (Brasil 2), (Joris van Caspel), Calgary, Alberta; **41:** iStockphoto (lijlexmom), Calgary, Alberta; **42:** iStockphoto (Hesham), Calgary, Alberta; **43:** shutterstock (Trout55), New York, NY; **44, 1:** JupiterImages (photos.com); **44, 2, 5:** Fotolia LLC (Young), (Kaczmarek), New York; **44, 3:** iStockphoto (Full Value Marketing Inc.), (Thornberg), Calgary, Alberta; **44, 4:** Dreamstime (Goygel-Sokol), Brentwood, TN; **44, 6:** shutterstock (iofoto), New York, NY; **45:** JupiterImages (photos.com), Tucson, AZ; **46, 1:** Jupiterimages GmbH (photos.com), Ottobrunn / München; **46, 2:** iStockphoto (Thomas Stange), Calgary, Alberta; **47:** Dreamstime (Cowan), Brentwood, TN; **50, 1:** Dreamstime (Kashin), (Piccaya), Brentwood, TN; **50, 2:** iStockphoto (himbeertoni), Calgary, Alberta; **50, 3,7-8:** shutterstock (Edmund), (de Jesus), (fonats), New York, NY; **50, 4:** BigStockPhoto.com (Kalashnikova), Davis, CA; **50, 5:** Fotolia LLC (Linke), New York; **50, 6:** iStockphoto (Hesham), Calgary, Alberta; **52:** shutterstock (Nikolajs Strigins), New York, NY; **53, 1, 5, 7:** BigStockPhoto.com (Swanson), (D'Esposito), (Gryko), Davis, CA; **53, 2:** Fotolia LLC (Guffanti), New York; **53, 3, 4:** shutterstock (Luminis), (prism_68), New York, NY; **53, 6:** iStockphoto (Carroll), Calgary, Alberta; **55, 1, 2, 4, 5, 6, 7, 8:** iStockphoto (Locke), (Monu), (lijlexmom), (Anneke Schram), (Smith), (Horrocks),Calgary, Alberta; **55, 3:** Dreamstime (Sinan Isakovic), Brentwood, TN; **55, 9:** JupiterImages (photos.com)Tucson, AZ; **61, 1–3:** Klett-Archiv (Katja Lasch), Stuttgart; **64, 1, 5:** shutterstock (Paul Cowan), (Pierdelune), New York, NY; **64, 2:** Klett-Archiv (Katja Lasch), Stuttgart; **64, 3, 6, 7:** BigStockPhoto.com (Thomas Pozzo di Borgo), (Alexander Motrenko), (Christopher Waters), Davis, CA; **64, 4:** Fotolia LLC (Emmanuelle combaud), (Berekin), New York; **66, 1, 3, 4, 6, 7, 8, 9, 11:** iStockphoto (Gary Martin), (Klass Lingbeek- van Kranen), (Anneke Schram), (Mark Goddard), (lijlexmom), (Lisa Klumpp), (Alan Tobey), (Jacom Stephens), Calgary, Alberta; **66, 2:** shutterstock (Stuart Taylor), New York, NY; **66, 5, 12:** BigStockPhoto.com (Milan Radulovic), (Delphine Mayeur), (Jason Stitt), Davis, CA; **66, 10:** Fotolia LLC (Eric Péduzzi), New York; **67, 1, 7:** iStockphoto (Kirill Zdorov), (David Hernandez), Calgary, Alberta; **67, 2, 3:** Fotolia LLC (Martin Schröter), (Alec Bogdanski), New York; **67, 4–6:** BigStockPhoto.com (Sergey Shlyaev), (Alexander Chelmodeev), (Andres Rodriguez), Davis, CA; **67, 8:** shutterstock (Gordon Ball LRPS), New York, NY; **68, 1:** BigStockPhoto.com (Szabolcs Deák), Davis, CA; **68, 2:** shutterstock (Pierdelune), New York, NY; **69:** iStockphoto (eddl), Calgary, Alberta; **70:** shutterstock (Sergey Petrov), New York, NY; **72:** iStockphoto| Gautier Willaume), (Dainis Derics), Calgary, Alberta; **74, 1:** iStockphoto (Boris Katsman), Calgary, Alberta; **74, 2:** Fotolia LLC (WH Chow), New York; **74, 3:** Dreamstime (Asta Plechaviciute), Brentwood, TN; **75, 1:** Sturmhoebel, Elke: www.schwarzaufweiss.de; **75, 2:** iStockphoto (Boris Katsman), Calgary, Alberta; **75, 3:** Dreamstime (Paul Prescott), Brentwood, TN; **75, 4:** Fotolia LLC (Dreef), New York; **76, 1, 2, 3, 5, 6, 9:** shutterstock (Paul Cowan), (Dragen Trifunovic), (Maxim Pushkarev), (Elke Dennis), (Laurent Renault), New York, NY; **76, 4:** BigStockPhoto.com (Vincent Giordano), Davis, CA; **76, 7:** iStockphoto (VINCENT GIORDANO), Calgary, Alberta; **76, 8:** Fotolia LLC (Marc Rigaud), New York; **78:** BigStockPhoto.com (Laurent Renault), Davis, CA; **80, 1:** Fotolia LLC (Sebastian Walter), New York; **80, 2:** iStockphoto (placetobe), Calgary, Alberta; **83, 1–3:** shutterstock (Sergei Didyk), (Odelia Cohen), (Zhu Difeng), New York, NY; **84, 1, 3:** Fotolia LLC (Paul Yates), (dotshock), New York; **84, 2, 4, 5, 7, 10:** BigStockPhoto.com (Mats), (Vladimir Mucibabic), (Olga Shelego), (svabo), (Diane Cromartie), Davis, CA; **84, 6, 9:** shutterstock (Zhu

Difeng), New York, NY; **84, 8:** iStockphoto (javier fontanella), Calgary, Alberta; **86, 1:** iStockphoto (Alain Couillaud), Calgary, Alberta; **86, 2:** BigStockPhoto.com (Alexander Kataytsev), Davis, CA; **86, 3:** iStockphoto (Russell Tate), (Alain Couillaud), Calgary, Alberta; **86, 4:** shutterstock (Dan Peretz), New York, NY; **87, 1:** Klett-Archiv (Katja Lasch), Stuttgart; **87, 2:** BigStockPhoto.com (Simone van den Berg), Davis, CA; **87, 3:** shutterstock (Paul Cowan), New York, NY; **87, 4:** Chateau Musar (UK) Ltd, Middlesex TW12 2SA; **88, 1:** shutterstock (Harald Høiland Tjøstheim), New York, NY; Botschaft der Tunesischen Republik, Berlin; **88, 2:** Botschaft der Tunesischen Republik, Berlin; **88, 3:** http://en.wikipedia.org; **88, 4:** Al-Kamel Verlag, Köln; **89:** iStockphoto (Karim Hesham), Calgary, Alberta; **91:** Fotolia LLC (Andrea Seemann), New York; **92:** Klett-Archiv (Katja Lasch), Stuttgart; **94:** iStockphoto (Anne Clark), Calgary, Alberta; **97:** Alamy Images RF (Tim Graham), Abingdon, Oxon; **98, 1:** Fotolia LLC (ploum1), New York; **98, 2, 3, 9:** iStockphoto (adrian beesley), (Klaas Lingbeek- van Kranen), (McKevin Shaughnessy) , Calgary, Alberta; **98, 4, 5, 7:** shutterstock (Adrian Lindley), (jbor), (Adam Przezak), New York, NY; **98, 6, 8:** Dreamstime (Ferenc Ungor), (Lullabi), Brentwood, TN; **99, 1:** shutterstock (Olga Kolos), New York, NY; **99, 2:** Fotolia LLC (Bernd Ennen), New York; **100, 1–2:** shutterstock (Albo), (Adrian Lindley), New York, NY; **102:** Fotofinder (Wolfgang Deuter),| Berlin; 104: MEV, Augsburg; adidas, Herzogenaurach; **104, 2:** adidas AG, **104, 5–6:** MEV, Augsburg; **105, 1–4:** Fotolia LLC (Sandra Carmona), (VisualEyez), (amridesign), (Rhodan), New York; **105, 5:** shutterstock (Ewa Walicka), New York, NY; **106, 1:** Fotolia LLC (Graça Victoria), New York; **106, 2:** shutterstock (Adrian Lindley), New York, NY; **107:** shutterstock (Hugo Neto), New York, NY; **109, 1:** iStockphoto (Jasmin Awad), Calgary, Alberta; **109, 2:** shutterstock (akva), New York, NY; **109, 3:** Jupiterimages GmbH (photos.com), Ottobrunn / München; **110, 1:** iStockphoto (brytta), Calgary, Alberta; **110, 2, 4:** Fotolia LLC (Udo Kroener), (Alexandre Quillet), (Manoj Singh), New York; **110, 3:** Dreamstime (Socrates), Brentwood, TN; **111:** iStockphoto (Flemming Pless), Calgary, Alberta; **112, 1:** Fotolia LLC (Jean-Claude Verdu), New York; **112, 2:** Fotolia LLC (Eldin Muratovic), New York; **112, 3:** shutterstock (Scott Karcich), New York, NY; **112, 4:** iStockphoto (Vladimir Melnik), Calgary, Alberta; **113:** Fotolia LLC (Serge Tardif), New York; **114:** Fotolia LLC (Johnny Lye), New York; **115, 1, 6:** shutterstock (Chin Kit Sen), (Sklep Spozywczy), New York, NY; **115, 2, 3, 5, 7:** Fotolia LLC (Andris Daugovich), (piccay), (Martine Wagner), New York; **115, 4, 8:** iStockphoto (naphtalina), (Matjaz Boncina), Calgary, Alberta; **117:** iStockphoto (Vera Bogaerts), Calgary, Alberta; **119:** Fotolia LLC (Cvail73), New York; **121, 1, 3:** Fotolia LLC (Christophe Bellanger), (Emmanuelle Combaud), New York; **121, 2:** Dreamstime (Piccaya), Brentwood, TN; **123, 1–2:** Klett-Archiv (Katja Lasch); **126:** iStockphoto (tonyoquias), Calgary, Alberta; **127:** iStockphoto (marmion), Calgary, Alberta; **128:** iStockphoto (lijlexmom), Calgary, Alberta; **129:** iStockphoto (Michael Flippo), Calgary, Alberta; **130:** iStockphoto (marmion), Calgary, Alberta; **131:** iStockphoto (Sean Warren), Calgary, Alberta; **133:** iStockphoto (Jelani Memory), Calgary, Alberta; **134, 1–2:** iStockphoto (Jelani Memory), Calgary, Alberta; **137:** Klett-Archiv (Katja Lasch); **138:** iStockphoto (JakezC), Calgary, Alberta; **139, 1:** Fotolia LLC (Robert Paul van Beets), New York; **139, 2:** shutterstock (Paul Cowan), New York, NY; **141:** Klett-Archiv (Katja Lasch), Stuttgart; **142:** Fotolia LLC (Black Multi), New York; **145, 1–3, 6:** Fotolia LLC (Ilhan Balta), (cms photos), (Ric Matts), (Diana Kosaric), New York; **145, 4–5:** shutterstock (Pierdelune), (Socrates), New York, NY; **147, 1–2, 4:** shutterstock (Andrea Seemann), (VanHart), New York, NY; **147, 3:** iStockphoto (Karina Tischlinger), Calgary, Alberta; **148:** Fotolia LLC (Luigi Visco), New York; **149:** iStockphoto (Dr. Heinz Linke), Calgary, Alberta; **150, 1:** iStockphoto (Dan Moore), Calgary, Alberta; **150, 2, 8:** shutterstock (Ulrike Hammerich), (Andrea Haase), New York, NY; **150, 4–7:** Fotolia LLC (Vadim Vood), (Udo Kroener), (Primoz Kostanjevec), (piccaya), New York; iStockphoto (Dan Moore), Calgary, Alberta; **150; 3:** Dreamstime (Socrates), Brentwood, TN; **151:** Dreamstime (Bidouze Stéphane), Brentwood, TN; **153, 1–2:** iStockphoto (Adrian Lindley), (Eline Spek), Calgary, Alberta; **156, 1–2:** iStockphoto (Haider Yousuf), (Steve Rosset), Calgary, Alberta; **159, 1:** iStockphoto (Klaas Lingbeek- van Kranen), Calgary, Alberta; **159, 2:** shutterstock (J-N strand), New York, NY; **160, 1–2:** shutterstock (Annetje), (EML), New York, NY; **161, 1:** shutterstock (Rafael Ramirez Lee), New York, NY; **161, 2:** Fotolia LLC (piccaya), New York; **161, 3:** Dreamstime (Rashidi Saleh), Brentwood, TN; **164, 1:** Fotolia LLC (piccaya), New York; **164, 2:** iStockphoto (atbaei), Calgary, Alberta; **169, 1–2:** Fotolia LLC (Claudio Baldini), (Monika Adamczyk), New York; **169, 3–5:** shutterstock (Verena Lüdemann), (Tawfik Dajani), (Igor Smichkov), New York, NY; **170, 1, 2:** iStockphoto (luoman), (Nick Free), Calgary, Alberta; **170, 3, 5:** Fotolia LLC (Natalia Clarke), (Sandman), New York; **170, 4, 6–7:** shutterstock (Nikolay Misharev), (Jaroslaw Grudzinski), (digitalskillet), New York, NY; **171, 1–2, 5:** iStockphoto (Quavondo Nguyen), (Stephen Morris), (Anna Omeltchenko), Calgary, Alberta; **171, 3–4:** shutterstock (Goncharov Roman), (Diego Cervo), New York, NY; **171, 6:** Fotolia LLC (Udo Kroener), New York; **175:** Picture-Alliance (Image of Sports), Frankfurt; **177:** iStockphoto (fabphoto), Calgary, Alberta; **178:** Fotolia LLC (NoahGolan), New York; **180, 1:** Picture-Alliance (epa AFP Guyot), Frankfurt; **180, 2:** shutterstock (Mario Savoia), New York, NY; **181, 1:** www.percussionart.de; **181, 2:** iStockphoto (SERDAR YAGCI), Calgary, Alberta; **181, 3:** Picture-Alliance (epa afp Bertrand Guay), Frankfurt; **181, 4:** ullstein bild (AP), Berlin;**181, 5:** Corbis (Stephane Cardinale), Düsseldorf;